schiedene Entenarten ebenso zu sehen wie Gr vögel aus den Bergen der Umgebung.

Schafe und Islandpferde

Die meisten größeren Tiere kamen als Nutztiere mit den Menschen nach Island, am zahlreichsten die Schafe. Noch heute halten viele Familien, selbst IT-Fachleute oder Bademeister, nebenbei ein paar Schafe. Von Frühjahr bis Herbst weiden die meisten Schafe frei in den Bergen. Als Spektakel für das ganze Dorf werden sie im Herbst – ebenso wie freilaufende Jungpferde – beim *Rettir* wieder in die Dörfer getrieben und ihren Besitzern zusortiert.

Die wichtigsten Tiere des Landes sind wohl die Pferde: Als treue Reit- und Zugtiere machten sie die Besiedelung überhaupt erst möglich. Nicht nur beim Lastentransport oder Schafetreiben waren sie unabdingbar. Auch die langen Wege über Land zum nächsten Nachbarn wie auch zur alljährlichen Versammlung samt Volksfest im Þingvellir halfen sie bewältigen.

Aus den mitgebrachten Wikingerpferden entstand über die Jahrhunderte eine besonders zähe und genügsame Rasse mit dickem Winterfell. Die neugierigen Islandpferde mit hellen, dunklen oder auch gefleckten Fellfarben beherrschen für lange Strecken zwei zusätzliche Gangarten neben Schritt, Trab und Galopp: den Energie sparenden und Reiter schonenden Tölt sowie den besonders schnellen Renn-Passgang. Für viele Besucher ist es ein besonderes Erlebnis, das Hochland auf den Spuren früherer Siedler hoch zu Ross zu erobern. Auf den Erhalt der besten Eigenschaften achtet sorgsam die staatliche Zuchtanstalt in Hólar. Zudem darf ein Pferd, das Island einmal verlassen hat, nie wieder zurück auf die Insel, denn es

Oben: Der Eissturmvogel gehörte lange zum Speiseplan: Um 1900 landeten noch jährlich bis zu 60 000 Jungvögel in den Kochtöpfen der Insulaner.
Unten: Oase der Ruhe – die kleine Insel Flatey im Breiðafjörður

Von Grenivík aus auf der unberührten Halbinsel Fjörður locken Reittouren.

Im Sommer scheint die Sonne am Eyjafjörður fast 24 Stunden lang.

könnte fremdes Erbgut oder Krankheiten einschleppen.

Kulinarisch karge Zeiten

Auch wenn im Süden auch Pferde gezüchtet wurden, um sie anschließend zu verspeisen, waren neben einigen Milchkühen Fischfang und Schafzucht Islands Hauptnahrungsquellen. Auch das Sammeln von Vogeleiern und der Fang von dicken, langsamen Lummen oder Papageientauchern half beim Überleben. Ackerbau war klimatisch nur begrenzt möglich, selten immerhin wurden Gerste und später Kartoffeln geerntet. Traditionell umfasst der Speiseplan aber eher wilden Kohl und Rüben, die Körner der isländischen Angelika sowie Moos, Flechten und Beeren.

Die größte Kunst bestand darin, alle Vorräte möglichst haltbar über den Winter zu bringen. Entsprechend trocknete auf großen Gestellen den ganzen Sommer über Salzfisch. Fleisch wurde meist gepökelt aufbewahrt. Und der skurrile Hákarl, auch »Gammelhai« genannt, ist einer innovativen Haltbarkeitsmethode zu verdanken: Die Isländer ließen den wegen eingelagerter Gifte eigentlich ungenießbaren Grönlandhai monate-

Wie an der Wäscheleine trocknet der Fisch.

Oben: Eine wichtige Einnahmequelle für viele Bauern der Westfjorde ist das Sammeln von Eiderdaunen.
Unten: Das Wikingerfestival in Hafnarfjörður hat sich längst international etabliert.

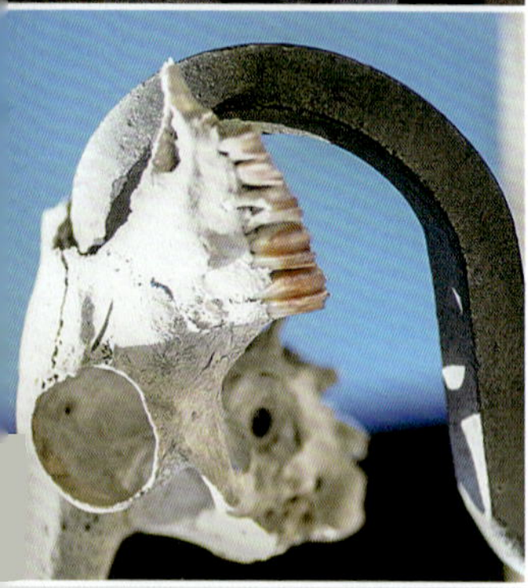

Oben: Im »Saegreifinn« kredenzt Kjartan Halldórsson in rustikaler Umgebung Köstliches aus dem Reich Neptuns.
Unten: Symbol der Landflucht am Loðmundarfjörður – ein verwaister Schafsschädel

lang fermentieren. Das lässt ihn zwar stinken, aber auch gleichzeitig zu einer essbaren, wertvollen Eiweißquelle werden.

Nach langen dunklen Monaten, in denen Stürme selbst das Fischen nicht erlaubten, feierten die Isländer den nahenden Frühling und das Ende der Wintervorräte mit dem Þorrablót, der noch heute als Familienfest begangen wird. Und wie es sich gehört, kommen dann auch traditionelle Gerichte wie Stockfisch, Innereien, vergorener Hai oder der im Feuer versengte Schafskopf auf den Tisch, am besten kombiniert mit starkem Branntwein – *brennivín*. Zu jeder Jahreszeit jedoch lieben Isländer getrocknete Fischflocken als Knabberei: Sie sind damit aufgewachsen.

Nordic Cuisine

Die junge Nordic Cuisine setzt seit einigen Jahren pfiffig und innovativ auf traditionelle Zutaten. Heute hat Island auch viele frische Zutaten zu bieten, denn Gewächshäuser tricksen auch im Winter Dunkelheit und Kälte aus. Frisches Gemüse, Obst und selbst Bananen kommen aus eigenen Landen frisch auf den Tisch, vor allem aus der Region rund um Hveragerði im Süden. Dort strömen die warmen Dämpfe aus der Erde in die Glashäuser und sorgen für ein fruchtbares Klima. Gleichzeitig erzeugen Geothermie-Kraftwerke auch den Strom für künstliche Sonnen. Wer sich Hveragerði im Dunkeln von Reykjavík aus nähert, sieht die beleuchteten Glashäuser im Tal wie funkelnde Erscheinungen unter sich liegen.

Harte Eier aus dem Geysir oder dunkles, süßliches Brot, das über Nacht im Boden vergraben gebacken wurde, das direkte Kochen mit Erdwärme dient heute nur noch der Zerstreuung der Besucher. Die Einheimischen lieben in ihrer Freizeit die

isländischen Hotdogs namens *Pýlsur*, eine von den Dänen übernommene Tradition. Allerdings ist trotz Brötchen und Sauce weniger der Geschmack als das Anstehen an der Pýlsur-Bude ein Erlebnis.

Innovativ auch in der Krise

Erfinderisch waren die Isländer offenbar schon immer, ob es darum ging, auf einsamen Höfen Maschinen zu reparieren, eigene Wasserkrafträder in Betrieb zu nehmen oder neue Wege durch den Lavastrom zu prägen. Sich immer wieder aufzurappeln, haben Isländer über Jahrhunderte gelernt. Perfektion muss nicht sein, wenn etwas funktioniert, ist es gut. So ließen sich die Isländer auch von der weltweiten Finanzkrise nicht unterkriegen, die die große nordische Insel hart traf.

Weil die Führung der drei Banken des Landes versagt hatte, beschloss man, diese kurzerhand zu verstaatlichen. Die Schulden, die das Volk nicht verursacht hatte, wollte es auch nicht bezahlen. Diese Weigerung in landesweiter Abstimmung beschäftigt noch immer die Finanzwelt. Unbescholtene Bürger aller Berufe wurden gewählt, um dem

Oben: Reykjarfjörður: Sogar am Ende der Welt gibt es einen warmen Pool.
Unten: Die in der Erde verlegten Warmwasserschläuche sorgen im Winter für eisfreie Bürgersteige in Reykjavík.

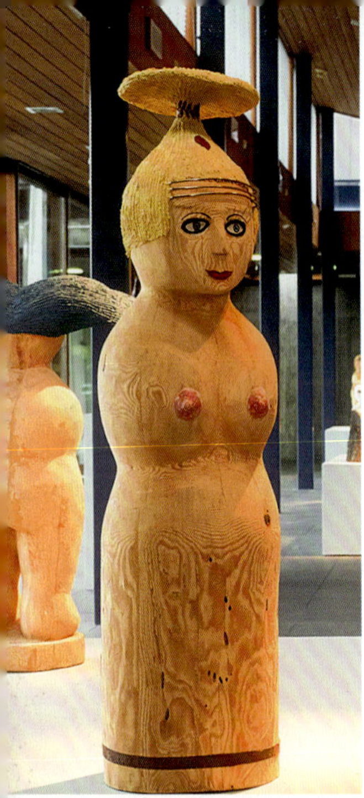

Oben: Das Kunstmuseum Kjarvalsstaðir in Reykjavík setzt mit Wechselausstellungen Akzente.
Unten: Im »Kirsuberjatréð« in Reykjavík verkaufen zehn Frauen ausgefallenes Design.

Land sorgfältig und ehrlich eine neue, bessere Verfassung zu schreiben.

Bei der Oberbürgermeisterwahl von Reykjavík gewann nach der Krise ein gelernter Komiker und selbsterklärter Anarchist: Jón Gnarr. Aus Protest war er mit der Spaßpartei »Beste Partei« angetreten und bekam die meisten Stimmen. Seine Wähler scheinen soweit zufrieden. Typisch Island: pragmatisch, schräg humorvoll und etwas skurril. Landesweit gibt es maximal zwei Morde pro Jahr, aber kein Buchgenre ist hierzulande so erfolgreich wie der Kriminalroman.

Ob wegen der Menschen oder der Natur: Wer einmal in Island war, kommt meistens immer wieder. Um die Vulkaninsel besser kennenzulernen. Um die Elfenbeauftragte zu treffen oder mit einem Boot zwischen Eisbergen zu schippern. Um in warmen Quellen hochwabernde Nordlichter zu genießen. Oder um Reykjavíks Nachtleben und seine kreative Modeszene auszukosten.

Lektüre zur Einstimmung

Alles ganz Isi: Isländische Lebenskunst für Anfänger und Fortgeschrittene, Alva Gehrmann. Der etwas andere isländische Blick auf die Welt.
Die schönsten isländischen Sagas, Rolf Heller. Vier der bekanntesten Sagas in aktueller Übersetzung.
Gletschergrab, Arnaldur Indriðason. Der erste Island-Krimi des preisgekrönten Autors. Sein weibliches Gegenstück ist Yrsa Sigurðardóttir.
Gebrauchsanweisung für Island, Kristof Magnusson. Ein kurzweiliger Blick hinter die Kulissen des Landes und in die Charaktere seiner Menschen.
Made in Iceland, Sigurgeir Sigurjonsson. Großformatiger Bildband mit kraftvollen Motiven jenseits des Klischees.

Reykjavík mal anders betrachtet: Blick vom Turm der Hallgrímskirkja über die Bucht Faxaflói bis zur Halbinsel Snæfellsnes.

Im Fünf-Minuten-Takt jagt der Geysir Strokkur eine Dampfsäule bis zu 20 m hoch in die Luft.

REYKJAVÍK UND DER SÜDWESTEN

S. 26/27: Donnernd stürzt sich der Gullfoss 32 m in die Tiefe.
Oben: An schönen Tagen erkennt man von Reykjavík mühelos die 120 km entfernte Silhouette des Vulkans Snæfellsjökull.
Unten: Das Café »Bókakaffi Súfistans« ist Teil eines Buchladens.

1 Reykjavík – die Innenstadt

Eine Stadt macht Dampf

Schön ist Reykjavík nicht wirklich. Eher rau, wie der nasskalte Seewind, der hier oft durch die Straßen fegt. Eine klassische Altstadt sucht man vergeblich, die Architektur prägen Beton und buntes Wellblech – funktionell und erdbebensicher. Dagegen überrascht die kulturelle Vielfalt der Innenstadt, wo es erstklassige Kunstmuseen, moderne Architektur, Designshops und Galerien zu entdecken gibt.

Für manche ist Reykjavík (118 665 Einw.) eine kleine Metropole, für andere ein zu schnell gewachsenes Dorf. Wie eine Krake breitet die Hauptstadt ihre Tentakel über die umliegenden Hügel aus. Eine Entwicklung, die sich vor allem in den vergangenen Jahrzehnten vollzogen hat, nicht zuletzt aufgrund der Landflucht aus anderen Landesteilen. Während am Stadtrand kühle Hochhaussiedlungen mit Plattenbau-Charme entstan-

MAL EHRLICH

OHNE DUSCHE NICHT INS BAD

In isländischen Schwimmbädern ist es üblich, unbekleidet zu duschen und sich von Kopf bis Fuß mit Seife zu waschen, bevor man ins Wasser geht. Plakate erläutern das in mehreren Sprachen und mit eindeutigen Zeichnungen. Seifenspender sind in den Duschen vorhanden. Das sollte man unbedingt beachten, will man nicht als Ferkel gelten: Vergessliche Gäste müssen sich darauf einstellen, dass sie vom Personal oder von anderen Badegästen strafende Blicke ernten bzw. auf die Hygieneregeln hingewiesen werden.

Der Bau des Rathauses war umstritten.

den, schossen an der Küste futuristisch anmutende Glaspaläste aus dem Boden. Doch dann platzte 2008 die Immobilienblase.

Der Untergang dreier Großbanken brachte Island an den Rand des Staatsbankrotts. Gerade in der Hauptstadt sahen viele ihr Vermögen in Rauch aufgehen. Der Name Reykjavík, »Rauchbucht«, eingeführt von Ingólfur Arnarson, erhielt eine neue, zynische Bedeutung. Als der kühne norwegische Seefahrer sich um 870 der Vulkaninsel näherte, war diese noch unbewohnt. Nach altnordischem Brauch warf er seine Hochsitzstützen ins Meer und ließ sich dort nieder, wo sie von den Göttern angeschwemmt wurden: in einer Bucht, die er aufgrund der aufsteigenden Dampfsäulen *reykjavík* taufte.

Aufsteigende Dampfsäulen

Lange plätscherte das Leben in der »Rauchbucht« vor sich hin. Erst unter dem Impuls des Landvogts Skúli Magnússon – er gilt als »Vater der Stadt« – entstand Mitte des 18. Jahrhunderts rund um die ersten Werkstätten für Wollverarbeitung so etwas wie ein Dorf. Als Reykjavík 1786 das Stadtrecht bekam, zählte der Ort 167 Einwohner, erhielt jedoch als *kaupstaður* (Handelsstadt) besondere

AUTORENTIPP!

REÐASAFNIÐ: SAMMLUNG KOMPLETT

Der eine sammelt Briefmarken, der andere Münzen – und Sigurður Hjartarson sammelt eben Penisse. Im Isländischen Phallusmuseum brachte der Gymnasiallehrer die Phallen sämtlicher isländischen Säugetiere zusammen: vom winzigen Glied einer Maus bis zum 170 cm langen und 75 kg schweren Pottwalpenis. An die 280 Stück baumeln heute von der Decke, füllen Glasbehälter und schmücken die Wände, als wären es Jagdtrophäen. Nur das Glas mit der Aufschrift *Homo sapiens* blieb lange verwaist. Zwar hatte Páll Arason, Jahrgang 1915, vor vielen Jahren verfügt, dass seine Männlichkeit nach dem Ableben ans Museum gehen sollte, doch die robuste Gesundheit des Mannes kam dem in die Quere. Erst 2011 meldete Sigurðurs Sohn Hjörtur Gísli – der Museumsgründer ist mittlerweile in Rente – strahlend, die Sammlung sei jetzt komplett.

Reðasafnið. Tgl. 11–18 Uhr, Eintritt 1000 ISK, Laugavegur 116, 105 Reykjavík, Tel. 561 66 63, www.phallus.is

AUTORENTIPP!

ÁRBÆJARSAFN: ZURÜCK IN DIE ZEIT

Ohne die ferne Silhouette der Hochhäuser und das nahe Rauschen der Stadtautobahn wäre das Freilichtmuseum Árbær die perfekte Zeitreise. 26 rekonstruierte Häuser, vor allem aus Reykjavík, vermitteln einen Eindruck vom isländischen Leben vor 100 bis 200 Jahren. Das Smiðshús (1823) ist das älteste Haus der Sammlung. Die Gebäude des Gehöfts Árbær stehen noch immer an ihrem ursprünglichen Platz. Im Sommer bevölkern Haustiere die Museumswiesen und Menschen in traditionellen Trachten hauchen der Siedlung Leben ein. Kurios: Die nordisländische Kirche von Silfrastaðir (1842) wurde zwischendurch lange Zeit als Wohnraum genutzt, dient aber heute im Freilichtmuseum wieder als Kirche, oft sogar als Traukirche.

Árbæjarsafn. Juni–Aug. tgl. 10 bis 17 Uhr, sonst tgl. Führung um 13 Uhr, Eintritt 1100 ISK, Kistuhyl, 110 Reykjavík, Tel. 411 63 00, www.minjasafnreykjavikur.is

Handelsrechte. Die verräucherten Torfhäuser von einst ersetzten hübsche Holzhäuser. Diese Tage leben weiter in den bunten, oft mit Wellblech verkleideten Häusern zwischen dem Meer und dem See Tjörnin. Die Aðalstræti, die »Hauptstraße«, war jahrhundertelang die einzige Straße der Stadt. Nr. 10 ist das älteste Haus, aus dem Jahr 1762.

Gleich nebenan förderten Archäologen 2001 Erstaunliches zu Tage. Bei Ausgrabungen stießen sie auf die Grundmauern eines stattlichen nordischen Langhauses aus dem 10. Jahrhundert. Dahinter fand man, unter einer Ascheschicht des Vulkans Veiðivötn, Überreste einer Mauer, die noch älter war. Anhand der Asche setzte man ein Alter von 871 Jahren fest, plus/minus zwei Jahre. Die Mauer darunter war also der älteste Beweis menschlicher Besiedlung auf Island. Heute gibt das Museum Reykjavík 871±2 mit einer kurzweiligen Multimedia-Ausstellung Einblicke in die Besiedlung der Gegend, ergänzt von Artefakten archäologischer Ausgrabungen aus der Umgebung des Tjörnin.

Schallende Ohrfeige

Am Tjörnin-Ufer steht das zwischen 1987 und 1992 errichtete Rathaus. Der kühne Beton- und Glasklotz ist der Amtssitz des Bürgermeisters Jón Gnarr. Der isländische Komiker hatte nach der Krise, eher aus Spaß, eine Partei gegründet: Besti flokkurinn, »Die beste Partei«. Den Leuten versprach er Gratis-Handtücher in den Schwimmbädern und einen Eisbär für den Zoo. Sein Sieg bei den Kommunalwahlen 2009 war eine schallende Ohrfeige für die etablierten Parteien.

Ein paar Schritte weiter liegt der schönste Platz der Stadt: Austurvöllur, begrenzt von der Kathedrale Dómkirkja (1787) und dem Parlamentsgebäude Alþingishús aus dunklem Basalt. Auf dem

Stadtrundgang

Zu Reykjavíks Wurzeln startet man am Lækjartorg.

A Stjórnarráðshús – Der heutige Amtssitz des Regierungschefs fungierte bis 1816 als Gefängnis.

B Fálkahús – Im »Falkenhaus« warteten einst für die Jagd gefangene Gerfalken auf ihren Transport zum dänischen König. Das heutige Haus ist von 1858.

C Hafnarhús – Museum für zeitgenössische Kunst, u.a. des Pop-Art Künstlers Erró, im »Hafenhaus«

D Volcano House – Filme über Vulkanausbrüche

E Aðalstræti 10 – ältestes Haus der Stadt (1762)

F Reykjavík 871±2 – Das Museum wurde rund um die Überreste eines Langhauses (9. Jh.) erbaut.

G Rathaus – Der moderne Komplex wurde zum Teil in den Tjörnin-See hineingebaut.

H Austurvöllur – Der schönste Platz der Stadt war früher Übernachtungsstätte und Weide für die Pferde, mit denen die Bauern in die Stadt kamen.

I Hallgrímskirkja – Das Wahrzeichen der Stadt wurde zwischen 1945 und 1986 errichtet.

J Listasafn Einars Jónssonar – Das Skulpturenmuseum ist dem Bildhauer Jónsson gewidmet.

K Reðasafnið – Islands skurrilstes Museum

L Þjóðmenningarhúsið – Berühmte Manuskripte aus dem Mittelalter, darunter die Eddas und Sagas, werden hier aufbewahrt.

Oben: Vor dem Eingang der spitzen Hallgrímskirkja wacht die Statue des Amerika-Entdeckers Leif Eriksson.
Unten: Im Laugavegur reihen sich die Boutiquen mit internationaler und isländischer Mode.

grasbewachsenen Platz, bewacht von der Statue des Freiheitskämpfers Jón Sigurðsson, trugen sich im Winter der Krise 2008/2009 turbulente Szenen zu. Zur Zeit der »Kochtopf-Revolution«, einer Serie großer Demos, ließen Tausende Dampf ab, indem sie auf Töpfen und Pfannen trommelten. Lautstark forderten sie die Einbuchtung des Premierministers Geir Haarde. Pikantes Detail: Dessen Amtssitz, Stjórnarráðshús, ein schlichtes weißes Haus in der Lækjargata, wurde im 18. Jahrhundert von den Dänen ursprünglich als Gefängnis gebaut.

Auf die Vulkane ist Verlass

Längst ist wieder Normalität eingekehrt, das Einzige, was noch dampft, sind die thermal beheizten Freibäder. Davon bietet das »nördlichste Badeparadies der Welt« seinen 120 000 Einwohnern ganze sieben, alle mit Hot Pots, Whirlpools und Dampfbädern. Um die Heizkosten braucht sich keiner zu sorgen: Die Vulkane im Untergrund sind billige und ergiebige Energielieferanten. Über 70 Bohrlöcher versorgen neben den Pools auch sämtliche Gebäude der Hauptstadt mit Warmwasser. Unter Straßen und Bürgersteigen verlegte Schläuche sorgen auch im Winter für schnee- und eisfreies Shoppen.

Längst aus dem Straßenbild verschwunden sind die Hausfrauen, die einst, mit schweren Wäschekörben unter dem Arm, durch den Laugavegur zu den *þvottalaugar* (Waschquellen) im Laugardal zogen. Reykjavíks Flaniermeile prägen heute Boutiquen, Galerien, trendige Bars und gemütliche Cafés. Im Café »Bókakaffi Súfistans« in einem Buchladen können Gäste bei einer Tasse Kaffee Zeitschriften oder Bücher lesen. Galerien, Musikgeschäfte und Designshops flankieren auch den nahen Skólavörðustígur, der zur imposanten Hallgrímskirkja hochführt.

Spitzer Bleistift

Islands größte Kirche, wie ein spitzer Bleistift in den Himmel ragend, ist Reykjavíks Wahrzeichen. Sie wurde nach dem Dichter Hallgrímur Pétursson (1614–1674) benannt. Der Entwurf stammt von Staatsarchitekt Guðjón Samúelsson, der sich von den inseltypischen Basaltsäulen inspirieren ließ. Der 74 m hohe Turm bietet einen tollen Rundblick.

Am Eingang thront die Statue des Amerika-Entdeckers Leif Eriksson. In der nahen Mentaskóli ging Halldór Laxness zur Schule. Der spätere Literaturnobelpreisträger verließ das Gymnasium ohne Abschluss. Das Museum Listasafn Einars Jónssonar, auf der anderen Seite der Kirche, ist Einar Jónsson (1874–1954) gewidmet. Er war Islands erster Bildhauer, der international bekannt wurde.

UNESCO-Literaturstadt

Gerade im künstlerischen Bereich blüht Reykjavík immer mehr auf, die Kunst-, Literatur- und Musikszene ist erstaunlich vielseitig. Unter den vielen Kunstmuseen ist das Listasafn Reykjavíkur hervorzuheben, das sich über drei Standorte verteilt: Das Hafnarhús, der Hauptstandort in einer umgebauten Lagerhalle am Hafen, präsentiert zeitgenössische Kunst. Etwas außerhalb der Innenstadt bieten Kjarvalsstaðir Werke des Landschaftsmalers Jóhannes Kjarval und Ásmundarsafn Skulpturen von Ásmundur Sveinsson.

Aufgrund seiner einmaligen literarischen Produktion – auf 1000 Isländer kömmen jährlich fünf Buchveröffentlichungen – wurde Reykjavík 2011 zur UNESCO-Literaturstadt ernannt. Teile der unschätzbar wertvollen Mittelalterliteratur sind noch immer in der Stadt erhalten. Im Þjóðmenningarhús kann man Meisterwerke wie den *Codex Regius* oder die *Íslendingasögur* (Sagas) bewundern.

AUTORENTIPP!

WIR TREFFEN UNS IM POOL

Schwimmbäder und Hot Pots sind wichtige Treffpunkte für die Einheimischen. Viele Isländer gehen vor allem in den Pool, um Leute zu treffen und zu plaudern, Schwimmen spielt eine untergeordnete Rolle. Sie kommen oft an einem festen Wochentag und treffen dann immer dieselben Leute und Freunde. Und wirklich jeder geht ins Schwimmbad. Nicht undenkbar, dass man mit Reykjavíks Bürgermeister, Schauspielern, Popstars, Parlamentsmitgliedern, Professoren und Pastoren im Hot Pot sitzt. Die Bäder sind grundsätzlich Freibäder, was aber auch bei kaltem Wetter kein Grund zur Sorge ist: Die Wassertemperatur beträgt 28 bis 30 °C, in den Hot Pots sogar 37 bis 45 °C.

Laugardalslaug. 50-Meter-Bad, Wasserrutschen, 7 Hot Pots, Dampfbad und heißes Salzwasserbad. Mo–Fr 6.30–22 Uhr, Sa, So 8–22 Uhr, Eintritt 500 ISK, Sundlaugavegur 30, 105 Reykjavík, Tel. 411 51 00, www.swimminginiceland.com

Sundhöllin. Mo–Do 6.30–22 Uhr, Fr 6.30–20 Uhr, Sa 8–16 Uhr, So 10–18 Uhr, Eintritt 500 ISK, Barónsstígur 45a, 101 Reykjavík, Tel. 411 53 50, www.swimminginiceland.com

Infos und Adressen

SEHENSWÜRDIGKEITEN

Hallgrímskirkja. Tgl. 9–17 Uhr, Turm tgl. 9–17 Uhr, im Sommer bis 20 Uhr, Eintritt 600 ISK, Hallgrímstorg 1, 101 Reykjavík, Tel. 510 10 00.

Listasafn Reykjavíkur – Hafnarhús. Fr–Mi 10–17 Uhr, Do 10–20 Uhr, Eintritt 1100 ISK, Tryggvagata 17, 101 Reykjavík, Tel. 590 12 00, www.artmuseum.is

Volcano House. Tgl. 10–22 Uhr, Eintritt 2000 ISK, Tryggvagata 11, 101 Reykjavík, Tel. 555 19 00, www.volcanohouse.is

Das Museum Reykjavík 871±2

Reykjavík 871±2. Tgl. 10–17 Uhr, Eintritt 1100 ISK, Aðalstræti 16, 101 Reykjavík, Tel. 411 63 70, www.minjasafnreykjavikur.is

Listasafn Einars Jónssonar. Juni–Mitte Sept. Di–So 14–17 Uhr, Mitte Sept.–Mai Sa, So 14–17 Uhr, Eintritt 600 ISK, Eiríksgata, 101 Reykjavík, Tel. 561 37 97, www.lej.is

Þjóðmenningarhúsið. Tgl. 11–17 Uhr, Eintritt 1000 ISK, Hverfisgata 15, 101 Reykjavík, Tel. 545 14 00, www.thjodmenning.is

ESSEN UND TRINKEN

Grillmarkaðurinn. Das 2011 eröffnete Spitzenrestaurant bietet traditionelle Fisch- und Fleischgerichte mit modernem Twist, serviert in einer cool durchgestylten Umgebung. Verwendet werden nur erstklassige Produkte von lokalen Bauern. Mo–Fr 11.30–14 und 18–22.30 Uhr, Sa, So 18–23.30 Uhr. Lækjargata 2a, 101 Reykjavík, Tel. 571 77 77, www.grillmarkadurinn.is

Fiskmarkaðurinn. In diesem trendigen Restaurant in einem der ältesten Häuser der Stadt wird das Beste aus dem Reich Neptuns kredenzt, z.B. Königskrabbe. Mo–Fr 11.30–14 und 18–23.30 Uhr, Sa, So 18–23.30 Uhr. Aðalstræti 12, 101 Reykjavík, Tel. 578 88 77, www.fiskmarkadurinn.is

Þrir Frakkar. Der Name, »Drei Franzosen«, erinnert an die früheren Besitzer dieser Location, das Ambiente an ein französisches Bistro. Beim Essen setzt Spitzenkoch Úlfar Eysteinsson aber auf traditionelle isländische Kost, vor allem Fisch und Meeresfrüchte – von *plokkfiskur* (Fischpüree), dem einstigen Arme-Leute-Essen, bis zu Walfleisch. Mo–Fr 11.30–14.30 und 18–22 Uhr, Sa, So 18–23 Uhr. Baldursgata 14, 101 Reykjavík, Tel. 552 39 39, www.3frakkar.com

Café Paris. Das gemütliche Bistro wird von Touristen, Studenten und Bankern gleichermaßen frequentiert. Bei Sonne ein beliebtes Straßencafé. So–Do 9–1 Uhr, Fr, Sa 9–2 Uhr, Austurstræti 14, 101 Reykjavík, Tel. 551 10 20, www.cafeparis.is

Stofan Café. Der Name ist Programm: Das urige Café im 1960er-Jahre-Look verbreitet die Atmosphäre eines heimeligen Wohnzimmers, eingerichtet mit Plüschsofas. Zu essen gibt es Bagels und Kuchen. Mo–Mi 10–23 Uhr, Do–Fr 10–1 Uhr, Sa 11–1 Uhr, So 12–1 Uhr, Aðalstræti 7, 101 Reykjavík, Tel. 567 18 81.

ÜBERNACHTEN

Hótel Borg**.** Die Grande Dame (1930) unter den Unterkünften am schönsten Platz der Stadt. Originale Art-déco-Einrichtung und moderne, geräumige, individuell gestylte Zimmer. Zentraler geht es nicht. Pósthússtræti 11, 101 Reykjavík, Tel. 551 14 40, www.hotelborg.is

101 Hotel**.** Das kleine, aber feine Boutique-Hotel, untergebracht in einem Bürogebäude aus den 1930er-Jahren, ist eine Schöpfung der Designerin und Besitzerin Ingibjörg Pálmadóttir. Der Name »101« greift Reykjavíks Postleitzahl auf. Hverfisgata 10, 101 Reykjavík, Tel. 580 01 01, www.101hotel.is

Reykjavík Residence Hotel*.** Brandneues Apartmenthotel in einer ansehnlichen alten Villa mit großen, gut ausgestatteten Zimmern für Selbstversorger. Hverfisgata 45, 101 Reykjavík, Tel. 561 12 00, www.rrhotel.is

Baldursbrá Guesthouse. Ruhig unweit des Rathauses gelegen, mit einfachen, aber liebevoll eingerichteten Zimmern. Reichhaltiges Frühstück, ein Hot Pot im Garten: Es gibt viele Gründe, hier Quartier zu beziehen. Evelyn, die freundliche Besitzerin, stammt aus der Bretagne. Laufásvegur 41, 101 Reykjavík, Tel. 552 66 46, baldursbra@centrum.is

Butterfly Guesthouse. Hinter dem blassgrünen Giebel in einer ruhigen Straße der Innenstadt verbirgt sich eine kleine, schmucke Pension mit schönen Zimmern und Appartements (mit oder ohne Bad). Nur 16. Mai–1 Sept. geöffnet, Ránargata 8a, 101 Reykjavík, Tel. 894 18 64, www.butterfly.is

AUSGEHEN

In der Clubszene wird Reykjavík in einem Atemzug mit New York oder Berlin genannt. Großraumdiskotheken sind selten zu finden, die Szene besteht hier vielmehr aus zahlreichen kleinen Clubs in der Innenstadt. In den meisten wird Wert auf schicke Kleidung gelegt. Über Livemusik informiert die Gratiszeitung *The Reykjavík Grapevine*, die überall ausliegt.

Kaffibarinn. Tagsüber Café, abends Disko mit den besten DJs. Die hippe Bar mit Bohemien-Ausstrahlung war Drehort des Kultfilms »101 Reykjavík«. Bergstaðastræti 1, 101 Reykjavík, Tel. 551 15 88, www.kaffibarinn.is

EINKAUFEN

Kraum. Überraschende Kreationen von über 200 isländischen Designern: originelle Vasen, Lammfellhöcker, Schuhe aus Fischleder oder aus Pferdehaar etc. Mo–Fr 9–19 Uhr, Sa 10–18 Uhr, So 12–18 Uhr, Aðalstræti 10, 101 Reykjavík, Tel. 517 77 97, www.kraum.is

Kirsuberjatréð. Zehn isländische Frauen verkaufen hier in Eigenregie Schmuck, Textilien, Töpfereien etc. Wie wäre es mit einer Umhängetasche aus Seewolfsleder oder einer Schüssel aus Rettich und Zucchini? Mo–Fr 10–18 Uhr, Sa 11–15 Uhr, Vesturgata 4, 101 Reykjavík, Tel. 562 89 90, www.kirs.is

INFORMATION

Reykjavík Tourist Information Centre. Juni–Mitte Sept. tgl. 8.30–19 Uhr, sonst Mo–Fr 9–18 Uhr, Sa 9–16 Uhr, So 9–14 Uhr. Aðalstræti 2, 101 Reykjavík, Tel. 590 15 50, www.visitreykjavik.is

Reykjavík Welcome Card. Die Card gewährt freien Eintritt in zahlreiche Museen und in die sieben Pools der Stadt sowie die kostenlose Nutzung der öffentlichen Verkehrsmittel. Sie ist beim Fremdenverkehrsamt erhältlich. Weitere Verkaufsstellen sind im Internet aufgelistet. Preise: 2400/3300/4000 ISK für 1/2/3 Tage, www.visitreykjavik.is

Gemütliche Cafés gibt es in der Innenstadt zuhauf.

Oben: Im nagelneuen Konzertgebäude Harpa fanden sowohl das isländische Symphonieorchester als auch die isländische Oper ein Zuhause.
Unten: Noch immer werden im »alten Hafen« von Reykjavík Schiffe repariert.

2 Reykjavík – der alte Hafen

Es weht ein frischer Wind

Noch vor Kurzem fristete der Gamla Höfnin, der »alte Hafen«, am Rand der Innenstadt ein farbloses Dasein. Dann kam der Wandel: Leerstehende Fabriken wurden zu Museen oder Hotels, in einstige Fischerschuppen zogen Restaurants, Cafés und Galerien. Vom Pier mit den eingemotteten Walfangschiffen starten Whale-Watching-Touren. Symbol der überstandenen Wirtschaftskrise ist die neue Konzerthalle Harpa.

Der Ausbau des Hafens (1913–17) war das bis dahin größte Bauprojekt der isländischen Geschichte. Vorher ankerten die Schiffe in der Bucht und die Güter mussten mit Ruderbooten an Land gebracht werden. Für den Transport des Baumaterials für Molen und Kais wurde sogar eine Eisenbahnstrecke angelegt. Das Ergebnis war ein zweigeteilter Hafen: Im Vesturhöfn (»Westhafen«) konzentrierte sich die Fischerei, im Austurhöfn (»Osthafen«) legten die Frachtschiffe an. Der Hafen boomte und war nach einem halben Jahrhundert schon wieder zu klein. Nach der Fertigstellung des neuen Hafens Sundahöfn (1968) östlich der Innenstadt verschwanden die Frachter. Fabriken und Lagerhallen machten dicht, Fischerschuppen fielen dem Strukturwandel der Fischerei zum Opfer. Die Verödung war unabwendbar.

Wer heute auf dem Hafnarstígur (»Hafenpfad«) den »alten Hafen« erkundet, reibt sich verwundert die Augen. Im Verlauf des 1 km langen Fußwegs, markiert durch bunte Streifen, die das Band zwischen den wichtigsten Elementen des Hafens

Renovierte Schuppen beherbergen Geschäfte und Lokale.

symbolisieren, wird der erstaunliche Wandel deutlich, der sich in den vergangenen Jahren vollzogen hat.

Harpa – Symbol für den Optimismus

Ein logischer Startpunkt für den Streifzug ist die neue Konzerthalle Harpa (»Harfe«). Der fabelhafte Glaspalast, der sich hoch über den Hafen erhebt, ist die größte Konzerthalle Skandinaviens und bietet 1800 Plätze. Der Entwurf des 43 m hohen Gebäudes, das wie ein überdimensionierter Kristall wirkt, stammt von dem dänischen Architektenbüro Henning Larsen. Die fischschuppenähnliche Fassade, deren Glasbausteine je nach Licht und Blickwinkel wechselnde Farben erzeugen, entwarf der dänisch-isländische Künstler Ólafur Elíasson. Dass der Bau je vollendet wurde, grenzt an ein Wunder, denn während der Wirtschaftskrise gingen die Banker und Investoren, die das Megaprojekt finanzierten, allesamt pleite. Statt einer State-of-the-Art-Konzerthalle drohte die Stadt eine kolossale Bauruine zu erhalten. Doch so weit kam es dann doch nicht: Mit einem unglaublichen Kraftakt wurde das fehlende Geld aufgebracht und der Palast in einer Sparversion, die »nur« ca. 160 Mio. Euro kostete, zu Ende gebaut. Seit der

AUTORENTIPP!

SÆGREIFINN: RUSTIKAL, ABER KÖSTLICH

Im Restaurantgeschäft landete Kjartan Halldórsson (73) nur durch Zufall. Als eines Tages eine Gruppe ausländischer Besucher in seinem Fischladen fragte, ob er ihnen den Fisch auch zubereiten könnte, witterte der ehemalige Fischer und Koch der Küstenwache eine Chance. Er rannte zum nächsten Baumarkt, kaufte einen Grill und kredenzte seinen Gästen den Fisch auf den Fischkästen im Laden.
Die Kästen sind längst verschwunden, aber rustikal sieht das winzige, mit Fischernetzen, Fotos von alten Dampfern und Schiffsmodellen eingerichtete Lokal noch immer aus: Man sitzt auf gepolsterten Fischtonnen an langen Tischen. Das Essen kommt auf einem Plastikteller, hat aber eine Spitzenqualität. Der legendären Hummersuppe stehen die saftigen Spieße (Heilbutt, Kabeljau, Scholle, Zwergwal – je nach Tagesangebot) in nichts nach.

Sægreifinn. Mai–Aug. tgl. 11.30–23 Uhr, Sept.–April tgl.11.30–22 Uhr, Geirsgata 8, 101 Reykjavík, Tel. 553 15 00, www.saegreifinn.is

AUTORENTIPP!

KOLAPORTIÐ: ISLANDS EINZIGER FLOHMARKT

Die Aufschrift *Kolaportið* über dem Eingang verrät, das hier einst die Kohlen für die Dampfschiffe gelagert wurden. Seit 1989 beherbergt der schmucklose Betonklotz hinter der Zollbehörde den einzigen Flohmarkt Islands. Neben den üblichen Wühltisch- und Secondhandwaren gibt es einige Stände mit echten Antiquitäten. Spannend ist jedoch vor allem der hintere Bereich, wo Händler aus dem ganzen Land ihre Spezialitäten feilbieten: *rúgbrauð* (süßes, dunkles Roggenbrot) aus Selfoss, *hákarl* (fermentierter Haifisch) von der Snæfellsnes-Halbinsel, *harðfiskur* (Trockenfisch) aus den Westfjorden, *reyktur lax* (Räucherlachs) aus Hafnarfjörður, *svartfugl* (Lummen) … Überall kann man natürlich ausgiebig kosten. Denn nur so erkennt man z. B. den feinen Unterschied zwischen *birkireyktur* und *taðreyktur lax* – Ersterer wird mit Birkenholz, Letzterer mit getrocknetem Schafmist geräuchert.

Kolaportið. Sa, So 11–17 Uhr. Tryggvagata 19, 101 Reykjavík.

Der Fischerhafen von Reykjavík

Eröffnung 2011 gilt er nicht mehr als Symbol des Scheiterns, sondern verkörpert nun den unerschütterlichen Optimismus.

Deutsche Dampfloks

Im Schatten der Harpa liegt der ehemalige Handelshafen Austurhöfn. Statt Frachter sind hier jetzt die Schiffe der Küstenwache und des isländischen Instituts für Meeresforschung vertäut, neben einigen Kreuzfahrtschiffen (die größeren weichen allerdings in den Sundahöfn aus). Ein paar Schritte weiter erinnert eine alte Dampflok an die für den Bau des Hafens angelegte Schmalspurbahn: Die »Minör« (1892) wurde wie ihre Schwester (zu sehen im Freilichtmuseum Árbæjarsafn) von der deutschen Lokomotivfabrik Arnold Jung geliefert. Die 12 km lange Bahnstrecke war bis 1928 für den Gütertransport in Betrieb.

Den Walen auf der Spur

Am deutlichsten wird der Wandel rund um den Pier Ægisgarður. Hellblau leuchten die alten Fischerschuppen aus den 1930er-Jahren, die vor wenigen Jahren gerade noch vor der Abrissbirne gerettet werden konnten. Heute sind in den

Rundgang durch den alten Hafen

Im Verlauf dieses Spaziergangs auf dem Hafnarstígur erlebt man hautnah die erstaunliche Metamorphose, die sich im »alten Hafen« in den vergangenen Jahren vollzogen hat.

A Konzerthalle Harpa – Das neue Wahrzeichen des »alten Hafens« besticht durch seine exzellente Akustik. Die Bandbreite der Veranstaltungen reicht von klassischer Musik bis hin zu Rock und Pop.

B Minör – Die grüne Dampflok ist das einzige Relikt der einstigen Schmalspurbahn im »alten Hafen«. Mit der Bahn wurden Felsblöcke von den Gruben am Öskjuhlíð und Skólavörðuholt transportiert.

C Kolaportið – Die Rückseite des ehemaligen Kohlenspeichers, in dem heute jedes Wochenende ein gut besuchter Flohmarkt stattfindet, schmückt ein sehenswertes Mosaik mit Szenen des Hafenbetriebs von Gerður Helgadóttir (1928–1975).

D Hafnarbærinn – In den hellblau angestrichenen Häuschen des »Harbour Village« wurden einst Fische ausgenommen und gesalzen oder Netze gelagert.

E Whale Watching Centre – Die Ausstellung hier ist der perfekte Einstieg zu einem Whale-Watching-Erlebnis. Der unumstrittene Blickfang ist das Skelett eines Zwergwals.

F Walfangschiffe – Die schwarz-weiß angestrichenen Boote, erkennbar an der Aufschrift *Hvalur* (»Wal«), fuhren bis vor 20 Jahren mit ihrem Fang zur Walfangstation am Hvalfjörður, nördlich von Reykjavík.

G Víkin – Sjóminjasafnið í Reykjavík – Das 2005 eröffnete Museum zeichnet mit spannenden Videoaufnahmen und Augenzeugenberichten ein lebendiges Bild der Seefahrtsgeschichte. Auch die »Óðinn«, das ehemalige Schiff der Küstenwache, kann man bis in den letzten Winkel erkunden.

H Kaffivagninn – Das authentische Seemannscafé ist noch immer ein Treffpunkt alter Seebären.

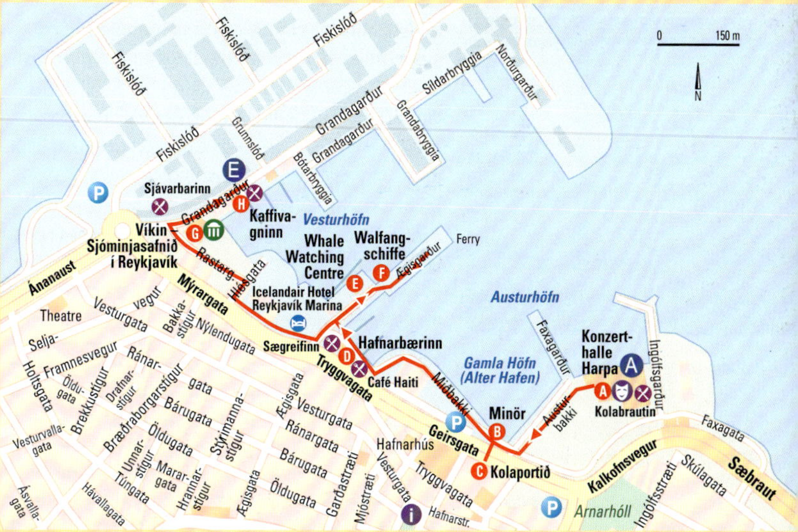

Oben: Die eingemotteten Walfangkutter im »alten Hafen« brachten ihren Fang früher zu einer Walfangstation im nahen Hvalfjörður.
Unten: Das urige Seemannscafé »Kaffivagninn« mit den großen Panoramafenstern hat längst Kultstatus erreicht.

hübsch renovierten Buden Restaurants, Cafés, Galerien, Designshops und ein Kino untergebracht. Auch diverse Whale Watching-Veranstalter bezogen hier Quartier.

Die Walbeobachtungsfahrten sind fast immer erfolgreich. Gesichtet werden vor allem Zwerg- und Buckelwale, Weißschnauzendelfine und Schweinswale, im Winter zudem ab und zu Killer-, Finn- und Blauwale. Ein ausrangierter Trawler beherbergt das Whale Watching Centre, ein Museum, das mithilfe von Ton- und Videoaufnahmen Wissenswertes über die Wale vermittelt. Pikantes Detail: Gleich nebenan liegen auch die ausrangierten Walfangkutter. Im Sommer verkehrt vom Pier eine Fähre zu der vorgelagerten Insel Viðey (»Waldinsel«), wo zu Beginn des 20. Jahrhunderts der erste Hafen für Überseeschiffe entstand.

Geschichte statt Fisch

Der Hafenpfad endet beim Sjóminjasafnið, eingerichtet in einer ehemaligen Fischfabrik: Dieses moderne Seefahrtsmuseum illustriert den Ausbau des Hafens und die Entwicklung der Schifffahrt – von offenen Ruderbooten bis hin zu modernen Trawlern und Frachtschiffen. Gleich nebenan liegt die »Óðinn« (1959), ein ausrangiertes Schiff der Küstenwache, dessen Einsätze die Besatzungen zahlreicher in Seenot geratener Schiffe ihr Leben verdanken.

Vieles hat sich verändert, manches blieb zum Glück erhalten, so wie Kaffivagninn. In dem schmucklosen Seemannscafé, gegenüber vom Museum, fühlt man sich wie in einer Loge. Durch die großen Fenster schaut man auf die kleinen Fischerboote im Hafen, überragt von der mächtigen Silhouette von Harpa – ein größerer Kontrast wäre kaum denkbar.

Infos und Adressen

SEHENSWÜRDIGKEITEN

Víkin – Sjóminjasafnið í Reykjavík. 1. Juni–15. Sept. tgl. 10–17 Uhr, sonst Di–So 11–17 Uhr, Eintritt 1200 ISK, Grandagarður 8, 101 Reykjavík, Tel. 517 94 00, www.maritimemuseum.is

Foyer des Icelandair Hotel Reykjavík Marina

ESSEN UND TRINKEN

Kolabrautin. Das Edelrestaurant in der Harpa bietet isländische Spitzenküche mit mediterranem Touch und eine herrliche Aussicht auf den Hafen. Mo–Fr 11.30–14 und ab 17.30 Uhr, Sa, So ab 17.30 Uhr, Austurbakki 2, 101 Reykjavík, Tel. 519 97 00, www.kolabrautin.is

Sjávarbarinn. Einfaches Fischrestaurant mit vorzüglichem Fischbüfett und traditioneller Hausmannskost auf der Karte. Mo–Do 10–21 Uhr, Fr 10–22 Uhr, Sa 16–22 Uhr, Grandagarður 9, 101 Reykjavík, Tel. 517 31 31, www.sjavarbarinn.is

Im Café Haiti wird der Kaffee täglich frisch geröstet.

Kaffivagninn. Durch die Panoramafenster des Cafés kann man auf die Docks blicken und dabei leckere Krabben- oder Lachsbrötchen schlemmen. Mo–Fr 7.45–17.45 Uhr, Sa, So 8.45–17.45 Uhr, Grandagarður 10, 101 Reykjavík, Tel. 551 59 32.

Café Haiti. Im früheren Salzhaus servieren Elda und Methúsalem in rustikal-gemütlicher Umgebung täglich frisch gerösteten karibischen Kaffee und lokale Spezialitäten wie *plokkfiskur* (Fischpüree). Sommer Mo–Fr 8–23 Uhr, Sa, So 9–23 Uhr, Winter Mo–Do 8–18 Uhr, Fr 8–23 Uhr, Sa 9–23 Uhr, So 9–18 Uhr, Geirsgata 7, 101 Reykjavík, Tel. 588 84 84.

ÜBERNACHTEN

Icelandair Hotel Reykjavík Marina**.** Von den Zimmern des schicken Boutique-Hotels, das sich in einer umgebauten Farbenfabrik befindet, kann man die Schiffe im nahen Trockendock fast berühren. Mýrargata 2, 101 Reykjavík, Tel. 560 80 00, www.icelandairhotels.com

Schickes Design in einer umgebauten Farbenfabrik

AKTIVITÄTEN

Elding. Die Whale Watching-Fahrten dauern zwischen 2,5 und 5 Stunden. Ægisgarður 7, 101 Reykjavík. Tel. 555 35 65, www.elding.is

Ausflug nach Viðey. 15. Mai–30. Sept. Abfahrt Alter Hafen tgl. 12 Uhr, Rückfahrt 15.30 Uhr, ganzjährig 3- bis 7-mal tgl. ab Hafen Skarfabakki, östlich vom Zentrum. Elding, Ægisgarður 7, 101 Reykjavík. Tel. 555 35 65, www.elding.is

Oben: Die *baðstofa* von Skörð illustriert die Lebensbedingungen in einem Torfhaus während des 19. Jhs.
Unten: Im frühen Mittelalter stand in Skálholt eine stattliche Kirche, deren Bau auf den norwegischen Stabkirchen basierte.

3 Þjóðminjasafn Íslands

Schätze und Reichtümer

Das Isländische Nationalmuseum ist Hüter des nationalen Kulturerbes. Es zeigt eine reiche Auswahl an außergewöhnlichen Exponaten aus der Vergangenheit Islands und gewährt Einsicht in das Alltagsleben und die Werte früherer Generationen. Die spannende Dauerausstellung *Das Werden einer Nation* widmet sich dem Erbe und der Geschichte der Insel und seiner Menschen – von der Landnahme bis heute.

Das faszinierende Museum beleuchtet die relativ kurze Geschichte des Inselstaats: Island wurde erst vor ca. 1100 Jahren von Wikingern und Kelten besiedelt – als letztes Land Europas. Die Ausstellung ist als Zeitreise konzipiert. Am Anfang steht das Modell eines der Schiffe, mit dem die ersten Siedler im Mittelalter den Nordatlantik überquerten. Am Ende steht der moderne Hightech-Flughafen, das heutige Tor zur Außenwelt. Jede Epoche setzt sich thematisch aus vier Bereichen zusammen: Leben und Arbeit, Häuser und Siedlungsstrukturen, Kunst und Handwerk, Kultur und Sprache. Multimediaterminals mit Touchscreens, Film- und Tonfragmenten runden die Ausstellung ab.

800–1000: Die Landnahme

Eine weiß gepunktete Linie auf dem Boden markiert die Größe der Schiffe der ersten nordischen Siedler. Zu sehen sind Schätze aus Wikingergräbern, darunter ein Schachspiel und ein Kamm. In einem der Gräber entdeckte man ein Schwert und ein Pferdegerippe – mit dem Pferd sollte der Wikinger seine letzte Reise nach Walhalla antreten können.

Trinkhorn aus dem Jahr 1598

Eine Figur aus Bronze (ca. 1000), um 1815 in Eyjafjörður (Nordisland) entdeckt, ist das Glanzstück des Museums. Manche sehen darin den nordischen Gott Þór (Thor) mit seinem Hammer, andere den christlichen Gott auf seinem Thron.

1000–1200: Isländischer Freistaat

Diese Zeit war von Wohlstand geprägt, die Menschen lebten auf großen Bauernhöfen. Wichtige Erkenntnisse dazu lieferte die Ausgrabung des Gehöfts Stöng im Þjórsárdalur (s. S. 101), das 1104 vom Ascheregen des Vulkans Hekla verschüttet wurde. Auch die Christianisierung (um 1000) ist ein zentrales Thema.

Ein Blickfang ist der Christus von Ufsir (ca. 1200) aus Birkenholz. Das Bild gehörte zu einem nicht erhaltenen Kruzifix aus der Kirche von Ufsir (Nordisland). Aus dieser Zeit stammen auch etliche, mit schönen Schnitzereien verzierte Holzplatten, Bestandteile einer verschwundenen Kathedrale. Die in Torfhäusern entdeckten Platten überlebten dank einer klimatischen Besonderheit: Aufgrund des chronischen Waldmangels in Island wurde gutes Bauholz oft jahrhundertelang recycelt.

AUTORENTIPP!

EIN HERZ FÜR KINDER

In den von Museumspädagogen betreuten Räumlichkeiten für junge Besucher, im zweiten Stock des Museums, können Kinder Geschichte selbst erleben. Sie können sich als Wikinger verkleiden, mit kindgerechten Waffen Kämpfe austragen oder Puzzles und Spiele aus der Wikingerzeit entdecken – dabei steht immer der Spaß im Vordergrund! Das Nationalmuseum bietet Präsentationen für Kinder und Jugendliche aller Altersstufen, sogar für Studenten ist etwas geboten. Sie entsprechen dem jeweiligen Alter und dem Reifegrad der Kinder.
Auch Kinder in Begleitung ihrer Eltern sind herzlich eingeladen an den Quizspielen teilzunehmen, sich zu verkleiden und die von den Pädagogen erstellten Arbeitsmaterialien zu nutzen, mit dem Ziel das Leben der Vergangenheit auf spielerischer Art und Weise nachzuempfinden.

Bronzestatue: Christus oder Thor?

Oben: Mit offenen Booten wie der »Ingjaldur« (1898) ging man jahrhundertelang auf Fischfang.
Unten: Die wunderschön geschnitzte Tür aus Valþjófsstaður ist die einzige noch existierende Kirchentür aus dem Mittelalter.

1200–1400: Unter norwegischer Herrschaft

Der bedeutendste Fund hier ist eine wunderschöne Kirchentür von Valþjófsstaður (ca. 1200), die bis 1851 in verschiedenen Gotteshäusern zum Einsatz kam. Die Ornamente zeigen zwei geschnitzte Kreise. Der obere Kreis stellt drei Szenen aus der Geschichte *Le Chevalier au Lion* dar: In der ersten tötet der Ritter einen Drachen, der einen Löwen gefangen hält. Die zweite zeigt den dankbaren Löwen, der dem Ritter folgt. In der dritten trauert der Löwe am Grab des Ritters. Im zweiten Kreis erkennt man vier ineinander verschlungene Drachen. Ein dritter Kreis fehlt vermutlich.

1400–1600: Unter dänischer Herrschaft

Um 1530 erwarb der letzte katholische Bischof Jón Arason die erste Druckerpresse. Sie sollte ihm aber nur kurz Freude bereiten: 1550 wurde er geköpft, in Island war die Reformation angekommen. Bischof Guðbrandur Þorláksson ließ 1584 die erste isländische Bibelübersetzung drucken. Von der *Guðbrandsbiblia* (*Guðbrandur-Bibel*) wurden 500 Exemplare gedruckt, alle Kirchen mussten das Projekt finanziell unterstützen und ein Exemplar erwerben. Die Bibel gilt als Meisterwerk der Buchdruckkunst. Das ausgestellte Exemplar (mit Originaleinband) gehörte Bischof Guðbrandurs Tochter und deren Sohn aus Staðarfell, wo das Buch jahrhundertelang in der Kirche aufbewahrt wurde.

1600–1800: Absolutismus

Unter den ausgestellten Stücken fällt hier vor allem das Trinkhorn (1598) von Brynjólfur Jónsson ins Auge. Künstler aus jener Zeit waren nur selten namentlich bekannt, der talentierte Bauer aus Skarð (Südisland) bildete da eine Ausnahme. Das

Trinkhorn zeigt reiche Schnitzereien aus dem Alten und Neuen Testament. Man erkennt die Hochzeit zu Kana (mit Geschirr aus der Zeit von Brynjólfur), Judith, die den assyrischen Feldherrn Holofernes tötet, Joab, der König Davids Sohn Absolom umbringt, sowie einen Mann, der im Schlund eines Drachens verschwindet.

1800–1900: Kampf um Unabhängigkeit

Die Skautbúningur-Tracht (1860) war das Vorbild für die im 19. Jahrhundert vielerorts entstandenen Trachten, deren Entwicklung eng mit dem Erstarken des nationalen Bewusstseins in jener Zeit verknüpft war. Auch die Fischereitechnik erlebte eine starke Entwicklung - von offenen Booten wie der »Ingjaldur« (1898) zu seetüchtigeren Schonern. Die Lebensbedingungen der Torfhausbewohner illustriert die ausgestellte *baðstofa* von Skörð, die sowohl Aufenthalts- als auch Schlafraum war.

1900–2000: Aufbruch in die Moderne

Auf dem Weg zur Unabhängigkeit wurde 1944 der Ruf nach einer eigenen Flagge laut. 1897 präsentierte der Dichter Einar Benediktsson »seine« isländische Flagge: die Hvítbláinn (»Weiß-Blaue«). Sie zeigte ein weißes Kreuz - als Symbol für die Gletscher - auf blauem Grund - als Symbol für den Himmel, das Meer und die fernen Berge. Die Flagge war schon bald sehr beliebt. Bei offiziellen Anlässen musste jedoch weiter die dänische Flagge gehisst werden, was etwa bei den Olympischen Spielen 1912 in Stockholm zu Unmut bei den isländischen Sportlern führte. 1915 erhielten die Isländer ihre eigene Flagge, jedoch in anderem Design: In das weiße Kreuz wurde ein rotes Kreuz eingefügt - als Symbol für das Feuer der Vulkane.

Infos und Adressen

ESSEN UND TRINKEN

Veitingastofan Kaffitár. Das nette Museumscafé im Erdgeschoss serviert kleinere Gerichte und ist ein beliebter Treffpunkt der Einheimischen. 1. Mai–15. Sept. tgl. 10–17 Uhr, 16. Sept.–30. April Di–Fr 9–17 Uhr, Sa, So 11–17 Uhr, Suðurgata 41, 101 Reykjavík.

Dill Restaurant. Mit diesem feinen Restaurant, in dem die neue nordische Küche zelebriert wird, erfüllten sich Spitzenkoch Gunnar Karl Gíslason und Sommelier Ólafur Örn Ólafsson einen Traum. Mi–Sa 11.30–14 und ab 19 Uhr, So–Di 11.30–14 Uhr, Nordic House, Sturlugata 5, 101 Reykjavík, Tel. 552 15 22, www.dillrestaurant.is

ÜBERNACHTEN

Guesthouse Anna. Nur zehn Gehminuten vom Nationalmuseum entfernt liegt diese vom Sprachtalent Anna Tryggvadóttir geführte Pension mit ihren schönen, geräumigen Zimmern, untergebracht im früheren Gebäude der Tschechischen Botschaft. Smáragata 16, 101 Reykjavík, Tel. 562 16 18, www.guesthouseanna.is

INFORMATION

Þjóðminjasafn Íslands. 1. Mai–15. Sept. tgl. 10–17 Uhr, 16. Sept.–30. April Di–So 11–17 Uhr, Führungen (auf Englisch): 1. Mai–15. Sept. Mi, Sa, So 11 Uhr, deutschsprachiger Audioguide erhältlich, Eintritt 1200 ISK, in der Nähe der Universität, erreichbar mit Bus 1, 3, 6, 11, 12 und 14, Suðurgata 41, 101 Reykjavík, Tel. 530 22 00, www.thjodminjasafn.is

Wer es nicht bis zu den Geysiren im Haukadalur schafft, kann sich bei Perlan an den Ausbrüchen einer künstlichen Wasserfontäne erfreuen.

4 Perlan

Ein UFO in der Stadt

Die auf sechs Stelzen ruhende Kuppel auf dem Öskjuhlíð-Hügel erinnert an ein Raumschiff. Spiegel reflektieren den Himmel und im Winter sogar Nordlichter in das Innere des Gebäudes, das einem banalen irdischen Zweck dient, der Speicherung von Warmwasser. Es beherbergt die Wachsfiguren des Saga Museum und bietet von der Panoramaterrasse einen außerirdisch schönen Blick.

Eingeweiht wurde Perlan (»die Perle«) 1991, doch die Idee für das glanzvolle Gebäude entstand viel früher. Bereits 1930 träumte der Maler Jóhannes Kjarval von einem Palast auf dem Öskjuhlíð: »Die Wände des Tempels sollten mit Spiegelscheiben verkleidet sein, damit das Nordlicht sich den Menschen zu Füßen lege. Das Dach sollte mit Kristallen in allen erdenklichen Farben geschmückt sein, und oben auf dem Scheitel sollte ein Scheinwerfer stehen, um das All zu erleuchten. Das Haus selbst sollte mit dem Licht des Tages und den Symbolen der Nacht korrespondieren.«

Einen nüchternen Wasserspeicher hatte der Künstler wohl kaum im Sinn. Außerdem steckte die Nutzung der Geothermie damals in den Kinderschuhen. 1928 hatte man im Laugardalur gerade die ersten Probebohrungen durchgeführt. Die Idee, mit dem geförderten Heißwasser eine drei Kilometer entfernte Schule zu beheizen, erschien vielen schlicht suspekt.

Auch der Hausmeister der Schule war skeptisch. Als er bei der Inbetriebnahme der Leitung gebeten wurde, die Hand an das Rohr mit dem hereinströ-

Perlan beherrscht das Bild des Flughafens Öskjuhlíð.

menden Wasser zu legen, klagte er zunächst über die Kälte des Rohres. Doch nach mehrstündiger Wartezeit breitete sich ein Lächeln auf seinem Gesicht aus. »Ja so was, jetzt ist es gar nicht mehr so kalt«, staunte er. Schließlich sprang er schreiend vom Rohr weg: »Jetzt ist es so verdammt kochend heiß, dass man sich daran verbrennt!«

Heizung mit Geothermalwasser

Nun begann der Aufmarsch der Erdwärme. Die Vorteile lagen auf der Hand: Die neue Heizmethode war billiger, bequemer und sauberer als das früher praktizierte Heizen mit Kohlen. 1933 wurden 60 Häuser mit Geothermalwasser beheizt, heute sämtliche Gebäude der Stadt. Als Standort für einen Warmwasserspeicher wählte man 1939 den Öskjuhlíð (61 m). Als die Anlage später durch ein neues, zeitgemäßes Gebäude ersetzt werden sollte, erinnerte man sich an die Pläne des Malers Kjarval.

Den Komplex mit sechs Tanks – fünf sind in Betrieb –, die jeweils bis zu vier Millionen Liter 85 °C heißes Wasser fassen, entwarf Ingimundur Sveinsson. Die kühne Stahlkonstruktion, die die Warmwassertanks verbindet und die Kuppel bildet, fun-

AUTORENTIPP!

YLSTRÖND: EIN HAUCH VON MITTELMEER

In der Nauthólsvík-Bucht beträgt die Wassertemperatur nicht wie sonst an der Küste nur 10 °C, sondern angenehme 18 bis 20 °C. Bereits in den 1980er-Jahren existierte darum eine wilde Badestelle am *heiti lækurinn*, dem »heißen Bach«, der das vorher zu Heizzwecken genutzte Wasser von den Wasserspeichern auf dem Öskjuhlíð ins Meer leitete. Regelmäßig schlichen sich die Einheimischen an die illegale Badestelle, bis ein tragischer Unfall die Stadt veranlasste, den Kanal abzudecken. 1985 wurde das Baden hier vollständig untersagt. Doch die Idee der Warmwassernutzung lebte weiter. Also pumpte man weißen Muschelsand aus dem Meer in eine künstliche Lagune, in der sich das kalte Meerwasser und das 30 °C warme Brauchwasser vermischen konnten. Im Sommer 2000 erfolgte schließlich die Eröffnung des Ylströnd (»Wärmestrand«) in Nauthólsvík. Am Strand, der mit der Blauen Flagge ausgezeichnet wurde, entstanden auch Hot Pots mit einer Wassertemperatur von 30 bis 39 °C sowie ein Dampfbad mit 47 °C warmem Wasser.

Ylströnd – Geothermal Beach.
15. Mai–15. Aug. tgl. 10–19 Uhr, übriges Jahr Mo und Mi 11–13 und 17–19 Uhr, Di, Do und Fr 11–13 Uhr, Eintritt im Winter 500 ISK, übriges Jahr frei, Nauthólsvegur, 101 Reykjavík, Tel. 511 66 30, www.nautholsvik.is

Oben: Blick über die ganze Stadt und die Bucht Faxaflói
Mitte: Im Wachsfigurenmuseum begegnet man den ersten Siedlern Islands, irischen Mönchen.
Unten: Die Bildergruppe *Dansleikur* und der künstliche Geysir Strókur.

giert auch als Temperaturregler. Möglich macht es das hohle Gefüge: Im Winter strömt heißes Wasser durch die Stahlträger, im Sommer kaltes. So bleibt die Innentemperatur konstant. Ein Wintergarten mit Palmen aus Florida und einem künstlichen Geysir trägt bei zur wohligen Atmosphäre.

Bombastische Aussicht

Von der Panoramaterrasse rund um die riesige Glaskuppel schweift der Blick über die ganze Stadt und über die Bucht Faxaflói, bis zum 120 Kilometer entfernten Kegel des Vulkans Snæfellsjökull (1446 m). Gelegentliches Zischen am Fuß des Gebäudes verrät die Ausbrüche des künstlichen Geysirs *Strókur* (»Dampfsäule«). Die vier Figuren links vom Eingang gehören zur Bildergruppe *Dansleikur* von Þorbjörg G. Pálsdóttir (1919–2009) und stellen tanzende Musiker dar.

Das Saga Museum

Ein trockengelegter Tank beherbergt das Saga Museum. Die mit dumpfen Axthieben und haarsträubenden Schreien gewürzte Ausstellung im Stil von Madame Tussauds zeigt große Persönlichkeiten und Schlüsselereignisse der Geschichte – von der Besiedlung bis zur Reformation. Mit lebensgroßen Wachsfiguren sind 17 Szenen dargestellt. Man trifft auf den norwegischen Wikinger Ingólfur Arnarson und Sagahelden wie Leif Eriksson, begegnet dem großen Dichter und Politiker Snorri Sturluson und ist Zeuge der Köpfung des Bischofs Jón Arason. Während des Rundgangs erkennt man vielleicht auch einige Einwohner aus Reykjavík in den Figuren. Der Museumsdirektor figuriert zum Beispiel als Ingólfur Arnarson. Ein Film erläutert die Entstehung der Figuren. Witzig: Auf einem Stuhl vor der Videowand sitzt auch ein Tourist als Wachsfigur.

Infos und Adressen

SEHENSWÜRDIGKEITEN

Perlan. Tgl. 10–23 Uhr, Eintritt frei, Öskjuhlíð, 105 Reykjavík

Strókur. Direkt hinter Perlan gelegen. Tgl. 13–17 Uhr, Eintritt frei

Saga Museum. April–Sept. tgl. 10–18 Uhr, übriges Jahr tgl. 12–17 Uhr, deutschsprachige Audioguides erhältlich, Eintritt 1800 ISK, Perlan, 105 Reykjavík, Tel. 511 15 17, www.sagamuseum.is

ESSEN UND TRINKEN

Perlan – The Pearl. Drei in einem! Im drehenden Spitzenrestaurant in der Kuppel, das ständig wechselnde Blicke über die Stadt und die umliegenden Berge bietet, erhält der Ausdruck »Das Auge isst mit« eine neue Bedeutung. Im Café mit Panoramaterrasse darunter werden leckere kleine Mahlzeiten und italienisches Eis kredenzt. Die Bar oben eignet sich hervorragend für einen Aperitif oder Digestif. Café (4. Etage) tgl. 10–21 Uhr, Restaurant (5. Etage) tgl. 18.30–22.30 Uhr, Perlan, Öskjuhlíð, 105 Reykjavík, Tel. 562 02 00, www.perlan.is

Das Touristenbüro in Perlan

In der Saga-Zeit ging es nicht zimperlich zu.

Nauthóll. Das schön am Fuß des Öskjuhlíð gelegene, stylish eingerichtete Lokal mit Bistro-Ambiente bietet moderne isländische Speisen in relaxter Atmosphäre. Die malerische Aussicht auf die Badebucht gibt es gratis dazu. Mo–Sa 11–22 Uhr, So 11–17 Uhr, Nauthólsvegur 106, 101 Reykjavík, Tel. 599 66 60, www.nautholl.is

ÜBERNACHTEN

Icelandair Hótel Reykjavík Natura**.** Das ehemalige »Hotel Loftleiðir« liegt zwischen dem bewaldeten Öskjuhlíð-Hügel und dem Inlandflughafen. Man sollte sich nicht von der nüchternen Fassade abschrecken lassen, denn innen überzeugt das komplett renovierte Traditionshotel mit nordischem Design und modernem Komfort. Nauthólsvegur 52, 101 Reykjavík, Tel. 444 45 00, www.icelandairhotels.is

Oben: Im Fischerhafen von Hafnarfjörður
Unten: Nur noch sporadisch begegnet man heute den riesigen Holzgestellen, an denen der Fisch zum Trocknen aufgehängt wird.

5 Hafnarfjörður
Elfen und Wikinger

Hafnarfjörður, die drittgrößte Stadt Islands, schmiegt sich hufeisenförmig um den gleichnamigen Fjord. Ihren Lebensraum teilen sich die Bewohner der malerischen »Stadt in der Lava« mit einer nicht unerheblichen Zahl von Elfen, Feen, Gnomen, Zwergen und anderen unsichtbaren Wesen. Beim Wikingerfestival im Juni erobern Wikinger aus dem In- und Ausland die Partnerstadt von Cuxhaven.

Der Name Hafnarfjörður bedeutet »Hafenfjord« und verweist auf den guten Naturhafen, den schon die ersten nordischen Seefahrer hier vorfanden. Obwohl die Stadt weitgehend von ihrem geschäftigen Handels- und Fischereihafen geprägt wird, verrät der Slogan »Stadt in der Lava« eine weitere Besonderheit: Ein Großteil der Häuser steht auf dem Búrfellshraun, einem 7300 Jahre alten Lavafeld. Allein sind die Menschen dort jedoch nicht …

Die nicht gewaschenen Kinder

Einer Umfrage zufolge glaubt die Hälfte der *Hafnfirðingar*, dass es in der Lava von Elfen geradezu wimmelt. Der Sage nach handelt es sich bei den Elfen um die ungewaschenen Kinder Evas, die Gott bei einem Überraschungsbesuch nicht gezeigt wurden. Darauf sprach der Schöpfer, was für ihn verborgen geblieben sei, solle für immer für das menschliche Auge unsichtbar bleiben.

Im Alltag verhalten sich die Elfen normalerweise freundlich und hilfsbereit, es sei denn man zerstört ihren Lebensraum. Dann werden sie zornig

Stadtrundgang

Dieser Spaziergang verbindet die schönsten Ecken der Innenstadt von Hafnarfjörður, das von schmucken, alten Häuschen mit hübschen Gärten geprägt wird. Ausgangspunkt ist das Sívertsens-Hús.

Ⓐ **Sívertsens-Hús** – Im ältesten Haus der Stadt erinnern Möbel und diverse andere Gegenstände an seinen früheren Bewohner, den Unternehmer und Reeder Bjarni Sívertsen. Das Haus des Stadtvaters wurde zwischen den Jahren 1803 und 1805 errichtet.

Ⓑ **Pakkhúsið** – Im ehemaligen Lagerhaus von 1865 läuft eine Dauerausstellung zur Stadtgeschichte. Im zweiten Stock wird Spielzeug gezeigt.

Ⓒ **Beggubúð** – Der kleine Laden von 1906 hinter den beiden Museen war bis vor wenigen Jahren noch in Betrieb, stand aber ursprünglich in der Strandgata.

Ⓓ **Bookless Bungalow** – Der Bungalow wurde 1918 vom schottischen Fischereiunternehmen Bookless Bros Ltd. errichtet. Heute beherbergt er Ausstellungen zur Fischereigeschichte.

Ⓔ **Siggubær** – Das Häuschen von 1902 zeigt, wie Arbeiter und Fischer zu Beginn des 20. Jahrhunderts lebten.

Ⓕ **Hellisgerði** – Der 1922 gegründete Park war einer der ersten Ziergärten Islands. Er gehört zu den Hochburgen der Elfen in Hafnarfjörður.

Ⓖ **Vitinn** – Der rot-weiß gestreifte Leuchtturm von 1900 ist das Wahrzeichen der Stadt. Bis 1979 lotste er die Seeleute sicher in den Hafen.

Ⓗ **Hamarinn** – Der schroffe Hügel bietet nicht nur einen grandiosen Ausblick, sondern soll auch Wohnsitz der Elfen königlicher Abstammung sein.

Ⓘ **Hafnarborg** – In diesem Kunst- und Kulturzentrum von nationaler Bedeutung sind Ausstellungen über bedeutende zeitgenössische Künstler aus dem In- und Ausland zu sehen.

AUTORENTIPP!

DEN ELFEN AUF DER SPUR

Damit man bei den vielen Elfensiedlungen in Hafnarfjörður nicht den Überblick verliert, empfiehlt sich die Teilnahme an einer geführten Elfenwanderung. Zweimal pro Woche führt Sibba Interessierte zu den Wohnstätten der Elfen. Gewürzt werden die ein- bis zweistündigen Spaziergänge mit Volksmärchen und Geschichten über Elfenbegegnungen. Pflichtstationen sind der malerisch in der Lava eingebettete Park Hellisgerði und der Aussichtsfelsen Hamarinn. Empfehlenswert für Kinder! Eine Alternative sind die »Elf Walks« der Seherin und Künstlerin Ragnhildur Jónsdóttir im Park Hellisgerði. Im Verlauf der 40- bis 60-minütigen Spaziergänge erfährt man Wissenswertes über Elfen und andere verborgene Wesen und kehrt im »Elf Garden House« ein zum »Elfentee«.

Hidden World Walks. Im Sommer Di und Fr 14.30 Uhr, übriges Jahr nach Absprache. Sigurbjörg »Sibba« Karlsdóttir, 220 Hafnarfjörður, Tel. 694 27 85, www.alfar.is, Start an der Touristeninformation, Teilnahme 3900 ISK, inkl. Spezial-Stadtplan.

Elf Walks. Im Sommer Di 11 Uhr, für Gruppen auch nach Absprache (auf Englisch), ab 1500 ISK, The Elf Garden, 220 Hafnarfjörður, Tel. 694 31 53, www.elfgarden.is

und verursachen Unfälle oder Krankheiten. Deshalb wird bei sensiblen Bauvorhaben Erla Stefánsdóttir zu Rate gezogen. Die Staatliche Elfenbeauftragte hat in Hafnarfjörður Islands größte Elfengemeinschaft ausgemacht und sogar die Wohnstätten der Unsichtbaren kartiert!

Nicht zu übersehen sind indes die Wikinger, die seit 1995 alljährlich im Juni beim Wikingerfestival die Stadt überschwemmen. Auf dem Wikingermarkt geben sich Holzschnitzer, Steinmetze, Schmiede, Geschichtenerzähler, Zauberer und Musiker ein Stelldichein. Die Wikinger messen beim Ringen und Bogenschießen ihre Kräfte. Und ab zu verabreden sie sich zu einer zünftigen Schlacht.

Der Vater von Hafnarfjörður

Eher unfreiwillig landete der erste Wikinger, Flóki Vilgerðarson, um das Jahr 860 in Hafnarfjörður: Das *Landnámabók* berichtet, wie er mangels Segelwind zur Landung gezwungen wurde. Im 15. und 16. Jahrhundert kämpften Engländer und Deutsche um den Hafen und die reichen Fischgründe. Von großer Bedeutung war auch das Wirken des isländischen Unternehmers Bjarni Sívertsen (1763–1833), der mit einem Handels-, Fischerei- und Schiffbauimperium Ende des 18. Jahrhunderts maßgeblich zum Aufschwung der Stadt beitrug.

Die Erinnerungen an den »Vater von Hafnarfjörður« leben im Sívertsens-Hús weiter. Im ältesten Haus der Stadt, das zum Heimatmuseum gehört, werden heute auch die damaligen Lebensverhältnisse der Oberschicht dargestellt. Weitere Abteilungen des Heimatmuseums illustrieren die Stadtgeschichte (Pakkhúsið) und die Lebensbedingungen des kleinen Mannes zu Beginn des 20. Jahrhunderts (Siggubær).

Infos und Adressen

SEHENSWÜRDIGKEITEN

Hafnarborg. Fr–Mo und Mi 12–17 Uhr, Do 12–21 Uhr, Eintritt frei, Strandgata 34, 220 Hafnarfjörður, Tel. 585 57 90, www.hafnarborg.is

Hafnarfjörður Museum. Eintritt frei. Das Museum besteht aus sechs Abteilungen:

Pakkhúsið. Juni–Aug. tgl. 11–17 Uhr, übriges Jahr Sa, So 11–17 Uhr, Vesturgata 8, 220 Hafnarfjörður, Tel. 585 57 80

Fjörugarðurinn erinnert an norwegische Stabkirchen.

Sívertsens-Hús. Juni–Aug. tgl. 11–17 Uhr, Vesturgata 6, 220 Hafnarfjörður.

Beggubúð. Juni–Aug. tgl. 11–17 Uhr, Vesturgata 8, 220 Hafnarfjörður.

Siggubær. Juni–Aug. Sa, So 11–17 Uhr, Kirkjuvegur 10, 220 Hafnarfjörður.

Bookless Bungalow. Juni–Aug. tgl. 11–17 Uhr, Vesturgata 32, 220 Hafnarfjörður.

Góðtemplarahúsið. Juni–Aug. Sa, So 11–17 Uhr, Suðurgata, 220 Hafnarfjörður.

ESSEN UND TRINKEN

Gamla Vínhúsið. Im »alten Weinhaus« aus dem Jahr 1880 schlemmt man zwischen Holzbalken, Weinflaschen und -kisten Fleisch- und Fischgerichte. Mo–Do 12–13.30 und 18–21.30 Uhr, Fr 12–13.30 und 18–22.30 Uhr, Sa 18–22.30 Uhr, Vesturgata 4, 220 Hafnarfjörður, Tel. 565 11 30, www.gamlavinhusid.is

Fjörugarðurinn. Von den Stabkirchen inspiriertes Haus (1841). Rustikale Atmosphäre, traditionelle »Wikingergerichte« wie Hai, Trockenfisch, Lamm und *skyr* – singende Walküren und Wikingerüberfälle inklusive. Ruhiger geht es zu im angeschlossenen Fjaran. Tgl. 18–22.30 Uhr, Strandgata 55, 220 Hafnarfjörður, Tel. 565 12 13, www.vikingvillage.is

ÜBERNACHTEN

Helguhús. In diesem ruhig gelegenen Haus vermieten die freundlichen Eigentümer Helga und Axel drei Zimmer und eine Ferienwohnung. Lækjarkinn 8, 220 Hafnarfjörður, Tel. 555 28 42, www.helguhus.is

VERANSTALTUNGEN

Wikingerfestival. Viertägiges Festival mit 200 Wikingern aus dem In- und Ausland. Mitte Juni, tgl. 13–20 Uhr, Wikingermarkt, Tel. 565 12 13, www.fjorukrain.is

INFORMATION

Hafnarfjörður Tourist Information. Mo–Fr 8–16 Uhr, Strandgata 6, 220 Hafnarfjörður, Tel. 585 55 00, www.visithafnarfjordur.is

Pakkhúsið. Juni–Aug. tgl. 11–17 Uhr, übriges Jahr Sa, So 11–17 Uhr, Vesturgata 8, 220 Hafnarfjörður, Tel. 585 57 80.

Beim Wikingerfestival geht es hoch her.

6 Halbinsel Reykjanes

Island im Miniaturformat

Nur einen Steinwurf von der meistbesiedelten Region Islands entfernt, präsentiert die Reykjanes-Halbinsel eine hochlandähnliche Wildnis mit Lavafeldern, fauchenden Solfataren, skurrilen Bergen und mysteriösen Seen: eine Landschaft wie in »Der Herr der Ringe«, aber real. Ein Streifzug bietet Anschauungsunterricht in Plattentektonik und erinnert an den jahrhundertelangen Überlebenskampf der Küstenbewohner.

Die »Íslendingur« ist eine originalgetreue Rekonstruktion eines Wikingerschiffs.

Der Flughafen Keflavík ist für die meisten Reisenden das Tor zur Insel. Dennoch lassen viele »die rauchende Landzunge« links liegen – und verpassen damit eine ganze Menge! Gletscher und Wasserfälle gibt es hier zwar nicht, aber die Halbinsel wartet mit grandioser landschaftlicher Vielfalt auf. Nicht zufällig ist gerade hier der zweite Geopark des Landes geplant.

MAL EHRLICH

BRÜCKE ZWISCHEN DEN KONTINENTEN

7 km südlich von Hafnir lockt die wohl nutzloseste Brücke der Welt jede Menge Neugierige an. Clevere Tourismusmanager verkaufen die 18 m lange *Brú á milli heimsálfa* gar als »eines der großen Wunder der Welt«. Denn wo kann man eben mal schnell von Amerika nach Europa laufen? Dahinter steckt die Idee, dass man sich hier an der Nahtstelle zwischen der nordamerikanischen und eurasischen Platte befindet. Im Prinzip richtig, nur ist die »Naht« nicht 18 m, sondern 5 km breit! Überbrückt wurde lediglich eine Verwerfung am Nordrand der Riftzone, also auf der amerikanischen Seite.

Keflavík ist der größte Ort und idealer Ausgangspunkt für eine Erkundung der Halbinsel. Vorher lohnt jedoch ein Abstecher in das Duushús: In diesem renovierten Lagerhaus von 1877 erzählen 100 Modellschiffe, gefertigt vom pensionierten Kapitän und Fischer Grímur Karlsson, die Geschichte der isländischen Fischerei, von den graziösen Schonern des 19. Jahrhunderts bis zu den dampf- und dieselbetriebenen Trawlern des 20. Jahrhunderts.

Den Wikingern hinterher

Im Nachbarort Njarðvík lockt das Museum Víkingaheimar. Schon von außen erkennt man den schlanken Rumpf des Wikingerschiffs »Íslendingur« (»der Isländer«). Als Vorlage für den Nachbau, mit dem Leif Eriksson um das Jahr 1000 von Island nach Nordamerika segelte, diente die 1882 in Norwegen freigelegte »Gokstad«. Ihre Seetauglichkeit stellte die »Íslendingur« 2000 unter Beweis, als Schiffsbauer Gunnar Marel Eggertsson zum 1000-jährigen Jubiläum der Reise von Leif Eriksson über den Atlantik nach »Vinland« segelte.

Tragödien an der Küste

Auf der flachen, Sturm und Wellen ausgesetzten Halbinsel Miðnes westlich von Keflavík lagen einst die wichtigsten Handelsplätze und Fischerdörfer von Reykjanes. Geblieben sind vor allem Ruinen und Geschichten. Mit dem Pfarrhof Útskálar ist ein tragisches Ereignis der isländischen Seefahrt verbunden. Am 8. März 1685 ertranken dort bei einem Sturm 156 Fischer. Viele der Opfer stammten aus Nordisland und weilten zur Fangsaison auf Reykjanes. 42 von ihnen wurden drei Tage später auf dem Friedhof von Útskálar beigesetzt, 47 weitere am nächsten Tag in einem Massengrab bestattet.

AUTORENTIPP!

EIN PARADIES FÜR WANDERER

Wanderer kommen auf der Reykjanes-Halbinsel voll auf ihre Kosten. Von den uralten Verbindungswegen, die einst zu Fuß oder mit dem Pferd zurückgelegt wurden, sind heute viele ausgeschildert. Der Skipsstígur (16 km, 4–5 Std.) verbindet Njarðvík und Grindavík, der Stafnesvegur (11,5 km, 3–4 Std.) führt an der Küste entlang von Hafnir nach Stafnes. Neu ist der »100-Krater-Wanderweg« (16 km, ca. 5 Std.), ein markierter Rundweg, der seit 2011 den Südwesten der Halbinsel erschließt. Quer über die Halbinsel führt der Reykjavegur. Die 114 km lange, aber relativ leichte und durchgehend markierte Route schlängelt sich in sieben Etappen vom aktiven Vulkangebiet Hengill im Osten bis zum Leuchtturm Reykjanesviti im Südwesten. Der Reiz der Route liegt auch darin, dass sie trotz der Nähe dicht besiedelter Gebiete durch eine sehr karge Wildnis führt. Die ursprünglich geplanten Hütten wurden nicht gebaut, aber es gibt in regelmäßigen Abständen gute Zeltmöglichkeiten.

Wandern auf Reykjanes. Infos hat die lokale Touristinformation, hier gibt es auch die *Activity Map*, eine Luftbildkarte im Maßstab 1:50 000.

Forschungsschiff bei Keflavík

Oben: Der Leuchtturm von Stafnes zeigt seit 1925 Schiffen den Weg. **Unten:** Islandpferde auf der Weide bei Sandgerði

Garður, einst ein bedeutender Fischerhafen, wirbt heute mit herrlichen Sonnenuntergängen und dem reichen Vogelleben auf der Landzunge Garðskagi, auf der zwei Leuchttürme stehen. Der kleine, rot gestreifte am Wasser ist von 1897. Der zweite ist von 1944 und mit 28 m Islands höchster Leuchtturm. Er bietet eine weite Aussicht bis zum Snæfellsjökull. Ein Nebengebäude beherbergt das Heimatmuseum Byggðasafn Garðskaga.

Am Ortseingang der Fischersiedlung Sandgerði veranschaulicht die Skulptur *Álög* (»Verzauberung«) von Steinunn Þórarinsdóttir die Vergänglichkeit des Menschen vor dem ewigen Meer: Dargestellt ist ein Mann aus rostendem Eisen vor drei großen Wellen aus rostfreiem Stahl. Das Meer steht auch im Mittelpunkt des Museums Fræðasetrið í Sandgerði, das eine spannende Ausstellung über Jean-Baptiste Charcot (1867–1936) zeigt. Der berühmte französische Polarforscher ging 1936 in einem Sturm mit seinem Schiff vor der Küste Islands unter.

Beim Verlassen von Sandgerði erkennt man von weitem die Hvalsneskirkja (1887). Pfarrer war dort von 1644 bis 1651 Hallgrímur Pétursson (1614–1674), Islands bedeutendster Psalmendichter. Nach dem Tod seiner Tochter Steinunn im Alter von vier Jahren verfasste er den bei Beerdigungen noch immer populären Trauerchoral *Allt eins og blómstrið eina*. Der verloren geglaubte Grabstein des Mädchens wurde 1964 bei Bauarbeiten gefunden.

Springflut und Havarie

Zwei Kilometer südlicher lockt ein Abstecher nach Básendar, jahrhundertelang einer der bedeutendsten Handelsplätze Island. Das Ende von Básendar kam überraschend: Am 9. Januar 1799 riss eine

Autorundfahrt

Die 150 km lange Rundfahrt führt ab Keflavík zu den Highlights der Halbinsel.

A **Duushús** – Im Kulturzentrum werden moderne Kunst und Modellschiffe gezeigt.

B **Víkingaheimar** – Im Mittelpunkt steht die 1996 gefertigte Replik eines Wikingerschiffs.

C **Byggðasafn Garðskaga** – Das Heimatmuseum von Garður zeigt u. a. Motoren und Gerätschaften aus Fischerei und Seefahrt.

D **Fræðasetrið í Sandgerði** – Im Naturzentrum gibt es Aquarien und Mikroskope zur Erforschung von Kleinstlebewesen.

E **Hvalsneskirkja** – im Jahr 1887 geweiht.

F **Básendar** – Um die englische Konkurrenz zu vertreiben, setzten Hansekaufleute einst sogar schwere Artillerie ein.

G **Hafnaberg** – Der Vogelberg an der Westküste ist wandernd (hin und zurück 6 km) erreichbar.

H **Brú á milli heimsálfa** – die 18 m lange Brücke zwischen den Kontinenten

I **Reykjanesvirkjun** – Die Ausstellung *Orkuverið Jörð* behandelt u. a. die Themen Sonnensystem, Energiequellen und Geothermale Energie.

J **Gunnuhver** – Die größte Schlammquelle des Geothermalgebiets misst 20 m im Durchmesser!

K **Reykjanesviti** – Der 26 m hohe Leuchtturm wurde 1908 in Betrieb genommen.

L **Kvikan** – Wissenswertes zu Salzfischproduktion, Vulkanismus und Geothermalenergie

M **Blaue Lagune** – beliebteste Attraktion im Lande

N **Krýsuvíkurberg** – In der 5 km langen, bis zu 70 m hohen Kliffküste nisten rund 100 000 Seevögel.

O **Séltún** – Das Hochtemperaturgebiet ist hervorragend durch Holzstege erschlossen.

P **Kleifarvatn** – der größte See der Halbinsel

AUTORENTIPP!

BRYGGJAN KAFFIHÚS: GEMÜTLICHES HAFENCAFÉ

Bryggjan bedeutet »Kai«. Tatsächlich wurde hier früher der Fisch direkt vor der Tür angelandet. Noch immer ist das Hafencafé Teil des Fischerlebens, durch die Fenster schaut man auf die vertäuten Fischkutter von Grindavík. Das Interieur des winzigen, allseits beliebten Cafés strahlt Authentizität und Gemütlichkeit aus. Die Holzbohlen stammen noch aus den Tagen, als hier Fischernetze gefertigt wurden (das geschieht noch immer im 1. Stock). Eine große, alte Landkarte und vergilbte Fotografien von längst abgewrackten Schiffen schmücken die Wände. Bei gutem Wetter genießt man draußen »an Deck« seinen Cappuccino und den leckeren hausgemachten Kuchen oder eine der köstlichen Suppen. Mittwochs gibt es zum Beispiel *kjötsúpa* (Lammfleischsuppe), freitags Hummersuppe.

Bryggjan Kaffihús. Tgl. 11–23 Uhr. Miðgarður 2, 240 Grindavík, Tel. 426 71 00, www.kaffibryggjan.is

Der Leuchtturm Reykjanesviti beherrscht die Südostspitze von Reykjanes.

Springflut sämtliche Häuser und Boote ins Meer und zerstörte den Hafen. Zurück blieben grasbewachsene Ruinen.

Manches Schicksal konnte nie geklärt werden, darunter das des Schoners »Jamestown«, der 1870 ohne Besatzung in der nahen Bucht Ósar strandete. Geborgen werden konnte nur die Holzladung des Geisterschiffs. Balken und Bretter des Havaristen fanden in vielen Häusern des Fischerdorfs Hafnir Verwendung. Der Anker rostet neben dem Friedhof vor sich hin.

Südlich von Hafnir taucht der Vogelberg Hafnaberg (43 m) aus dem Ozean auf. Er ist zwar nicht so hoch und spektakulär wie der Krýsuvíkurberg, aber besser zugänglich. In den Klippen nisten Dreizehenmöwen, Krähenschaben, Eissturmvögel, Dickschnabel- und Trottellumen.

Gespenst im Geothermalgebiet

Weiter südlich erinnern Verwerfungen und Krater daran, dass man sich direkt auf dem Mittelatlantischen Rücken befindet, der Nahtstelle zwischen den auseinandertreibenden nordamerikanischen und eurasischen Kontinentalplatten. Visualisiert wird der Kontinentaldrift durch die »Brücke zwischen den Kontinenten« (s. S. 54). Diverse Industrieanlagen nutzen heute die Erdwärme zur Salzgewinnung, zum Trocknen von Kabeljau und auch zur Stromerzeugung. Das 2006 eröffnete Geothermalkraftwerk Reykjanesvirkjun (100 MW), das die Aluminiumwerke bei Hafnarfjörður und Grundartangi beliefert, wartet mit der spannenden interaktiven Ausstellung *Orkuverið Jörð* (»Kraftwerk Erde«) auf.

Bevor man den Leuchtturm Reykjanesviti erreicht, zweigt eine Stichstraße zum Geothermalgebiet Gunnuhver ab. Es enthält den größten Schlammtopf Islands, benannt nach dem Gespenst Guðrún Gunna Önundardóttir. Der böse Geist trieb im 18. Jahrhundert auf Reykjanes sein Unwesen, bis es dem Pastor Eiríkur Magnússon gelang, ihn mit einem Trick in die heiße Quelle zu bannen. Bemerkenswert ist, dass die Aktivität der Schlammtöpfe und Solfataren seit der Inbetriebnahme des Geothermalkraftwerks stark zugenommen hat. 2008 musste sogar die alte Zufahrtstraße gesperrt werden, weil sich mitten auf dem Weg eine neue Schlammquelle aufgetan hatte.

Das Leben ist Salzfisch

Auf der Klippe Valahnúkur entstand 1878 der erste Leuchtturm Islands. Nach acht Jahren wurde er bei einem Erdbeben zerstört und musste abgerissen werden. Daraufhin wurde 1907–1908 der neue Leuchtturm Reykjanesviti auf dem Hügel Bæjarfell errichtet.

In den Klippen des Valahnúkur nisten Eissturmvögel, Silbermöwen und Dreizehenmöwen. Vom Gip-

Oben: Das Geothermalkraftwerk Reykjanesvirkjun liefert Strom an zwei Aluminiumwerke.
Mitte: Ein Eissturmvogel hebt ab.
Unten: Am Fuß des Valahnúkur donnern schwere Atlantikbrecher unaufhörlich an die Steilküste.

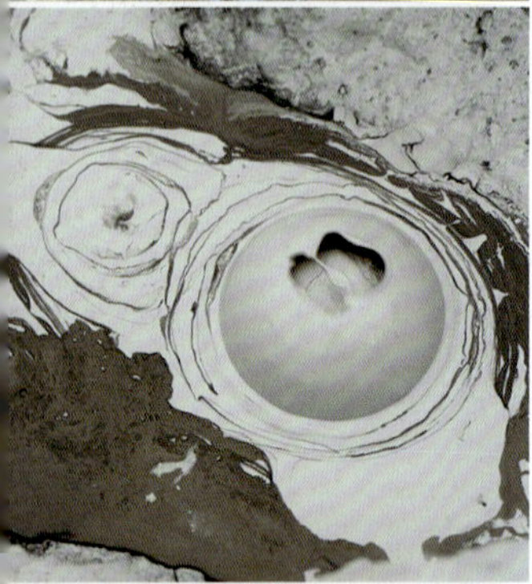

Oben: Seltún. Holzstege schlängeln sich entlang fauchender Solfataren und brodelnder Schlammtöpfe.
Mitte: Bei den Schlammtöpfen von Seltún steht der Teufel höchstpersönlich am Herd.
Unten: In Kvikan erfährt man alles über die Klippfischherstellung.

fel schweift der Blick über das Meer bis nach Eldey (Feuerinsel), 15 km südwestlich vom Kap. Die senkrecht aus dem Meer aufragende Insel ist die Heimat einer der größten Basstölpelkolonien der Welt. 16 000 Brutpaare nisten dort. Eldey ist seit 1940 geschützt, die Brutkolonie kann aber über eine Webcam beobachtet werden. 1844 wurde auf Eldey das letzte Exemplar des Riesenalken (*Alca impennis*) ausgerottet.

Grindavík erlangte 1627 traurige Berühmtheit durch den Überfall algerischer Seeräuber, die viele Einwohner in die Sklaverei nach Nordafrika verschleppten. Heute zeugen Trawler und Fischfabriken, Kühlhäuser und Lager von der Bedeutung des Fischerhafens. Im Hafen zeigt das Museum Kvikan eine lehrreiche Ausstellung über die Geschichte der Salzfischherstellung, begleitet von Möwengeschrei und dem Duft gesalzenen Dorsches. Packende Schwarzweißbilder zeigen Fischer in offenen Booten, Frauen mit weißer Schürze beim Ausnehmen der Fische und Lagerarbeiter beim Aufschichten der brettharten Salzfische. Die große Bedeutung des Salzfisches für die Nation brachte der Literaturnobelpreisträger Halldór Laxness in seinem Roman *Salka Valka* auf den Punkt, und zwar mit dem Satz: »Das Leben ist Salzfisch«.

Lava, so weit man blickt

Von Grindavík kommt man nach Norden weiter zur Blauen Lagune (s. S. 64). Folgt man indes der neuen Straße an der Südküste entlang, taucht bald das mit Moos gepolsterte Lavafeld Ögmundarhraun auf, das sich 1151 über die Küstenebene ergoss. Versteinerte Lavawasserfälle zeigen, wie sich die feurige Lava damals über die Steilküste hinunterwälzte. Eine Piste zweigt zu den Ruinen der ehemaligen Fischersiedlung Selatangar ab, eine weitere zum Vogelberg Krýsuvíkurberg.

Hinter dem Weiler Krýsuvík meldet sich die vulkanische Urgewalt zurück. Neben der Straße schimmernde Maare sind Ausdruck explosiver Vulkanausbrüche. In den von Solfataren übersäten Berghängen wurde bis Ende des 19. Jahrhunderts Schwefel abgebaut. Im Hochtemperaturgebiet Seltún schlängeln sich Holzstege zwischen fauchenden Solfataren, brodelnden Schlammtöpfen und knallgelben Schwefelablagerungen hindurch. Warnschilder weisen auf die Gefahren des Hochtemperaturgebiets hin. Mit Recht: Im Herbst 1999 explodierte dort ein altes, durch Mineralablagerungen verstopftes Bohrloch. Zurück blieb ein 30 m breiter Krater. Steine und Schlamm wurden Hunderte von Metern weggeschleudert, ein 100 kg schwerer Brocken durchschlug das Dach des nahen Cafés ...

Islands Nessie lebt!

Nördlich von Seltún schlängelt sich die Straße zwischen den Steilhängen des Sveifluháls und dem Kleifarvatn hindurch, einem mysteriösen See, der angeblich von einem Wasserungeheuer in Gestalt einer riesigen Seeschlange bewohnt wird.

Wirklich Seltsames ereignete sich hier im Herbst 2000: Infolge verstärkter tektonischer Aktivitäten hatte sich am Nordrand des 9 km² großen Sees eine 400 m lange Spalte geöffnet, durch die Wasser abhanden kam. Hatte »Nessies Neffe« den Stöpsel aus der Wanne gezogen? Gut 1 cm pro Tag sank der Pegel, ganze 4 m in neun Monaten. Die Fläche des Sees reduzierte sich um 30 %. Zum Vorschein kamen ausgedehnte Strände mit bisher unbekannten heißen Quellen (und sogar ein auf dem Seeboden verscharrtes Skelett – zumindest im Krimi *Kältezone* von Arnaldur Indriðason). In den nächsten Jahren begann sich die »Wanne« allmählich wieder zu füllen ...

AUTORENTIPP!

GUESTHOUSE 1 X 6: EINE MENGE HOLZ ...

Haben Sie schon einmal einen Kronleuchter aus alten Töpfen und Pfannen gesehen? Diese Pension in einem schlichten Wohnhaus gegenüber vom Duushús gehört einem Künstler, und das merkt man, sobald man die Tür öffnet. Sämtliche Betten, Schränke, Tische und Bänke fertigte der Eigentümer Daniel in Eigenregie aus Treibholz, alten Kabeltrommeln oder anderem recyceltem Holz. Jedes der sechs bunten, gemütlichen Zimmer gefällt mit einer originellen, oft rauen und dennoch geschmackvollen Einrichtung. Das ganze Haus ist im Prinzip ein großes Kunstwerk. Hinzu kommt der ungewöhnliche, mit Basaltsteinen vom Strand gebaute Hot Pot im Garten, überwacht von schrägen Holzfiguren. Das Frühstück wird am Vorabend im Kühlschrank bereitgestellt – ein Vorteil für die vielen Reisenden, die von hier aus schon am frühen Morgen zum nahen Flughafen aufbrechen müssen.

Guesthouse 1 x 6. Vesturbraut 3, 230 Keflavík, Tel. 421 22 82, www.1x6.is

Infos und Adressen

SEHENSWÜRDIGKEITEN

Duushús. Mo–Fr 12–17 Uhr, Sa, So 13–17 Uhr, Eintritt frei, Duusgata 2–8, 230 Keflavík, Tel. 421 37 96.

Eldey. Die Webcam zur virtuellen Vogelbeobachtung findet sich auf der Homepage: www.eldey.is

Víkingaheimar. Tgl. 11–17 Uhr, Eintritt 1000 ISK, Víkingabraut 1, 260 Njarðvík, Tel. 422 20 00, www.vikingaheimar.is

Byggðasafn Garðskaga. April–Okt. tgl. 13–17 Uhr, Eintritt frei, Garðskagi, 250 Garður, Tel. 422 72 20, www.svgardur.is

Die »Brücke zwischen den Kontinenten«

Fræðasetrið í Sandgerði. Mo–Fr 9–17 Uhr, Sa, So 13–17 Uhr, Eintritt 600 ISK, Garðvegur 1, 245 Sandgerði, Tel. 423 75 51.

Orkuverið Jörð. 21. Mai–16. Sept. Sa, So 12.30–16.30 Uhr, Eintritt 1500 ISK, im Kraftwerk Reykjanesvirkjun, 233 Hafnir, Tel. 436 10 00, www.powerplantearth.is

Kvikan. 15. Mai–15. Sept. tgl. 10–17 Uhr, 16. Sept.–14. Mai Sa, So 11–17 Uhr, Eintritt 1200 ISK, Hafnargata 12a, 240 Grindavík, Tel. 420 11 90, www.kvikan.com

ESSEN UND TRINKEN

Vocal Restaurant. Das Restaurant im Icelandair Hotel Keflavík bietet Gourmet-Küche in stilvollem Ambiente, im angrenzenden Café gibt es auch leichte Mahlzeiten. Café tgl. 5–18 Uhr, Restaurant tgl. 18–23.30 Uhr. Hafnargata 57, 230 Keflavík, Tel. 421 52 22, www.icelandairhotels.com

Kaffi Duus. Das rote Haus mit der großen Holzterrasse besticht durch seine tolle Lage am Kleinboothafen und die leckeren Fischspezialitäten. Aus dem zwanglosen Café wird abends ein feines Restaurant und noch später eine lebhafte Bar mit gelegentlichen Live-Konzerten. Tgl. 11.30–22 Uhr, Duusgata 10, 230 Keflavík, Tel. 421 70 80, www.duus.is

Thai Keflavík. Das von einem isländisch-thailändischen Ehepaar geführte Thai-Restaurant serviert Reis- und Currygerichte, Suppen, Nudeln, Salate, Sushi und Vegetarisches. Mo–Fr 11.30–22 Uhr, Sa 12–22 Uhr, So 16–22 Uhr, Hafnargata 39, 230 Keflavík, Tel. 421 86 66, www.thaikeflavik.is

Salthúsið. Salzfisch war einst so wichtig für die Nation, dass sogar das isländische Wappen bis 1903 einen filetierten Kabeljau führte. Im Salzhaus in einem zweistöckigen Holzhaus am Nordrand von Grindavík kommt neben frischem Fisch und Lamm auch Salzfisch (*saltfiskur*), einst ein Arme-Leute-Essen, auf den Tisch. 1. Juni–14. Sept. tgl. 13–22 Uhr, 15. Sept.–31. Mai Di–Fr 17–21 Uhr, Sa, So 15–21 Uhr, Stamphólsvegur 2, 240 Grindavík, Tel. 426 97 00, www.salthusid.is

Sjómannastofan Vör. Das geräumige, sympathische Seemannslokal gegenüber vom Salzfischmuseum ist – natürlich – auf Fisch spezialisiert, man bedient sich stets am Buffet. Mo–Sa 8–21 Uhr, Hafnargata 9, 240 Grindavík, Tel. 426 85 70.

Veitingahúsið Vitinn. Der Name *Vitinn* bedeutet »Leuchtturm«. Seit 30 Jahren betreiben Stefán Sigurðsson und seine Frau Brynhildur Kristjánsdóttir dieses gemütliche, mit viel Holz eingerichtete Restaurant in der Nähe des Fischerhafens, wo vor allem Fisch kredenzt wird. Tgl. 11.30–21 Uhr, Vitatorg 3, 245 Sandgerði, Tel. 423 77 55, www.vitinn.is

ÜBERNACHTEN

Hótel Berg*.** Mit diesem kleinen, schmucken Hotel am Jachthafen erfüllten sich Ólöf und Arnar einen Lebenstraum. Die zwölf Zimmer sind erstklassig ausgestattet und strahlen Wärme und Eleganz aus. Der Sonnenuntergang vor der zwei Gehminuten entfernten Steilküste ist gigantisch. Hin und wieder entdeckt man dort auf dem Meer auch Wale. Eine ideale Basis für einen mehrtägigen Aufenthalt! Bakkavegur 17, 230 Keflavík, Tel. 422 79 22, www.hotelberg.is

Icelandair Hotel Keflavík**.** Modernes Business-Class-Hotel mit 62 geräumigen und komfortablen Zimmern im Zentrum von Keflavík. Die Zimmer im neuen Flügel haben eine bessere Schallisolierung. Hafnargata 57, 230 Keflavík, Tel. 421 52 22, www.icelandairhotels.com

Bed & Breakfast Keflavík Airport. Die große Pension auf der früheren Militärbasis der Amerikaner ist durch die Nähe zum Flughafen eine ideale Adresse für eine erste oder letzte Nacht auf der Insel. Die Zimmer sind schlicht ausgestattet, aber riesig. Keflavík Airport, Valhallarbraut 761, 235 Keflavík, Tel. 426 50 00, www.bbkeflavik.com

Þóroddstaðir. Die drei komfortablen Holzhütten, jeweils mit zwei Schlafzimmern, einem Bad, einer gut ausgestatteten Küche und einem Hot Pot, sind ideal für Selbstversorger. Ein weiteres Plus ist die ruhige Lage, einige Kilometer nördlich von Sandgerði. Þóroddstaðir, 245 Sandgerði, Tel. 423 77 48, www.farmholidays.is

Ocean Front Iceland. Die erstklassige Ferienwohnung in einem Bauernhaus von 1929, das 1999 erweitert und komplett renoviert wurde, verbindet modernen Komfort mit klassischem Charme. Unbezahlbar sind die herrliche Ruhe und der Ausblick auf den Ozean. Wen wundert es, dass das Haus bereits als Filmkulisse fungierte? Minna-Knarrarnes, 190 Vogar, Tel. 898 67 60, www.oceanfronticeland.is

INFORMATION

Reykjanes Tourist Information. Juni–Aug. Mo–Fr 9–17 Uhr, Sa 10–14 Uhr, übriges Jahr Mo–Fr 9–16 Uhr, im Einkaufszentrum, Krossmói 4, 260 Njarðvík, Tel. 421 35 20, www.visitreykjanes.is

Grindavík Tourist Information. 15. Mai–15. Sept. tgl. 10–17 Uhr, Hafnargata 12a, 240 Grindavík, Tel. 420 11 90, www.visitgrindavik.is

Vom schmucken Hótel Berg schaut man auf den kleinen Jachthafen von Keflavík.

Oben: Vom Restaurant des Hotels »Northern Light Inn« sieht man, wie die Sonne über den nahen Lavafeldern aufgeht.
Unten: Ein Bad in der »Blauen Lagune« wirkt erholsam und revitalisierend.

7 Bláa Lónið

Vom Abwassersee zum Thermalbad

400 000 Besucher im Jahr sprechen für sich: Ein Bad in der »Blauen Lagune« ist für jeden Islandbesucher Pflicht! Der Anblick der Lagune, eingerahmt von düsteren Lavafeldern und wabernden Dampfwolken, prägt sich einem wohl für immer ins Gedächtnis ein.

Je schlechter das Wetter, umso schöner das Bad! Bei Regen schaffen massive Dampfwolken eine gespenstische Atmosphäre, an kalten Wintertagen gibt es keinen schöneren Ort, um das Nordlicht zu bestaunen. Dabei ist die Lagune ein Zufallsprodukt, entstanden aus dem Abwasser eines geothermischen Kraftwerks. Ihre Geschichte nahm ihren Anfang 1969, als man bei Bohrungen in Svartsengi, 4 km nördlich von Grindavík, in der Tiefe auf 240 °C warmes Wasser stieß. Doch das Wasser entpuppte sich als heiße Salzlauge: Da sich die Reykjanes-Halbinsel aus poröser Lava zusammensetzt, sickert Meerwasser ein und mischt sich im Erdinnern mit Frischwasser. Um Korrosionsschäden durch gelöste Salze und Mineralien zu vermeiden, wird das Wasser im Kraftwerk Svartsengi im Wärmeaustauschverfahren zur Erhitzung von Süßwasser und zur Stromerzeugung genutzt. Das »Abwasser« sollte in der Lava versickern, doch stattdessen bildete sich allmählich ein See.

Wilder Badesee mit Thermalwasser

Bis Mitte der 1980er-Jahre interessierte sich kaum jemand für das trübe Gewässer, das seine milchigblaue Farbe der gelösten Kieselsäure verdankt. Nur

Jugendliche feierten nachts heimlich dort und Arbeiter des Kraftwerks badeten in ihren Pausen. Unter den Badefreunden war auch ein Mann, der an Psoriasis (Schuppenflechte) litt und bald über die Besserung seines Leidens staunte. Wissenschaftliche Forschungen bestätigten die heilsame Wirkung des Thermalwassers. Es entstand eine Umkleidekabine, aus dem wilden Badesee wurde eine Badeanstalt mit einer wachsenden Zahl von Besuchern, die das Bad im Thermalwasser vor der surrealistischen Kulisse des Kraftwerks genossen. Bald reichten die Kapazitäten nicht mehr aus.

Die neue Lagune

1999 erfolgte, zwei Kilometer weiter, die Eröffnung einer 7 Mio. US-Dollar teuren State-of-the-Art-Anlage nach einem Entwurf von Sigríður Sigþórsdóttir. Die Vorteile des 5000 m^2 großen Badesees liegen auf der Hand: Der Boden ist eben statt scharfkantig wie in der alten Lagune; die Ertrinkungsgefahr wurde entschärft (Wassertiefe nur noch 90–140 cm), das Verbrühungsrisiko gebannt. An mehreren Stellen wird 42 °C heißes Wasser in die Lagune gepumpt, wo es sich mit dem kühleren Wasser vermischt. Das Ergebnis ist eine angenehme Durchschnittstemperatur von 38 bis 40 °C. Ein Wasserfall, Dampfbäder und Saunen erhöhen die Attraktivität der Lagune.

Der Kieselerde-Schlamm reinigt und entfernt abgestorbene Hautschuppen, die Algen geben der Haut Nährstoffe zurück, die Mineralsalze wirken entspannend. 1994 eröffnete eine dermatologische Poliklinik, in der Psoriasis-Patienten behandelt werden. Im Servicecenter werden Massagen und diverse Gesichts- und Körperbehandlungen angeboten. Die »Blaue Lagune« erfüllt die Standards der Blauen Flagge und die europäischen Richtlinien für Naturbadeplätze.

Infos und Adressen

SEHENSWÜRDIGKEITEN

Bláa Lónið. Juni–Aug. tgl. 9–21 Uhr, Sept.–Mai tgl. 10–20 Uhr, Eintritt 4800 ISK, Svartsengi, 240 Grindavík, Tel. 420 88 00, www.bluelagoon.com

ESSEN UND TRINKEN

Lava Restaurant. Das schön in die Lava integrierte Gourmetrestaurant bietet mittags ein Buffet mit isländischen Spezialitäten und abends gehobene Gerichte zu entsprechenden Preisen. Juni–Aug. tgl. 12–21 Uhr, Sept.–Mai tgl. 12–20.30 Uhr, Svartsengi, 240 Grindavík, Tel. 420 88 00, www.bluelagoon.com

ÜBERNACHTEN

Northern Light Inn. Das einzige Hotel in der Nähe der Blauen Lagune verwöhnt seine Gäste mit 32 großzügigen, modern gestalteten Zimmern. Geradezu surrealistisch ist der Blick durch die Panoramafenster des angeschlossenen vorzüglichen Restaurants auf die schroffe Lava mit den dampfenden Schornsteinen, über denen im Winter hin und wieder Nordlichter flimmern. Restaurant tgl. 11.30–13.30 und 17.30–21 Uhr, Bláalónsvegur, 240 Grindavík, Tel. 426 86 50, www.nli.is

EINKAUFEN

Blue Lagoon Skin Care Shop. Wachsender Beliebtheit erfreuen sich die »Blaue Lagune Produkte«. Die Palette reicht von Cremes und Lotionen über Shampoos bis zu Produkten zur Therapieunterstützung bei Psoriasis. Das ganze Sortiment wird überall vor Ort angeboten. Juni–Aug. tgl. 10–22 Uhr, Sept.–Mai tgl. 10–21 Uhr. Svartsengi, 240 Grindavík, Tel. 420 88 00, www.bluelagoon.com

Oben: Der Kerið ist der östlichste von fünf Kratern der Kraterreihe Tjarnarhólar, die vor 5000 bis 6000 Jahren aktiv war.
Unten: Zahllose dampfende Solfataren prägen die Hänge des Vulkans Hengill.

8 Golden Circle

Der Klassiker

Der »Goldene Zirkel«, die beliebte Rundtour von Reykjavík aus in das fruchtbare Tiefland im Südwesten, verbindet einige der größten Highlights des Landes: Geysir verdanken sämtliche Springquellen dieser Art ihren Namen, der mächtige Gullfoss gilt vielen als der schönste Wasserfall Islands und der historisch und geologisch einmalige Ort Þingvellir steht auf der Welterbeliste.

Geologisch gehört das Gebiet zur aktiven Vulkanzone, und das merkt man sofort. Noch am Stadtrand Reykjavíks sieht man die schwarz-roten Pseudokrater Rauðhólar, entstanden vor 5200 Jahren – ohne Zeugen. Die gab es aber bei der Geburt des Lavafelds Kristnitökuhraun (»Lava der Christianisierung«) auf der Hellisheiði im Jahr 1000.

Zorn der Götter

Damals erhitzte die Debatte über die Annahme des Christentums die Gemüter in Þingvellir. Als

MAL EHRLICH

DER FRÜHE VOGEL FÄNGT DEN WURM

Der »Goldene Zirkel« ist der Renner schlechthin. Sowohl Individual- als auch Busreisende und die Passagiere der großen Kreuzfahrtschiffe tummeln sich tagsüber zwischen Þingvellir und den Geysiren. Wer die Ausbrüche des Strokkur, das Donnern des Gullfoss oder den Spaziergang durch die Almannagjá in Þingvellir wirklich genießen möchte, sollte diese Attraktionen am besten frühmorgens oder spätnachmittags und im Sommer sogar abends besuchen.

die Lava auf den Hof eines christlichen Anführers zurann, deuteten die Heiden dies als Ausdruck des Zorns der alten Götter. Doch da polterte der Christ Snorri Þorgrímsson: »Und worüber haben sich Eure Götter erzürnt, als die alte Lava brannte, auf der wir stehen?« Daraufhin wendete sich das Blatt zugunsten der neuen Religion.

Am Fuß des Vulkans Hengill liegt das Geothermalkraftwerk Hellisheiðarvirkjun, wo ein hochmodernes Besucherzentrum die Nutzung der Geothermie veranschaulicht. Der Hengill-Vulkan gilt als besonders aktiv. Täglich werden dort im Schnitt Hunderte von Kleinstbeben registriert.

Bevor sich die Straße zur Küstenebene hinunterwindet, lohnt ein Stopp an dem Aussichtspunkt Kambar. Der Ausblick ist verblüffend. In der Tiefe prägen die Gewächshäuser von Hveragerði (s. S. 76) das Bild, eingerahmt von dampfenden Solfataren. Rechts breitet sich die Küste aus, auf dem Meer erkennt man sogar die Westmännerinseln.

Kurz vor Selfoss zweigt die Straße 35 nach Norden ab. Sie führt zunächst am Palagonitberg Ingólfsfjall entlang, dessen Hänge mit riesigen Felsblöcken übersät sind. Diese lösten sich beim schweren Erdbeben von 1896, das viele Häuser zerstörte, die damals noch aus Torf, Stein, Treibholz und Grassoden errichtet waren. Nach der Überquerung des Sog-Flusses taucht rechts der Vulkan Kerið auf. Lange hielt man den schönen Krater mit dem 10 m tiefen See für ein Maar, heute gilt er als zusammengesackter Schlackekrater.

Der nahe Ort Sólheimar wurde 1930 von Sesselja H. Sigmundsdóttir (1902–1974) gegründet, die sich vom anthroposophischen Gedankengut Rudolf Steiners inspirieren ließ. Heute leben dort geistig Behinderte mit Nichtbehinderten zusam-

AUTORENTIPP!

RAFTING UND JETBOOTFAHREN

Die rasante Abfahrt der Hvítá mit einem Rafting-Floß ist ein Klassiker! Seit 1983 bewältigten bereits 150 000 Gäste die Stromschnellen des Gletscherflusses unterhalb des Gullfoss-Wasserfalls. Von Drumboddsstaðir aus gibt es zwei Optionen: Der 7 km lange Flussabschnitt, der beim »River Fun« bewältigt wird (Schwierigkeitsgrad II+), ist besonders geeignet für Einsteiger und Familien. Für Fortgeschrittene gibt es die Option »River Ride« (III+), durchgeführt mit Kanadiern (2–3 Pers.). Adrenalin pur!

Der letzte Schrei ist die Abfahrt der Hvítá mit einem superleichten Jetboot von Iceland Riverjet. Mit bis zu 70 km/h geht es durch enge Schluchten. 360-Grad-Drehungen sorgen für zusätzlichen Nervenkitzel.

Arctic Rafting. Abfahrt 15. Mai–15. Sept. tgl. 10 und 14 Uhr, »River Fun« ab 9990 ISK/Pers., »River Ride« ab 11 990 ISK/Pers., Drumboddsstaðir, 801 Biskupstungur, Tel. 571 22 00, www.arcticrafting.is

Iceland Riverjet. Abfahrt April–Okt. tgl. 13 Uhr, ab 12 900 ISK/Pers., Skólabraut 4, Reykholt, 801 Selfoss, Tel. 863 45 06, www.icelandriverjet.is,

Oben: Neben dem aktiven Geysir Strokkur zählt das Hochtemperaturgebiet Haukadalur weitere Exemplare, die ihre Tätigkeit jedoch schon längst eingestellt haben.
Unten: Die weiße Kirche von Skálholt strahlt Macht aus.

men. Eine heiße Quelle sichert die Energieversorgung des ersten Ökodorfs Islands. In Gewächshäusern wird Bioanbau betrieben, es gibt eine Baumschule und Ateliers, in denen Kerzen und Kunsthandwerk hergestellt werden.

Im Zentrum der Macht

Von Weitem beherrscht die einsame Kirche von Skálholt die grüne Tiefebene. Ein Ort, der Macht ausstrahlt: 1056 wurde hier der erste Bischofssitz des Landes gegründet, bis zur Reformation schlug in Skálholt das kulturelle, schulische und politische Herz. 1550 wurden am gleichen Ort der letzte katholische Bischof Jón Arason und seine zwei Söhne Björn und Ari enthauptet. Nach einem schweren Erdbeben verlegte man den Bischofssitz 1785 nach Reykjavík, wo bald ein Bistum für ganz Island eingerichtet wurde. Heute ist Skálholt Amtssitz eines Weihbischofs.

Die moderne Skálholtskirkja wurde 1963 eingeweiht. Nína Tryggvadóttir (1913–1968) schuf das große Mosaik über dem Altar, Gerður Helgadóttir (1928–1975) die bunten Glasfenster. Die meisten historischen Kirchenschätze befinden sich im Nationalmuseum (s. S. 42). An die reiche Vergangenheit erinnern nur die Kanzel und der Altar im Querschiff, beide aus dem 17. Jahrhundert, eine Glocke aus dem 14. Jahrhundert und die Krypta. Sie enthält den 1954 freigelegten Sarkophag des Bischofs Páll Jónsson, bekannt aus den Sagas.

Aphrodisiakum für Geysire

Dampffahnen kündigen das Geothermalgebiet im Haukadalur an, oft schlicht Geysir genannt. Dieser Eigenname, heute Fachbegriff für alle heißen Quellen dieser Art, leitet sich von dem isländischen Verb *gjósa*, springen, ab. Geysir ist der be-

Autorundfahrt

Die 240 km lange Route verbindet Naturperlen wie Geysire und Gullfoss mit Historischem wie Þingvellir.

A Hellisheiðarvirkjun – Das 2006 eröffnete Hellisheiði-Kraftwerk erreichte 2011 seine volle Kapazität (303 MW Strom, 133 MW Warmwasser). Eine Ausstellung macht mit der Geothermie vertraut.

B Hveragerði – Das Gewächshauszentrum ist vermutlich der »heißeste Ort Islands«.

C Kerið – Der 55 m tiefe, 270 x 170 m große Krater ist der östlichste der Kraterreihe Tjarnarhólar, die zum Grímsnes-Vulkanfeld gehört.

D Skálholt – Der Ort war bis zur Reformation Sitz eines katholischen Bistums und bis 1801 evangelischer Bischofssitz. Heute ist er Weihbischofssitz.

E Geysir – Das Geothermalfeld wartet mit aktiven und weniger aktiven Geysiren auf. Das Besucherzentrum Geysisstofa zeigt Filme über Geysire und Vulkanausbrüche, ergänzt durch Schautafeln, Karten und Modelle.

F Gullfoss – Der Goldene Wasserfall setzt sich aus zwei Fallstufen zusammen. Die obere ist 11 m hoch, die untere 21 m.

G Laugarvatn – In der Vígðalaug (Weihquelle) wurden bei der Christianisierung etliche Männer auf dem Heimweg von Þingvellir getauft. Die 35–40 °C heiße Quelle steht heute unter Naturschutz. Wellness-Liebhabern bietet die Laugarvatn Fontana drei Dampfbäder (40–50 °C), eine finnische Sauna und drei geothermal beheizte Pools.

H Þingvellir – Wandervorschläge für den ältesten isländischen Nationalpark erhält man im Informationszentrum.

I Almannagjá – Während der Sitzungen des *Alþingi* in der Allmännerschlucht nutzte der Gesetzessprecher die 40 m hohe Schluchtwand als natürlichen Verstärker.

J Gljúfrasteinn – Das frühere Wohnhaus von Halldór Laxness ist seit 2004 ein Museum.

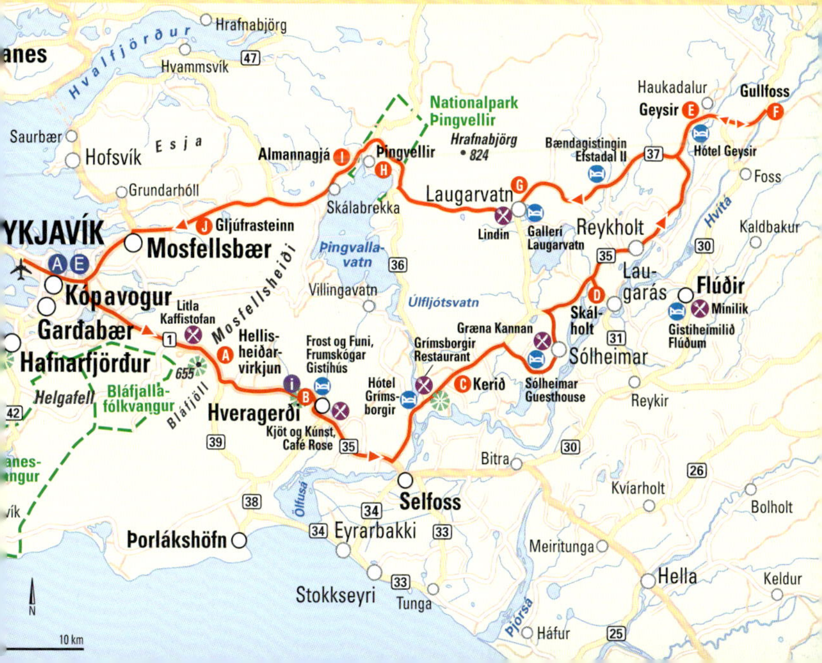

AUTORENTIPP!

LINDIN: SCHLEMMEN AM SEE

Seit Baldur Öxdal Halldórsson 2002 das »Lindin« übernahm, gilt das Gourmetlokal am Ufer des Laugarvatn als Mekka der isländischen Wildbretküche. Sein Handwerk lernte der Besitzer und Chefkoch am »Culinary Institute of America« in New York City und als Pâtissier an der renommierten »Richemont-Schule« in Luzern.
In der Küche verarbeitet Baldur ausschließlich frisch gefangenen Fisch und Meeresfrüchte, Wildbret und Lamm aus kräuterreichen Hochlandregionen sowie Obst und Gemüse von lokalen Produzenten. Viele Zutaten stammen auch aus eigenem Anbau, darunter rote und schwarze Johannisbeeren, Rhabarber und Kerbel. Die Speisekarte mit ihren exotischen Kreationen wie Seesaibling mit Kokosnusssauce, gegrilltem Rentier oder auch Kormoran mit Blaubeer-Aquavit-Sauce lassen einem das Wasser im Mund zusammenlaufen. Auch die Desserts sind eine Klasse für sich, beispielsweise die famose Mousse au Chocolat aus hochwertiger belgischer Schokolade, serviert in Begleitung von Himbeersauce und Wassermelone.
Bei schönem Wetter kann man draußen auf der Terrasse am See schlemmen, mit Blick auf die schneebedeckten Vulkane Hekla und Eyjafjallajökull.

Lindin. April–Sept. tgl. 11.30–23 Uhr, Okt.–März Sa–Mo 12–22 Uhr, Mi, Fr 18–22 Uhr, Lindarbraut 2, 840 Laugarvatn, Tel. 486 12 62, www.laugarvatn.is

Das Tiefland im Südwesten zählt zahllose Reiterhöfe.

kannteste isländische Vertreter. Umso erstaunlicher erscheint es, dass die ersten Siedler ihn nicht erwähnten. Geologen schätzen sein Alter aufgrund der Sinterablagerungen auf über 8000 Jahre. Vermutlich erlebte Geysir bei der Ankunft der ersten Landnehmer gerade eine längere Ruhephase, aus der ihn 1294 ein starkes Erdbeben abrupt wachrüttelte.

Auch später, zuletzt im Juni 2000 und Ende Mai 2008, lief er nach schweren Erdbeben zur Bestform auf und schickte eine bis zu 60 m hohe Wassersäule empor, ließ dann allmählich nach und erlosch schließlich ganz, sehr zum Verdruss der Reisenden, die oft von weit her gekommen waren. Deshalb gab es immer wieder Versuche, den Geysir künstlich zu reanimieren: Man senkte den Wasserspiegel oder warf große Mengen Schmierseife in seinen Rachen, um die Oberflächenspannung zu verringern. Die Anwendung solcher »Aphrodisiaka« ist jedoch seit 1992 vom isländischen Naturschutzrat strikt verboten.

Verlass ist außerdem auf Strokkur (»Butterfass«), den kleinen Nachbarn. Alle 5 bis 10 Minuten bildet dieser eine charakteristische Wasserglocke, aus der eine Dampfsäule explosionsartig hervorbricht und bis zu einer Höhe von 20 m hochschießt. Die Funktionsweise der Geysire und weitere geologische Phänomene werden in dem multimedialen Besucherzentrum Geysisstofa veranschaulicht.

Ein goldener Wasserfall

Bei günstigem Wind hört man das Rauschen des 10 km entfernten Gullfoss-Wasserfalls bis zu den Geysiren. Über zwei gegeneinander versetzte Stufen stürzt sich die Hvítá dort insgesamt 32 m tief in den Gullfossgljúfur. Theorien bestätigen, dass die 2,5 km lange, fast 70 m tiefe Schlucht gegen Ende der Eiszeit durch gewaltige Schmelzwasserfluten ausgehobelt wurde. Die durchschnittliche Wasserführung bei Gullfoss beträgt 109 m^3/s, im Sommer 130 m^3/s. Bei plötzlich auftretenden Gletscherläufen, zum Beispiel beim Entleeren eines subglazialen Gletschersees, donnert jedoch eine vielfach größere Wassermenge in die Schlucht. An sonnigen Nachmittagen, wenn sich ein Regenbogen über den Wasserfall spannt, oder abends, wenn ihn die Sonne in einen goldroten Schein taucht, macht Gullfoss seinem Namen – »Goldener Wasserfall« – alle Ehre. Dabei wäre es fast um ihn geschehen gewesen ...

1907 bot ein Engländer, der den Wasserfall zur Stromerzeugung nutzen wollte, dem Bauern des Gehöfts Brattholt 50 000 Isländische Kronen. Diese Summe entsprach dem 50fachen Wert des Bauernhofes. Doch der Bauer schickte ihn fort mit den Worten: »Meinen Freund verkaufe ich nicht.« Nachdem Investoren später die Hand auf den Wasserfall legen konnten, startete seine Tochter Sigríður Tómasdóttir (1871–1957) einen entschlossenen Kampf und drohte sogar, sich in den Wasserfall zu stürzen. Das Kraftwerk wurde zum Glück nie gebaut. Seit 1979 steht der Gullfoss unter Naturschutz. Ein Gedenkstein am Anfang des Fußwegs zum Wasserfall erinnert an den mutigen Auftritt der Bauerntochter.

Oben: Zum Auftakt eines Geysirausbruchs bildet sich eine charakteristische Dampfglocke.
Unten: Auch im Winter geizt der von Eiszapfen gekrönte Gullfoss nicht mit seinen Reizen.

Oben: Der Graben von Þingvellir bietet Anschauungsunterricht in Sachen Plattentektonik.
Unten: Am Ufer des Flusses Öxará bauten die Teilnehmer der jährlichen Thing-Versammlungen einst ihr Lager auf.

Geschichte wurde auch am Laugarvatn geschrieben, dem »See der heißen Quellen«. Dank eben dieser Quellen taucht der gleichnamige Ort sogar mehrmals in den Annalen des Landes auf: Bei der Einführung des Christentums (1000) ließen sich einige hart gesottene Kerle lieber hier in einer warmen Quelle statt im eiskalten Þingvallavatn taufen; nach der Hinrichtung des Bischofs Jón Arason und seiner Söhne wurden dort die Leichen gewaschen. Eine Hütte über einer der größten Quellen bildete seit 1929 eine rustikale natürliche Sauna, bis sie 2011 durch die supermoderne Wellness-Anlage Laugarvatn Fontana ersetzt wurde.

Die Ebene der Volksversammlung

Þingvellir (»Ebene der Volksversammlung«) hat für die Isländer eine fast heilige Bedeutung. 1928 entstand hier der erste Nationalpark Islands. In geologischer Hinsicht ist die Gegend weltweit einmalig. Denn wo sonst lässt sich das Auseinanderdriften zweier Erdplatten so gut nachvollziehen wie hier? Zusammenhänge erläutert das multimediale Besucherzentrum, oberhalb der Schlucht Almannagjá. Vom Aussichtspunkt nebenan blickt man auf die 7 km breite, zum Mittelatlantischen Rücken gehörende Grabenbruchzone. Diese wird durch tektonische Verwerfungen mit Nordost-Südwest-Orientierung begrenzt, im Westen durch die Almannagjá (»Allmännerschlucht«), im Osten durch die Hrafnagjá (»Rabenschlucht«). Die nordamerikanische Platte wandert westlich der Almannagjá nach Westen, die eurasische östlich der Hrafnagjá nach Osten. Während sich der Graben in den vergangenen 10 000 Jahren um 70 m weitete, senkte er sich auch um 40 m. Das Dehnen und Auseinanderreißen der Platten geschieht aber nicht kontinuierlich, sondern oft ruckartig, begleitet von Erdbeben, wie zuletzt 1789, als der zentrale Graben innerhalb von wenigen Tagen um

50 cm absank. Im Süden des Grabens liegt der See Þingvallavatn (84 km^2), der größte See Islands. Südlich davon erkennt man die Dampfsäulen des geothermischen Kraftwerks in Nesjavellir. Im Norden erhebt sich der 9000 Jahre alte Schildvulkan Skjaldbreiður (1060 m).

Der Gesetzesberg

Der schönen Aussicht wegen kamen die Goden eher nicht nach Þingvellir, als sie dort um 930 die erste Versammlung des *Alþingi* abhielten. Für die Wahl dieses Orts als Parlamentsstätte sprachen aber viele Gründe. Er lag zentral und war gut erreichbar, bot reichlich Brennholz und Weideland für die Pferde. Trinkwasser lieferte der Fluss Öxará. Man traf sich jährlich für zwei Wochen um die Zeit der Sommersonnenwende am Fuß der Almannagjá. Eine Stange mit der isländischen Flagge markiert die Lage des Lögberg (»Gesetzesberg«), wo der Gesetzessprecher die Gesetze proklamierte (diese wurden erst 1117 niedergeschrieben). Neben einer politischen Bühne bot Þingvellir die Möglichkeit, Handel zu treiben und Neuigkeiten auszutauschen. Aber es passierten auch Grausamkeiten: Im Pfuhl westlich der Brücke über die Öxará wurden des Ehebruchs überführte Frauen ertränkt, am Galgenfelsen in der Stekkjargjá Diebe gehängt, in der Brennugjá Hexen verbrannt.

Nach dem Verlust der Unabhängigkeit (1262) verlor der Ort allmählich an Bedeutung. Als die Wiesen nördlich des Þingvallavatn infolge des Erdbebens von 1789 vom See überflutet wurden, zog das Parlament endgültig nach Reykjavík um. Im Bewusstsein der Isländer lebt die Bedeutung von Þingvellir jedoch weiter. Am 17. Juni 1944 wurde hier vor Zehntausenden von Menschen die Unabhängigkeit ausgerufen. 2004 wurde Þingvellir von der UNESCO als Weltkulturerbe anerkannt.

AUTORENTIPP!

GLJÚFRASTEINN: STIPPVISITE BEI HALLDÓR LAXNESS

Das polierte Auto parkt in der Auffahrt. Im Wohnzimmer, geschmückt mit Gemälden befreundeter Künstler wie Jóhannes S. Kjarval und Nína Tryggvadóttir, stehen der Stuhl und der Flügel des Schriftstellers. Auf dem Fenstersims im Schlafzimmer wartet das Fernglas, mit dem der Autor auf der Suche nach Inspiration über das Tal schaute. Und auch in dem Arbeitszimmer voller Bücher sieht es so aus, als käme der Mann, der 1955 für den Roman *Atomstation* den Nobelpreis für Literatur bekam, jeden Moment hereinspazieren. Gljúfrasteinn, bis kurz vor seinem Tod Wohnsitz von Halldór Laxness (1902–1998), wurde kaum verändert. Seit 2004 ist das Wohnhaus des großen isländischen Romanciers ein Museum. Bei einer kurzweiligen Audiotour erfahren Besucher, wie Laxness lebte und arbeitete. Seine Kindheit verbrachte der Schriftsteller auf dem Reiterhof Laxnes, nur wenige Kilometer talaufwärts.

Gljúfrasteinn. Juni–Aug. tgl. 9–17 Uhr, übriges Jahr Di–So 10–17 Uhr, Eintritt 800 ISK, 270 Mosfellsbær, Tel. 586 80 66, www.gljufrasteinn.is

Reife Blaubeeren im Spätsommer

Infos und Adressen

SEHENSWÜRDIGKEITEN

Jarðhitasýningin. Tgl. 9–17 Uhr, Eintritt 700 ISK, im Kraftwerk Hellisheiðarvirkjun, Tel. 412 58 00, www.orkusyn.is

Skálholtskirkja. Juni–Aug. tgl. 9–19 Uhr, übriges Jahr tgl. 9–18 Uhr, Eintritt Kirche frei, Besucherzentrum 500 ISK, Krypta 100 ISK, Skálholt, 801 Bláskógabyggð, Tel. 486 88 70.

Geysisstofa. Mai–Aug. tgl. 10–17 Uhr, übriges Jahr tgl. 12–16 Uhr, Eintritt 1000 ISK, Geysir, 801 Bláskógabyggð, Tel. 480 68 00, www.geysircenter.com

Im modernen Besucherzentrum des Hellisheiðarvirkjun dreht sich alles um Geothermie.

Þingvellir Visitor Centre. Tgl. 9–17 Uhr, Eintritt frei, 6 km südwestlich von Þingvellir an der Straße 36, 801 Þingvellir, Tel. 482 36 13, www.thingvellir.is

ESSEN UND TRINKEN

Litla Kaffistofan. Das mit Fußballmemorabilien dekorierte Café an der Ringstraße serviert seit 1960 Traditionelles wie *kjötsúpa* (Lammfleischsuppe) und *flatkökur með hangikjöt* (Fladenbrot mit Räucherlamm). Mo–Fr 6.30–20 Uhr, Sa, So 7.30–19 Uhr, Suðurlandsvegur, 110 Reykjavík, Tel. 557 764 01.

Græna Kannan. Das Café im Ökodorf Sólheimar verkauft ausschließlich Getränke und Kuchen auf der Basis von Zutaten aus Bioanbau, vor allem aus der eigenen Biobäckerei und den Gewächshäusern. 15. Mai–15. Sept. tgl. 12–18 Uhr, übriges Jahr Sa, So 13–17 Uhr, Sólheimar, 801 Grímsnes, Tel. 480 44 50, www.solheimar.is.

Grímsborgir Restaurant. Das Restaurant des gleichnamigen Hotels bietet traditionelle isländische Gerichte von lokalen Produzenten. Tgl. 11.30–14 und 18–21.30 Uhr, Ásborgir 30, 801 Grímsnes, Tel. 555 78 78, www.grimsborgir.com

Minilik. In diesem von zwei Schwestern aus Äthiopien geführten Restaurant kommen äthiopische Spezialitäten auf den Tisch. Der Renner ist das Nationalgericht *Doro Wot*, in einer Sauce aus scharfem rotem Pfeffer geschmortes Huhn. Di–So 12–20 Uhr, in der Nähe des Zeltplatzes, Skeiða-og Hrunamannavegur, 845 Flúðir, Tel. 846 97 98.

ÜBERNACHTEN

Sólheimar Guesthouse. Die Zimmer und Apartments des B&B, das als erstes Gästehaus Islands eine Auszeichnung für seine vorbildliche Führung nach den Prinzipien des »Grünen Tourismus« erhielt, verteilen sich auf zwei Häuser, Brekkukot und Veghús. Schwimmbad und Hot Pot. Sólheimar, 801 Grímsnes, Tel. 480 44 83, www.solheimar.is

Hótel Grímsborgir. Die Anlage am Ufer des Sog-Flusses bietet sechs sehr komfortable, hoch gelobte Ferienwohnungen für 4 bis 9 Personen, jeweils mit eigenem Hot Pot. Ásborgir 30, 801 Grímsnes, Tel. 555 78 78, www.grimsborgir.com

Gistiheimilið Flúðum. Die kleine Pension bietet fünf liebevoll gestaltete Zimmer mit Waschbecken und zwei gemeinschaftlich genutzten Badezimmern. Im gleichen Haus serviert das »Kaffihús Grund« Lamm, Fisch, Pasta und Salate. Lokal tgl. ab 11.30 Uhr, Grund, 845 Flúðir, Tel. 552 69 62, www.gistingfludir.is

Hótel Geysir. Das nach der berühmten Springquelle auf der anderen Straßenseite benannte Hotel verfügt über 24 komfortable Studios in Holzhäuschen. Für Gäste ist die Nutzung des geothermal beheizten Pools inklusive. Geysir, 801 Selfos, Tel. 480 68 00, www.hotelgeysir.is

Gallerí Laugarvatn. Dieses kleine B&B gehört Þuríður und Jóel, den freundlichen Besitzern der nahen Galerie. Die drei Zimmer mit ihren erstklassigen Betten sind liebevoll gestaltet und teilen sich ein Bad. Das reichhaltige Frühstück mit köstlichen Waffeln wird im Wintergarten serviert. Háholt 1, 840 Laugarvatn, Tel. 486 10 16, www.gallerilaugarvatn.is

Bændagistingin Efstadal II. Der Bauernhof zwischen Laugarvatn und Geysir hat vier Zimmer mit gemeinschaftlich genutztem Bad und zehn geräumige Holzhäuschen mit eigenem Bad und Fußbodenheizung. Freundliche, hilfsbereite Eigentümer. Frühstück mit hausgemachtem Brot und Produkten von der Farm, Halbpension möglich. Efstadalur II, 801 Laugarvatn, Tel. 486 11 86, www.efstadal.is

AKTIVITÄTEN

Laugarvatn Fontana. Dieser moderne, 2011 eröffnete Wellness-Komplex verfügt über drei Dampfbäder von 40–50 °C, eine finnische Sauna (80–90 °C) und drei unterschiedlich temperierte Outdoorpools. Juni–Sept. tgl. 11–22 Uhr, Okt.–Mai Mo–Fr 13–21 Uhr, Sa, So 11–21 Uhr, Eintritt 2500 ISK, Hverabraut 1, 840 Laugarvatn, Tel. 486 14 00, www.fontana.is

Hestheimar. Auf dem familienbetriebenen Reiterhof kommen Anfänger und Fortgeschrittene auf ihre Kosten. Alle Reitlehrer sprechen englisch, viele auch deutsch. Beliebt sind Ausritte im schwarzen Sand an der Küste und mehrtägige Touren zum Vulkan Hekla. Zu den Unterkünften zählen zwölf Doppelzimmer, zwei komfortable Holzhütten und ein einfaches Schlafsackzimmer. 1 Std. 4500–9000 ISK (4–1 Pers.), 3 Std. 9500–13 000 ISK (4–1 Pers.), Ásahreppur, 851 Hella, Tel. 487 66 66, www.hestheimar.is

INFORMATION

Hveragerði Regional Information Center. Juni–Aug. Mo–Fr 8.30–17 Uhr, Sa 9–14 Uhr, So 9–13 Uhr, Sept.–Mai Mo–Fr 8.30–16 Uhr, Sa 9–13 Uhr. Im Einkaufszentrum, Sunnumörk 2–4, 810 Hveragerði, Tel. 483 46 01, www.south.is

Tourist Information Þingvellir. Mai–Sept. tgl. 9–17 Uhr, Service Centre, 801 Þingvellir, Tel. 482 26 60, www.thingvellir.is

Elfenhaus am Fuß des Ingólfsfjall

9 Hveragerði

Schlammtöpfe und Schnittblumen

Hveragerði prägen heiße Quellen: Sie brodeln zwischen den Häusern und an den umliegenden Hängen und liefern Wärme für die vielen Treibhäuser. Bilder von Bananenstauden machten den 2300-Seelen-Ort weltbekannt. Wanderer erwarten herrliche Streifzüge in die Berge der Umgebung, ein Bad im warmen Bach inklusive.

Die ausgeprägte geothermische Aktivität in Hveragerði ist kein Zufall: Der »Garten der heißen Quellen« liegt über einer alten Magmakammer am Ostrand der aktiven Vulkanzone. Jahrhundertelang betrachteten die Menschen die heißen Quellen allerdings argwöhnisch und sie galten vor allem als Reisehindernis. Erst Anfang des 20. Jahrhunderts begann die wirtschaftliche Entwicklung von Hveragerði mit dem Bau einer Wollfabrik am Ufer der Varmá (»warmer Fluss«) im Jahr 1902. Eine 1929 eröffnete Molkerei nutzte den Dampf der kräftigen Dampfquelle Bakkahver, um ihre Produkte zu pasteurisieren. 1930 wurde das erste Gewächshaus errichtet, 1939 eine Gartenbauschule. In den nächsten Jahrzehnten folgten Dutzende weitere Glashäuser mit einer Gesamtfläche von 50 000 m².

Heute deckt Hveragerði den größten Teil des isländischen Bedarfs an Tomaten, Gurken und Paprika. Schnittblumen werden in die ganze Welt exportiert. Interessant für Besucher sind vor allem die Gewächshäuser der Garðyrkjuskóli ríkisins, der staatlichen Gartenbauschule. Dort herrscht das ganze Jahr über ein tropisch-feuchtes Klima und Bananenstauden und Kaffeesträucher gedeihen neben Feigenbäumen und Lilien.

Oben: In der staatlichen Gartenbauschule von Hveragerði gedeihen sogar Clementinen …
Unten: … und Bananen. Möglich machen das die ergiebigen heißen Quellen im Ort.

Badespaß in einem heißen Bach im Reykjadalur

Dampfend gefährlich

Die bekanntesten heißen Quellen liegen mitten im Ort im Geothermalpark Hverasvæði. Dort können Kinder Eier in einer heißen Quelle kochen. Erwachsene schätzen das Fußbad im warmen Schlamm und die lokale Bevölkerung backt in der Erde das berühmte süße Schwarzbrot *hverabrauð*, das an Pumpernickel erinnert.

Mit den Schlammlöchern ist aber nicht zu spaßen. Berüchtigt ist vor allem die »Killerquelle« Manndrápshver: 1906 stolperte ein Mann in der Dunkelheit hinein und wurde lebend gekocht. Daraufhin erhielt Hveragerði die erste Straßenbeleuchtung im Land. Ruslahver, die »Müllquelle«, wurde bei einem Erdstoß 1947 plötzlich aktiviert, dummerweise genau dort, wo die Bevölkerung jahrelang den Müll deponiert hatte. Prompt wurde der ganze Unrat an die Absender zurückgeschickt.

Das große Beben

Ungewöhnlich sind solche Ereignisse nicht. Eines Tages tauchte zum Beispiel aus dem Nichts eine heiße Quelle in der Waschküche eines Hauses auf,

AUTORENTIPP!

KJÖT OG KÚNST: KOCHEN MIT DAMPF

Das Restaurant namens »Fleisch und Kunst« gehört zu den am besten gehüteten kulinarischen Geheimnissen Islands. Gekocht wird hier nicht mit Strom oder Gas, sondern mit Erdwärme. Der 170 °C heiße Dampf wird dazu vom Geothermalgebiet auf der anderen Straßenseite über eine Röhre direkt in die Küche geleitet. Wenn Ólafur »Óli« Ingi Reynisson dort nicht gerade im eigens aus Japan importierten Suppentopf Gemüse dünstet, trifft man ihn vermutlich draußen am geothermischen Herd, wo er in Dampfwolken eingehüllt stolz die Zubereitung von *hverabrauð* erläutert. In den Behältern daneben garen Kartoffeln, Gemüse, Fisch und Fleisch. Die mit viel Liebe zum Detail zubereiteten Gerichte werden in einem mit zahlreichen Gemälden geschmückten Raum serviert. Unter den neugierigen Gästen war auch schon der chinesische Ministerpräsident Wen Jiabao, selbst ausgebildeter Geologe.

Kjöt og Kúnst. Juni–Aug. Mo–Sa 11.30–22 Uhr (Küche bis 21 Uhr), übriges Jahr kürzer. Breiðamörk 21, 810 Hveragerði, Tel. 483 50 10.

Oben: Reiter kommen in Hveragerði voll auf ihre Kosten.
Mitte: In den umliegenden Bergen rauschen einige schöne Wasserfälle hinunter.
Unten: Im Reykjadalur, dem »Tal der Dampfsäulen«, brodelt und faucht es überall.

während das Solfatarenfeld nördlich der Varmá erst durch das schwere Erdbeben vom 29. Mai 2008 zum Leben erweckt wurde. Das Beben der Stärke 6,3 traf den Ort völlig unerwartet. Das Epizentrum lag 2 km südöstlich von Hveragerði. Die erdbebensicher gebauten Häuser überstanden zwar den Stoß, aber der Schock saß dennoch tief. Die Ausstellung *Skjálftinn 2008* im Einkaufszentrum dokumentiert eindrucksvoll das Beben. Eine nachgestellte Szene illustriert das Chaos in den Häusern, TV-Bildschirme zeigen Aufnahmen von Überwachungskameras. Im Erdbebensimulator spürt man am eigenen Leib den Effekt eines Erdbebens der Stärke 6,3. Mancherorts durchzogen tiefe Erdrisse den Ort, ähnlich der im Boden der Ausstellung integrierten Spalte, die aber bei einem noch früheren Beben entstand und beim Bau des Einkaufszentrum entdeckt wurde.

Paradies für Künstler und Wanderer

Dampfende Solfataren und dschungelartige Treibhäuser lockten in den Jahren zwischen 1945 und 1965 zahlreiche Maler, Dichter, Schriftsteller und Musiker nach Hveragerði. Es gilt bis heute als Künstlerdorf, nicht zuletzt wegen der vielen Galerien und dem angesehenen Kunstmuseum Listasafn Árnesinga.

Auch Wanderer kommen in und rund um Hveragerði voll auf ihre Kosten. Ein reizendes Ziel ist zum Beispiel das Tal Reykjadalur »Rauchtal«. Als Ausgangspunkt bietet sich der Parkplatz am Ende der Hauptstraße Breiðamörk an. Dort führt eine Brücke über die Varmá und ein regelmäßig ansteigender Pfad führt an fauchenden Solfataren und kochenden Schlammtümpeln vorbei in einer guten Stunde zu einer Reihe Hot Pots im warmen Bach Reykjadalsá.

Infos und Adressen

SEHENSWÜRDIGKEITEN

Hverasvæði. 15. Mai–15. Sept. Mo–Sa 9–18 Uhr, So 10–16 Uhr, Eintritt frei, Hveramörk 13, 810 Hveragerði, Tel. 660 39 05.
Skjálftinn 2008. Juni–Aug. Mo–Fr 8.30–17 Uhr, Sa 9–14 Uhr, So 9–13 Uhr, Sept.–Mai Mo–Fr 8.30–16 Uhr, Sa 9–13 Uhr, Eintritt frei, Erdbebensimulator 200 ISK, im Einkaufszentrum, Sunnumörk 2–4, 810 Hveragerði, Tel. 483 46 01.

Listasafn Árnesinga. Mai–Sept. tgl. 12–18 Uhr, übriges Jahr Do–So 12–18 Uhr, Eintritt frei, Austurmörk 21, 810 Hveragerði, Tel. 483 17 27, www.listasafnarnesinga.is

Garðyrkjuskóli ríkisins. Jan.–Juni, Aug.–Dez. Mo–Fr 8–14 Uhr, Eintritt frei, Reykir, 810 Hveragerði, Tel. 433 53 01.

Im Frost og Funi kocht man sich das Frühstücksei direkt in der heißen Quelle vor der Haustür.

Schlafen inmitten von Kunst

ESSEN UND TRINKEN

Café Rose. Schlichtes Café-Restaurant im Zentrum mit einfachen Gerichten wie Crêpes und Pita. Fr und Sa Live-Musik. So–Mi 11–23.30 Uhr, Do 11–1 Uhr, Fr, Sa 11–3 Uhr, Austurmörk 2, 810 Hveragerði, Tel. 483 11 00, www.caferose.is

ÜBERNACHTEN

Frost og Funi. Das B&B »Eis und Feuer« liegt mit Blick auf die Solfataren am Fluss Varmá. Die Zimmer schmücken Werke von isländischen Gegenwartskünstlern. Entspannung bieten der Pool und der Hot Pot im Garten. Hverhamar, 810 Hveragerði, Tel. 483 49 59, www.frostandfire.is

Frumskógar Gistihús. B&B in der »Altstadt« mit fünf gut ausgestatteten Apartments (für 2–4 Pers.) und einfachen Zimmern mit TV, Waschbecken und Bademänteln. Hot Pot im Garten. Frumskógar 3, 810 Hveragerði, Tel. 896 27 80, www.frumskogar.is

INFORMATION

Tourist Information Centre South Iceland. Juni–Aug. Mo–Fr 8.30–17 Uhr, Sa 9–14 Uhr, So 9–13 Uhr, Sept.–Mai Mo–Fr 8.30–16 Uhr, Sa 9–13 Uhr, Sunnumörk 2–4, 810 Hveragerði, Tel. 483 46 01, www.south.is

10 Eyrarbakki und Stokkseyri

Nostalgische Fischerdörfer

In Eyrarbakki und Stokkseyri lebt die maritime Vergangenheit in schmucken, alten Fischerhäuschen und diversen Museen weiter: Húsið illustriert wie eine dänische Kaufmannsfamilie lebte, Þuriðarbúð skizziert die Lebensverhältnisse einfacher Fischer. In Stokkseyri geben sich die Geister Islands ein Stelldichein. Ornithologen kommen im Vogelschutzgebiet Flói auf ihre Kosten.

In die einstigen Fischerhäuser zogen Künstler ein, der größte Arbeitgeber ist das Staatsgefängnis Litla-Hraun. Wie sich die Zeiten geändert haben! Jahrhundertelang war Eyrarbakki der wichtigste Hafen und Handelsort der Südküste. Nach der verheerenden Básendar-Flut (1799) wurde ein Steinwall erbaut, aber noch bis ins 18. Jahrhundert übernachteten die Bauern, die aus ganz Südisland eintrafen, um ihre Waren feilzubieten, in Zelten. Mit dem Ende des dänischen Handelsmonopols erlebte die Fischerei einen Aufschwung. An diese Boomphase, die bis 1920 anhielt, erinnern noch viele alte Häuser, vor allem aus den Jahren 1890 bis 1920.

Auch die Kirche von Eyrarbakki erinnert an die Boomphase um 1900.

Kleidung aus Menschenhaar

Das älteste Haus, einst Wohnhaus des dänischen Handelsdirektors, heißt schlicht Húsið, »das Haus« (1765). Beim Bau war es das einzige Holzhaus, das gemeine Volk lebte in Torfhütten. Heute sind hier die Sammlungen des Heimatmuseums Byggðasafn Árnesinga untergebracht, u.a. Möbel, Gebrauchsgegenstände und Geräte, darunter ein traditionel-

Heute atmet Eyrarbakki Ruhe und Beschaulichkeit.

les *langspil* »Bordunzither« und die Kleidungstücke, die Ólöf Sveinsdóttir aus ihrem eigenen Haar strickte.

Im Sjóminjasafnið (»Seefahrtsmuseum«) beeindruckt die »Farsæll« (1915), ein nach Teer stinkendes Fischerboot mit zwölf Riemen. Ganzer Stolz der evangelisch-lutherischen Kirche (1890) ist das Altarbild, gemalt von Königin Louise, der aus Kassel stammenden Gemahlin des Dänenkönigs Christian IX. Über dem Gang hängt, wie es für eine Seefahrergemeinde typisch ist, das Modell eines Fischerbootes.

Die Frau mit der Hose

Auch in Stokkseyri wurde ein Steinwall errichtet, hinter dem Fischerhütten wie Þuriðarbúð Schutz suchten. Die schlichte Hütte aus Basalt und Torf bringt Besuchern das Leben einfacher Fischer nah. Mitte des 19. Jahrhunderts gab es in Stokkseyri Dutzende solcher Behausungen. Im Þuriðarbúð, dem »Haus von Þuriður«, allerdings wohnte eine Frau, und nicht irgendeine. Schon als Elfjährige fuhr Þuriður Einarsdóttir (1777–1863) auf dem Boot ihres Vaters zur See. Später bekam sie vom König die Erlaubnis, Männerkleidung zu tragen,

AUTORENTIPP!

RAUÐA HÚSIÐ: HUMMER IN HISTORISCHEM AMBIENTE

Hummer wurde in Island relativ spät als Delikatesse entdeckt. Erst 1954 zogen Fischer in Eyrarbakki die ersten Exemplare aus dem Meer. Hervorragend zubereitet werden die Krustentiere im Rauða Húsið, dem »Roten Haus«. Die Holzböden des historischen Hauses stammen von Schiffen aus dem frühen 20. Jahrhundert, Schwarzweißfotos zeigen das Eyrarbakki aus alten Zeiten. Abgebildet ist auch die Kaufmannstochter und Musiklehrerin Guðmunda Nielsen (1885–1935), die das Haus 1919 baute und hier einen Laden betrieb. Der heutige Besitzer und Chefkoch Pétur Andrésson kredenzt hier seit 2005 köstlich-cremige Fischsuppe, gegrillten Kaisergranat, *bacalao* »Salzfisch« oder fangfrischen Fisch aus Þorlákshöfn, dazu leckeres hausgemachtes Brot mit Mandeln, Pistazien und Kräutern. Aus der kulinarischen Landkarte Islands ist das gemütliche, stilvoll eingerichtete Haus nicht mehr wegzudenken.

Rauða Húsið. 1. Mai–10. Sept. tgl. 11.30–21.30 Uhr, übriges Jahr Mo–Fr 17–21.30 Uhr, Sa, So 11.30–21.30 Uhr, neben der Kirche, Búðarstígur 4, 820 Eyrarbakki, Tel. 483 33 30, www.raudahusid.is

Oben: Der Mündungsbereich des Flusses Ölfusá ist heute ein Vogelschutzgebiet.
Mitte: Eine Küstenseeschwalbe füttert den Nachwuchs.
Unten: Auch Seehunde tummeln sich in der Ölfusá.

und fuhr in der Saison 50 Jahre lang zum Fischen hinaus, darunter 25 Jahre als Kapitän!

Die Geister Islands

In der einstigen Fischfabrik von Stokkseyri riecht es nach feuchter Erde, hier knarren Türen und klappern Zähne. Das Draugasetrið (»Geisterzentrum«) konfrontiert mit den Geistern Islands. Bei der (deutschsprachigen) Audiotour begegnet man 24 von ihnen. Stall-, Berg- und Meeresgeister, ertrunkene Seeleute und sprechende Skelette erscheinen in dem Umfeld, wo sie einst aktiv waren oder noch immer sind ... Die Ausstellung *Icelandic* Wonders im Erdgeschoss widmet sich den Trollen, Elfen und Nordlichtern. Man taucht in eine Trollhöhle ein und staunt in der »Kältekammer« bei –5 bis –10 °C über die Nordlichter.

Ausflugsziele in der Umgebung

Wie einst mit Wasserkraft gebuttert wurde, illustriert die ehemalige Molkerei Rjómabúið in Baugsstaðir, 6 km östlich von Stokkseyri. Die 1904 von 48 Bauern gegründete Molkereikooperative war bis 1952 in Betrieb. Ein Großteil der Produkte wurde als »dänische Butter« nach England verkauft. Ein Paradies für Naturliebhaber ist das Vogelschutzgebiet Flói (5 km²) am Ostufer der Ölfusá. In dem Feuchtgebiet nisten Wiesenpieper und Sterntaucher sowie Watvögel wie Alpenstrandläufer, Regenbrachvögel, Uferschnepfen, Bekassine und Odinshühnchen. Es gibt auch Brutkolonien der Eiderente und Küstenseeschwalbe. Im Herbst und Frühjahr gesellen sich Pfeifenten, Graugänse und weitere Zugvögel dazu. Von dem 2 km langen Rundweg durch das Naturschutzgebiet lassen sich vor allem in der Brutzeit (Mai–Juli) viele Vögel beobachten. Spannend ist eine geführte Kajaktour durch das Marschland.

Infos und Adressen

SEHENSWÜRDIGKEITEN

Byggðasafn Árnesinga. 15. Mai–15. Sept. tgl. 11–18 Uhr, Eintritt 700 ISK (Kombiticket mit Sjóminjasafnið), Húsið, 820 Eyrarbakki, Tel. 483 15 04, www.husid.com

Sjóminjasafnið á Eyrarbakka. 15. Mai–15. Sept. tgl. 11–18 Uhr, Eintritt 700 ISK, Túngata 59, 820 Eyrarbakki, Tel. 483 12 73, www.husid.com

Rjómabúið. Juli–Aug. Sa, So 13–18 Uhr, Eintritt 500 ISK, Baugsstaðir, Árborg, 801 Selfoss, Tel. 486 33 69, www.husid.com

Draugasetrið & Icelandic Wonders. Juni–Aug. tgl. 12.30–18 Uhr, Sept.–Mai Mo–Fr 13–16 Uhr nach Reservierung, Eintritt 1500–2500 ISK (1 od. 2 Ausstellungen) Hafnargata 9, 825 Stokseyri, Tel. 483 12 02 (Sommer), 842 26 10 (Winter), www.icelandicwonders.com

ESSEN UND TRINKEN

Fjöruborðið. Eine Spitzenadresse für Hummer. Im Sommer lockt die Terrasse mit Meerblick. Unbedingt reservieren! Mai–Sept. tgl. 12–21 Uhr, übriges Jahr Mi–Fr 17–21 Uhr, Sa, So 12–21 Uhr, Eyrarbraut 3a, 825 Stokkseyri, Tel. 483 15 50, www.fjorubordid.is

Alte Fischerhäuschen in Eyrarbakki

Pétur Andrésson, Eigentümer und Chefkoch des angesehenen Rauða Húsið

ÜBERNACHTEN

Guesthouse Rein. Mit drei geschmackvoll eingerichteten Zimmern im Retro-Look und einem Hot Pot im Garten. Þykkvaflöt 4, 820 Eyrarbakki, Tel. 777 56 77, www.rein-guesthouse.is

Kvöldstjarnan. Dieses familienbetriebene B&B bietet fünf helle Zimmer mit molligen Federbetten, einige mit Gemeinschaftsbad. Es gibt eine Lounge und eine blitzsaubere Küche. Stjörnusteinar 7, 825 Stokkseyri, Tel. 483 18 00, www.kvoldstjarnan.com

AKTIVITÄTEN

Kajakferðir Stokkseyri. Geführte Kajaktouren im Marschland und an der Küste. April–Okt., Blómsturvöllur 6, 825 Stokkseyri, Tel. 896 57 16, www.kajak.is

INFORMATION

Árborg District Information Office.
15. Mai–31. Aug. Mo–Fr 10–18 Uhr, Sa 11–14 Uhr, 1. Sept.–14. Mai Mo–Fr 10–18 Uhr, Austurvegur 2, 800 Selfoss, Tel. 480 19 90, tourinfo.arborg.is

DER SÜDEN

S. 84/85: Beim Ausbruch des Eldfell (links) 1973 wurde der Großteil von Vestmannaeyjar zerstört.
Oben: Tosend schickt der Öskurhóll seine Dampfsäule in den Himmel.
Unten: Gemütliche Bleibe in Hveravellir

11 Kjalvegur und Hveravellir

Unterwegs auf uralten Reitpfaden

Die Strecke über Kjölur gehörte seit der Landnahme zu den Hauptverbindungsrouten zwischen Nord- und Südisland, geriet aber später in Vergessenheit. Heute verläuft auf dem uralten Reitweg am Fuß der Eiskappe Langjökull eine landschaftlich reizvolle Trekkingroute. Der auch für Einsteiger geeignete Kjalvegur führt in drei bis vier Tagen von Hvítárnes in das Geothermalgebiet Hveravellir.

Kjölur, übersetzt »Kiel«, ist eine 600 bis 700 m hohe Geröll- und Lavawüste zwischen den Eiskappen Langjökull und Hofsjökull. Die von Palagonit- und Tafelbergen eingerahmte Urlandschaft erinnert von Süden her an ein Schiff, das mit dem Kiel nach oben auf dem Meer treibt. Wer die Kjölur-Hochebene auf der rauen Hochlandstraße 35 durchquert, erlebt eine karge, wüstenähnliche Landschaft. Deutlich grüner wirkt die Umgebung

MAL EHRLICH

ANREISE NACH HVÍTÁRNES

»Offiziell« beginnt der Kjalvegur in Hvítárnes. Wer mit dem Bus anreist, erreicht den Ausgangspunkt jedoch erst nach einem zusätzlichen zweistündigen Fußmarsch, da der Bus von/nach Reykjavík nicht an der Hütte, sondern nur an der Straße 35 (Pistengabelung 8,5 km von der Hvítárnes-Hütte) hält. Es ist nicht ratsam, sich an der Reiterhütte Árbúðir absetzen zu lassen. Von dort führt zwar eine kürzere Piste nach Hvítárnes, doch auf dieser muss die tiefe Svartá durchwatet werden.

des »alten« Kjalvegur, der seit dem frühen 10. Jahrhundert dem Westrand der Hochebene folgt.

Gerüchte über Überfalle durch Geächtete und mysteriöse Unfälle ließen die populäre Kjölur-Route während der Kleinen Eiszeit in Vergessenheit geraten. Heute weisen uralte Steinwarten Wanderern den Weg über den Kjalvegur; in regelmäßigen Abständen bieten einfache Hütten die Möglichkeit zur Einkehr. Hveravellir als Zielort bietet den Vorteil eines Bades in einem natürlichen Hot Pot am Ende der Tour.

Der Geist von Hvítárvatn

Von Hvítárnes (425 m) genießt man den Blick auf Hvítárvatn, den »See des weißen Flusses«, in den der Gletscher Norðurjökull kalbt. Aus dem 30 km^2 großen Gletschersee entspringt die Hvítá, die 35 km flussabwärts den berühmten Wasserfall Gullfoss (s. S. 71) bildet. Eine Übernachtung in Hvítárnes ist nicht ganz ohne, denn angeblich spukt es dort.

Die Hütte entstand 1930 an der Stelle eines Gehöfts, das 1104 durch Ascheregen des Vulkans Hekla zerstört wurde. Doch bei der Ortswahl bewiesen die Bauherren kein glückliches Händchen: Die Hütte steht genau auf dem früheren Weg vom Hof zum Gletschersee. Und immer, wenn die Bäuerin mit ihren Eimern Wasser aus dem See holen will, führt ihr Weg zwangsläufig durch ein bestimmtes Bett in der Hütte. Manch ein Wanderer wurde dort nachts aus dem Bett geworfen, einen Hüttenwirt brachte der Geist fast um den Verstand. Auch der Versuch einer rituellen Reinigung durch den Pfarrer schlug fehl. Neugierig geworden? Dann probieren Sie doch mal das Bett an der Wand zur Küche aus …

AUTORENTIPP!

BEINAHÓLL: DRAMA IN DER WÜSTE

Nachdem im Sommer 1780 der Großteil der Schafe in Skagafjörður einer Seuche zum Opfer gefallen war, begaben sich die beiden Brüder vom Hof Reynistaður mit drei Knechten nach Südisland, um neue Tiere zu kaufen. Am 28. Oktober wurden die Männer mit 180 Schafen auf dem Rückweg durch das Hochland von einem Schneesturm überrascht und erfroren. Im nächsten Frühjahr fand man vier Leichen. Vom fünften Mann, der versucht hatte, sich nach Norden durchzuschlagen, wurde nur eine Hand gefunden.
Als man die Leichname später abholen wollte, waren sie verschwunden. Da ein Verbrechen vermutet wurde, kam es zur Gerichtsverhandlung, denn wo war das vom Schafskauf übrige Geld geblieben? Zweimal erschien einer der Brüder seiner Schwester nachts im Traum und versuchte, ihr den Fundort seiner Leiche zu zeigen. Doch erst nach 66 (!) Jahren wurden die Knochen der Brüder entdeckt, zufällig. Verwandte errichteten 1971 auf dem Beinahóll, einem Hügel im Lavafeld Kjalhraun, ein Denkmal. Von Hveravellir aus ist es über einen markierten Pfad erreichbar (hin und zurück 5 Std.).

Natürlicher Hot Pot in Hveravellir

Oben: Die heißen Quellen von Hveravellir wurden bereits im Mittelalter von Reisenden zum Kochen genutzt.
Unten: Bei Hlaupin schießt die Fúlakvísl tosend durch eine unwahrscheinlich enge Schlucht.

Ins Tal der Diebe

Die erste Etappe der Tour verläuft von Hvítárnes parallel zum Gletscherfluss Fúlakvísl (»Stinkfluss«) nach Nordosten. Steinwarten erleichtern die Orientierung. Im Osten zeichnen sich die Zinnen der nahen Kerlingarfjöll (s. S. 90) ab, im Nordosten die Eismassen des Hofsjökull. Hinter dem Feuchtgebiet Þverbrekknaver führt eine Brücke über die Fúlakvísl, die Hütte von Þverbrekknamúli liegt 1 km westlich.

Die zweite Etappe führt einen über das 180 km² große Lavafeld Kjalhraun, das vor 7800 Jahren durch die Aktivität des Schildvulkans Strýtur entstand. Von Þverbrekknamúli aus geht es auf der »Normalroute« zurück zur Brücke, dann östlich um den Hügel Múli und parallel zur Fúlakvísl weiter nach Nordwesten. Landschaftlich schöner ist die gelb markierte Variante westlich am Berg Þverbrekknamúli vorbei, weiter über den Tuffrücken Múlar und dann steil hinunter nach Hlaupin (»Sprung«), wo eine Brücke über die Fúlakvísl führt, die sich hier durch eine stellenweise nur 1 m breite Schlucht zwängt. An der Brücke vereinen sich beide Wege wieder. Am vergletscherten Tafelvulkan Hrútfell vorbei geht es weiter zum Etappenziel Þjófadalir, dem »Tal der Diebe«. Wie der Name suggeriert, versteckten sich hier einst Wegelagerer.

Stippvisite beim Outlaw

Von Þjófadalir schwingt sich der Weg über einen kleinen Höhenzug ins Tal Sóleyjardalur, wo man wieder auf das Lavafeld Kjalhraun trifft. Nun ergeben sich erneut zwei Wegvarianten. Bei guter Sicht wählt man den direkten, mit kurzen Pflöcken markierten Weg über die Lava zum Geothermalgebiet von Hveravellir. Sonst bietet die Jeeppiste F735 (2 km länger) eine sichere Alternative.

Trekking von Hvítárnes nach Hveravellir

Die 51 km lange, mit Steinwarten markierte Trekkingroute führt in drei bis vier Tagen von Hvítárnes durch die unwirtlichen Lavafelder am Ostrand der Eiskappe Langjökull zum schönen Geothermalgebiet Hveravellir.

An- und Abfahrt: Bus-Sommerlinie (Mitte/Ende Juni–Anfang Sept.) Reykjavík–Kjölur–Akureyri von SBA–Norðurleið (1-mal tgl.) und Sterna (1-mal tgl.). Die Busse halten in der Nähe von Hvítárnes (8 km von der Hütte) und in Hveravellir. www.sba.is und www.sterna.is

Etappen: Straße 35–Hvítárnes: 8,5 km, 2 Std., Hvítárnes–Þverbrekknamúli: 16 km, 5 Std., Þverbrekknamúli–Þjófadalir: 16,5 km, 5–6 Std., Þjófadalir–Hveravellir: 10 km, 3 Std..

Beste Zeit: Mitte Juni–Anf. Sept.

Ausrüstung: Feste Wanderschuhe, Regenjacke und -hose, warme Kleidung, Schlafsack, Karte und Kompass/GPS, Wasserflasche, ggf. Zelt, Schlafmatte und Kocher

Wanderer in Hvítárnes

Verpflegung: Sämtlicher Proviant muss mitgebracht werden. Es gibt nur ein kleines Restaurant in Hveravellir. Unbedingt Trinkwasser von den Hütten mitnehmen!

A Þverbrekknaver – Feuchtgebiet mit Tümpeln und Wasservögeln

B Fúlakvísl – Die 18 m lange Brücke, errichtet im Jahr 2005, ist bereits die fünfte an dieser Stelle: Alle ihre Vorgängerinnen wurden von Schmelzwasserfluten fortgerissen oder von Schneemassen erdrückt.

C Hlaupin – Die Fúlakvísl-Schlucht ist hier nur 1 m bis 1,8 m breit. Früher war das andere Ufer nur mit einem beherzten Sprung erreichbar.

D Hveravellir – Schon im 9. Jahrhundert kochten Reiter in den heißen Quellen des Geothermalgebiets, das damals Reykjavellir (»Rauchebene«) genannt wurde.

AUTORENTIPP!

KERLINGARFJÖLL: FEUER UND EIS

Das zackige Rhyolithmassiv, benannt nach einem 25 m hohen Felsen, der angeblich eine versteinerte Trollfrau darstellt, gehört zu den bestgehüteten Geheimnissen Islands. Bis ins 19. Jahrhundert wagte sich niemand in das Gebiet. Mit seinen tief eingeschnittenen Tälern, kochenden Schlammtöpfen, zischenden Solfataren und steilen Schneefeldern galt es als Unterschlupf für Outlaws.
Bis zum Jahr 2000 war Kerlingarfjöll ein beliebtes Sommerskigebiet. Heute entdecken immer mehr Wanderer die unberührte Berglandschaft. Doch Vorsicht: Festes Schuhwerk, wind- und wasserdichte Kleidung, eine Karte und Wanderstöcke sind ein Muss. Karte und Tipps gibt es im früheren Sommerskizentrum.
Eine einfache Tour führt von der Hütte in das (auch per Jeep erreichbare) Hochtemperaturgebiet Hveradalir (hin 2 Std.). Der Aufstieg zum Snækollur (1477 m) erfordert Kondition, Trittsicherheit und gute Sichtverhältnisse. Auch eine dreitägige Hüttentour rund um die Kerlingarfjöll ist möglich.

Kerlingarfjöll. Hütten, Zeltplatz, Restaurant, Hot Pots. Mitte Juni–Sept, Tel. 664 70 00, www.kerlingarfjoll.is

Bláhver gilt für viele als die schönste heiße Quelle in Hveravellir.

Hveravellir, die »Ebene der heißen Quellen«, gehört zu den schönsten Hochtemperaturgebieten Islands. Seit 1970 steht das 170 ha große Areal unter Naturschutz. Sein Highlight ist Öskurhóll (»Donnerkegel«), ein 1 m hoher Sinterkegel, aus dem unter lautem Getöse kochend heißes Wasser und Dampf entweichen. In ihren Aufzeichnungen von 1752 verglichen die Forscher Eggert Ólafsson und Bjarni Pálsson den ohrenbetäubenden Lärm mit Löwengebrüll. Die von Sinterterrassen eingerahmte Bláhver (»Blaue Quelle«) – mit einem Durchmesser von 5 m Islands größte Quelle – verdankt ihre türkis- bis aquamarinblaue Farbe dem Ausfällen des gelösten Siliziums. Reizvoll sind auch die brodelnden Bræðrahverir (»Quellen der Brüder«), die schlammhaltige Rauðihver (»Rote Quelle«) und Grænihver (»Grüne Quelle«).

Eyvindarhver (»Eyvindurs Quelle«) wurde vermutlich von Fjalla-Eyvindur (»Berg-Eyvindur«) zum Kochen verwendet. An den bekanntesten isländischen Geächteten, der sich zwischen 1760 und 1780 im Hochland versteckte, erinnern die Lavahöhle Eyvindarhellir, seine Vorratskammer, und Eyvindarrétt, der Pferch, in dem er geraubte Schafe hielt. Beide sind in einem 45-minütigen Spaziergang erreichbar.

Infos und Adressen

ESSEN UND TRINKEN

Áfangi. Das einfache Café in der einstigen Schaftreiberhütte an der Straße 35, beim Stausee Blöndulón, serviert Waffeln, Fleischsuppe und Kuchen, auf Bestellung warme Mahlzeiten. Schlafsackunterkunft in 4er-Zimmern. Mitte Juni–Aug., Tel. 869 03 34.

ÜBERNACHTEN

Am Kjalvegur gibt es Hütten in Hvítárnes, Þverbrekknamúli, Þjófadalir und Hveravellir. Reservieren ist ratsam! Sonst ein Zelt mitnehmen.

Hvítárnes. Die 1930 errichtete Hütte verfügt über 30 Schlafplätze, Hausgeist inklusive. Fließendes Wasser in der Hütte, Toiletten draußen. Ferðafélag Íslands (FÍ), Mörkin 6, 108 Reykjavík, Tel. 568 25 33, www.fi.is

Þverbrekknamúli. Die Hütte besticht durch ihre Lage gegenüber dem vergletscherten Tafelvulkan Hrútfell. Schlafsaal mit 20 Betten. Ölofen und -lampen schaffen eine heimelige Atmosphäre. Trinkwasser muss aus der 1 km entfernten Quelle entnommen werden! Ferðafélag Íslands (FÍ), Mörkin 6, 108 Reykjavík, Tel. 568 25 33, www.fi.is

Þjófadalir. Die urige, seit der Eröffnung 1939 kaum veränderte Hütte bietet zwölf Schlafplätze. Trinkwasser wird aus dem nahen Bach geschöpft. Plumpsklo draußen. Ferðafélag Íslands (FÍ), Mörkin 6, 108 Reykjavík, Tel. 568 25 33, www.fi.is

Hveravellir. Die beiden Hütten liegen mitten im Geothermalgebiet. Die ältere Hütte (1937) bietet 33 Schlafplätze, die neuere (1980) drei Zimmer mit 20 Plätzen (im Schlafsack oder mit Bettwäsche). Das i-Tüpfelchen ist der natürliche Hot Pot, direkt vor der Haustür. Im Sommer kleines Restaurant mit einfachen Mahlzeiten. Anf. Juni (je nach Schneeschmelze)–Ende Sept., Ferðaþjónustan Hveravöllum, Tel. 894 12 93, www.hveravellir.is

INFORMATION

Ferðafélag Íslands (FÍ). Juni–Sept. Mo–Fr 10–17 Uhr, Okt.–Mai Mo–Fr 12–17 Uhr, Mörkin 6, 108 Reykjavík, Tel. 568 25 33, www.fi.is

Wanderkarte. Sérkort 3: Kjölur – Langjökull – Kerlingarfjöll, Mál og Menning, Maßstab 1:100 000.

Wanderführer. Island: Trekking-Klassiker. Trekkingführer mit Routenbeschreibung des Kjalvegur, von Erik Van de Perre.

Farbenfrohe Hütten im ehemaligen Skizentrum Kerlingarfjöll

12 Vestmannaeyjar

Tanz auf dem Vulkan

Irischen Sklaven, »Westmännern«, die auf die Inseln flohen, verdankt dieser mystisch wirkende Archipel vor Islands Südküste seinen Namen. Heimaey, die einzige bewohnte Insel, zeigt noch immer die Spuren des verheerenden Vulkanausbruchs von 1973. Die Steilküsten sind ein Paradies für Wanderer und Ornithologen. Die für Besucher gesperrte, im Jahr 1963 entstandene Vulkaninsel Surtsey findet sich mittlerweile auch auf der Welterbeliste der UNESCO.

Für Markús kommt es knüppeldick: Im Keller seines Elternhauses, seit dem Vulkanausbruch 1973 unter einer meterdicken Ascheschicht begraben, findet man bei Ausgrabungen drei Leichen – und einen abgetrennten Kopf. Da Markús, mithilfe seiner Anwältin Dóra, die Ausgrabungen unbedingt verhindern wollte, steht er plötzlich unter Mordverdacht …

MAL EHRLICH

FLEXIBLE PLANUNG

Eine Reise nach Vestmannaeyjar hat immer noch etwas Abenteuerliches und man sollte sie nicht unbedingt am Tag vor dem Rückflug von Keflavík machen. Bei Nebel – keine Seltenheit – wird der zwischen steilen Bergen eingebettete Flughafen schon mal spontan geschlossen. Auch die Fährüberfahrt kann Überraschungen bereithalten: Bei Sturm wird manchmal nicht Landeyjahöfn an der Südküste, sondern Þorlákshöfn im Südwesten angesteuert. Nicht so praktisch, wenn der Leihwagen 100 km weiter wartet …

Oben: Wie Heimaey und Surtsey entstand auch die Insel Elliðaey durch einen submarinen Vulkanausbruch.
Unten: Der Fischerhafen von Vestmannaeyjar gehört zu den bedeutendsten im Land.

Inspiration zu ihrem Krimi *Das Glühende Grab* fand die Autorin Yrsa Sigurðardóttir beim Besuch der Ausgrabungsstätte Pompei Norðursins (»Pompeji des Nordens«). Bei dem nicht unumstrittenen archäologischen Projekt wurden 1973 von Vulkanasche verschüttete Häuser freigelegt.

In Schutt und Asche

Die Katastrophe traf die Inselbewohner von Heimaey völlig unerwartet. Am 23. Januar 1973 riss nachts die Erde auf. Wenig später schossen die ersten Lavafontänen aus einer 2 bis 3 km langen Spalte empor. Zum Glück lag dank des Sturmwetters vom Vortag die gesamte Fischereiflotte im Hafen, sodass die Bevölkerung sofort auf das »Festland« evakuiert werden konnte.

Da sich die Eruption stark auf einen Punkt konzentrierte, entstand in wenigen Monaten ein neuer Vulkankegel: Eldfell, der »Feuerberg«. Helfer schaufelten pausenlos Asche von den Dächern, um diese vor dem Einsturz zu bewahren, oft vergeblich. Auch die aufrückende Lava wurde immer mehr zum Problem. Neben der Zerstörung vieler Häuser drohte der Verschluss der Hafeneinfahrt, was das Ende der Fischerei bedeutet hätte. Isländische Forscher schlugen vor, die Lava mit Meerwasser abzukühlen, um sie zum Stehen zu bringen. Aus Wasserkanonen prasselten über 6 Mio. Tonnen Seewasser auf den glühenden Strom nieder, der so tatsächlich gebremst wurde. Anfang Juli 1973 endete der Vulkanausbruch.

Vierzig Jahre danach

Die Inselfläche wuchs durch den Ausbruch um 2,5 km² auf 13,6 km². Doch 400 Häuser und eine Fischfabrik waren verloren. Die Hafeneinfahrt wurde von 800 m auf 200 m verengt. Die Hafen-

AUTORENTIPP!

VINAMINNI KAFFIHÚS: HYMNE AN DIE ZERSTÖRTEN HÄUSER

Am 3. Juli 2010, auf den Tag genau 37 Jahre nach dem Ende des Vulkanausbruchs auf Heimaey, eröffnete das »Café Vinaminni« seine Türen. Der Name verweist auf eines der Häuser, die 1973 dem Vulkan zum Opfer fielen. Das Gebäude stand am Urðavegur 5, auch die Straße existiert nicht mehr. Das Café erinnert an die Häuser und Straßen, die der Vulkanausbruch verschüttete, und erzählt die Geschichte der Menschen, die ihre Häuser verloren haben.
Das Doku-Material sammelte die Besitzerin Helga Jónsdóttir bei den früheren Bewohnern. Nicht nur Fotografien an den Wänden oder auf den Tischplatten, sogar die (auch als Souvenir erhältlichen) Tassen erzählen eine Geschichte. Im vulkanisch-nostalgischen Ambiente genießt man köstliche Suppen und Salate vom Büffet, Crêpes, Paninis, Kuchen aus der hauseigenen Bäckerei und vorzüglichen Kaffee.

Vinaminni Kaffihús. Mitte Mai–Mitte Sept. So–Mi 10–22 Uhr, Do–Sa 10–23.30 Uhr, übriges Jahr tgl. 11–18 Uhr, Vesturvegur 5, 900 Vestmannaeyjar, Tel. 481 24 24, www.vinaminnikaffi.is

Oben: Nach dem Ausbruch des Eldfell bedeckte Vulkanasche zwei Drittel des Friedhof-Torbogens. **Mitte:** In der Vestmannabraut erinnert ein zerquetschtes Haus in der Lava an die Katastrophe von 1973. **Unten:** Vom Gipfel des Eldfell hat man die ganze Insel im Blick.

anlagen und die Fischereiflotte sind durch die 40 m hohe Lavawand heute sogar besser geschützt als vorher. Ein Trampelpfad führt von der Touristeninformation über die rotbraune Lava zum Gipfel (200 m) des neuen Vulkans (hin und zurück 2–3 Std.), der einen großartigen Blick über die Insel bietet. Im Gipfelbereich des Kraters hauchen Solfataren noch ihren schwefligen Atem aus.

Am Fuß des Vulkans liegt die verschont gebliebene Landakirkja. Vom Torbogen des Friedhofs ragte nach dem Ausbruch 1973 nur das obere Drittel mit dem Schriftzug *»Ég lifi og þér munið lifa«* (»Ich lebe und ihr werdet leben«) aus der Asche, ein Bild, das um die Welt ging. Bei Skansinn ragt noch ein zerdrückter Wassertank aus der Lava, in der Vestmannabraut ein zerquetschtes Haus. Wenige Schritte weiter erblickt man eine tiefe Schneise in der 5 m dicken Ascheschicht. Seit 2005 wurde hier, im Rahmen des Projekts »Pompeji des Nordens«, der Suðurvegur von Freiwilligen freigelegt. Schaufel für Schaufel, Haus für Haus. In einem der freigelegten Häuser soll eine Ausstellung über den Vulkanausbruch entstehen. Die Eröffnung des Informationszentrums Eldheimar (»Feuerwelt«) ist für Sommer 2014 geplant.

Ein Kontrastprogramm bietet Gaujalundur, »Gaujas Nest«, der Garten von Erlendur Stefánsson und Guðfinna »Gauja« Ólafsdóttir. Bunte Blumen, akribisch gestutzte Bäumchen, schmucke Häuschen, Zwerge und Skulpturen heben sich ab gegen die rotbraune Einöde rundum.

Paradies für Wanderer

Eine klassische Rundwanderung zu den Papageientaucherkolonien führt vom Zeltplatz im Herjólfsdalur hoch und nördlich des Kliffs Há zur N1-Tankstelle wieder hinunter (1 Std.). Ein weiteres

Wanderung entlang der Westküste nach Stórhöfði

Die Küstenwanderung von Herjólfsdalur (Parkplatz) nach Stórhöfði (hin 3 Std.) ist eine ideale Gelegenheit, um Papageientaucher zu beobachten.

Beste Zeit: Frühjahr bis Juli

Ausrüstung: leichte Wanderschuhe, Regenjacke und -hose

Taxi: Eyjataxi, Tel. 698 20 38

A Herjólfsdalur – Laut dem *Landnámabók* war Herjólfur Bárðarson, der sich hier um 900 niederließ, der erste Siedler auf Heimaey. Freigelegte Ruinen zeigen aber, dass der Ort schon viel früher bewohnt war.

B Kaplagjóta – Im 16. Jahrhundert war die Zahl der Pferde auf Heimaey per Gesetz auf 16 begrenzt. Überzählige Tiere wurden in die »Pferdeschlucht« gestoßen. Dahinter sind die Umrisse eines Elefanten im Basalt erkennbar.

C Mormónapollur – Im »Mormonenpool« wurden 1851 die ersten zum Mormonenglauben konvertierten Isländer getauft. Ein Denkmal erinnert an die nach Utah emigrierten isländischen Mormonen.

D Minnisvarði Jón Vigfússon – Das Denkmal erinnert an den Maschinist der »Sigríður«, dem es, nach der Havarie seines Schiffs im Winter 1928 gelang, die 60 m hohe vereiste Felswand zu erklimmen und Hilfe für seine Kameraden zu holen.

Papageientaucher auf Heimaey

E Ofanleitishamar – Steilküste mit Papageientauchern.

F Breiðibakki – In der Nähe des Hofs stehen traditionelle Fischtrockengestelle.

G Vík – In dieser Bucht strandete 1946 der Trawler »Star of the East« aus Aberdeen. Die 13-köpfige Crew wurde gerettet, doch das Schiff war verloren.

H Ræningjatangi – In der »Piratenbucht« landeten am 16. Juli 1627 algerische Piraten. 34 Insulaner wurden getötet, 242 weitere nach Nordafrika verschleppt und auf dem Sklavenmarkt verkauft.

I Stórhöfði – Auf dem 122 m hohen Stumpf eines 6000 Jahre alten submarinen Vulkans steht ein Leuchtturm mit einer meteorologischen Station. Hier wurde mit 67 m/s die höchste Windstärke Islands gemessen. Von einer Plattform kann man Papageientaucher beobachten.

AUTORENTIPP!

DIE RETTUNG DER BRUCHPILOTEN

Autos kriechen durch die Straßen. Kinder huschen vorbei, Pappkartons unter dem Arm. »Wie viele habt ihr denn schon?« – eine normale Frage in einer Augustnacht hier …
Wenn die jungen Papageientaucher flügge werden und aus ihren Nestern segeln, sind die »Rettungsbrigaden« im Dauereinsatz. Denn viele Jungvögel finden nicht zum Meer. Vom Licht der Laternen angelockt, landen sie nachts in den Straßen der Stadt. Dort sammeln alljährlich Kinder die »Bruchpiloten« ein, bevor sie Katzen und Raubvögeln zum Opfer fallen. Mit der »Ernte« geht es am nächsten Tag ins Naturkundemuseum Sæheimar, das dann einem Taubenschlag gleicht. Kinder mit Kartons gehen im Minutentakt ein und aus, um Jungtiere registrieren und wiegen zu lassen. Letzte Station ist der schwarze Strand bei Stórhöfði, wo sie in die Freiheit entlassen werden. Biologen zählten 1500 gerettete Papageientaucher für das Jahr 2012.

Sæheimar – Aquarium and Museum of Natural History. 16. Mai–15. Sept. tgl. 11–17 Uhr, übriges Jahr Sa 13–16 Uhr, Eintritt 1000 ISK. Heiðarvegur 12, 900 Vestmannaeyjar, Tel. 481 19 97, www.saeheimar.is

reizvolles Ziel ist der Vogelfelsen Ystiklettur (1 Std.) nördlich des Hafens, ein Brutplatz des seltenen Schwarzschnabelsturmtauchers. Beide Touren erfordern Trittsicherheit und Schwindelfreiheit und sind bei Nässe oder starkem Wind (Absturzgefahr) nicht zu empfehlen. Die »Clowns der Lüfte« kann man auch auf der Wanderung entlang der Westküste der Insel bis zum Kap Stórhöfði im Süden beobachten.

Die Geburt von Surtsey

18 Inseln zählt der Archipel. Während Teile Heimaeys, der Hauptinsel, schon 40 000 Jahre alt sind, entdeckt man im Süden eine Insel, die erst vor Kurzem aus dem Meer auftauchte, genauer am 14. November 1963. Zeugen der Geburtsstunde waren Fischer. Um 6.55 Uhr meldete die Crew der »Ísleifur II« starken Schwefelgeruch, wenig später eine riesige dunkle Rauchwolke. Zunächst dachten die Seeleute an ein brennendes Schiff. Doch bald blieb nur eine Erklärung: Vulkanismus. Die Höhe der Eruptionssäule aus Dampf, vulkanischen Gasen und Aschen betrug um 8 Uhr noch unter 100 m. Sie wuchs aber rasch an und erreichte schließlich eine Höhe von 9 km. Die aus einer 400 m langen Spalte geförderte Tephra bildete innerhalb weniger Tage eine 500 m lange und 45 m hohe Insel. Nach dem Feuerriesen Surt der nordischen Mythologie wurde sie Surtsey genannt.

Von Beginn an nagten die Wellen an der Insel, die nur aus Lockermaterial bestand. Als kein Meerwasser mehr in den Schlot eindringen konnte, hörten die Explosionen auf und es begann der Ausfluss von Lava, die einen Schutzwall rund um die abgelagerten Lockerprodukte aufbaute. Im Sommer 1965 entstanden in der Umgebung von Surtsey zwei weitere Inseln, Syrtlingur und Jólnir, die jedoch bald wieder im Meer verschwanden. Im

Blick von Kaplagjóta auf Brandur, Álsey und Surtsey

August 1966 nahm der Ausbruch auf Surtsey wieder Fahrt auf, am 5. Juni 1967 erlosch der Vulkan.

Zurück blieb eine 2,65 km² große, 174 m hohe Insel mit hohen Klippen, gebildet von der starken Brandung. Ihre Größe hat sich bis heute auf 1,35 km² verringert. Und die Erosion geht weiter, bis schließlich nur der harte Kern aus Palagonit übrig bleiben wird, bedeckt von Lava und Grasfeldern. 2130 wird die Fläche wohl nur noch 0,4 km² betragen.

Höhlenabenteuer

Surtsey steht unter Naturschutz. Landgänge sind verboten, aber mit Schlauchbooten von »Ribsafari« oder dem Ausflugsboot von »Viking Tours« (jeweils ab 10 bzw. 15 Pers.) lässt sich die Insel vom Meer aus betrachten. »Viking Tours« bietet zudem eine klassische Bootstour (90 Min.) rund um Heimaey an, bei der man an den Steilküsten nistende Seevögel beobachten kann. Mit etwas Glück zeigen sich Delfine und sogar Schwertwale. Man entdeckt magische Höhlen wie die niedrige Kafhellir mit ihrem herrlichen Lichteinfall oder die Fjósin, zwei hohe Höhlen an der Westseite von Stórhöfði mit einer Alkenkolonie. Klettshellir, vermutlich die bekannteste, verfügt über eine sagenhafte Akustik.

AUTORENTIPP!

SURTSEY: SPANNENDES EXPERIMENT

Auf Surtsey lässt sich beobachten, wie Lebewesen Neuland erobern. Noch während der Eruption stellte man die Insel im Mai 1965 unter Naturschutz und errichtete eine Schutzhütte mit Forschungslabors. Im Juni 1965 siedelte mit Meersenf (*Cakile arctica*) die erste Gefäßpflanze auf Surtsey, zehn Jahre später waren 18 Arten höherer Pflanzen registriert. 1970 schlüpften die ersten zwei Grylleisten und ein Eissturmvogel. Inzwischen wurden 15 Brutvogelarten und Dutzende von Zugvogelarten gesichtet. Die Forscher dokumentierten 70 Arten höherer Pflanzen und über 300 Arten Insekten und anderer Kleinstlebewesen. In den Gewässern tummeln sich Seehunde und Wale. Seit 2008 gehört Surtsey zum UNESCO-Welterbe.
Im »Surtsey-Besucherzentrum« veranschaulicht ein digitales Inselmodell die Besiedlungsgeschichte, ergänzt von Fotografien, Karten, Grafiken, Gesteinsproben und ausgestopften Vögeln.

Surtseyjarstofa. 16. Mai–15. Sept. tgl. 11–17 Uhr, Eintritt 1000 ISK, Heiðarvegur 1, 900 Vestmannaeyjar, Tel. 591 20 00, www.surtsey.is

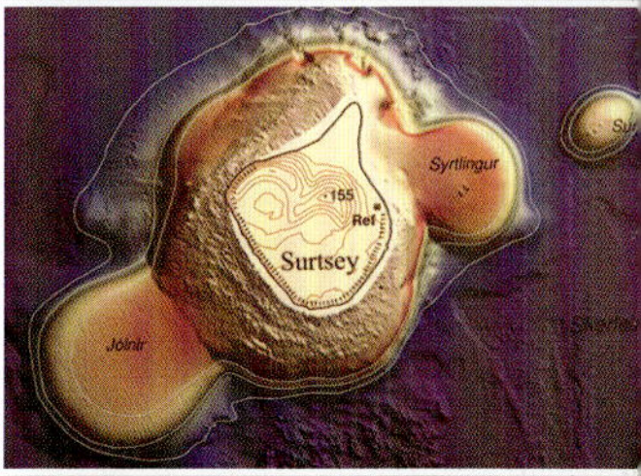

Infos und Adressen

ANREISE

Herjólfur. Die Fähre verkehrt 4- bis 5-mal tgl. zwischen Landeyjahöfn und Vestmannaeyjar (Fahrzeit 35 Min.). Bei ungünstigen Bedingungen wird von bzw. nach Þorlákshöfn gefahren (2 Std. 45 Min.). Tel. 481 28 00, www.herjolfur.is

Eagle Air. Zwei Flüge tgl. von bzw. nach Reykjavík (Flugzeit 20 Min.), Tel. 562 26 40, www.eagleair.is

SEHENSWÜRDIGKEITEN

Sagnheimar – Folk Museum. Hier kann man Augenzeugenberichte zum Vulkanausbruch von 1973 hören. Auch der dramatische Türkenüberfall (1627), der ewige Kampf der Fischer mit den Elementen und Traditionen wie Seilschwingen sind

Lavagarten von Erlendur und Guðfinna.

Themen. 16. Mai–15. Sept. tgl. 11–17 Uhr, übriges Jahr Sa 13–16 Uhr, Eintritt 1000 ISK, im Safnahús, Ráðhúströð, 900 Vestmannaeyjar, Tel. 488 20 45, www.sagnheimar.is

Volcanic Film Show. Der Dokumentarfilm *Days of Destruction*, gedreht während der Eruption, illustriert das Ausmaß der Zerstörung, der Streifen *Mi-*

Statuen schmücken den Lavagarten Gaujalundur.

racles die Aufräumarbeiten und den Wiederaufbau. Beide Filme dauern eine Stunde. 15. Mai–15. Sept. 1- bis 2-mal tgl., Eintritt 800 ISK, Faxastígur 33, 900 Vestmannaeyjar, Tel. 481 10 45, tourist.eyjar.is

Pompei Norðursins. Die Grabungsstelle ist frei zugänglich. Zugang ab Helgafellsbraut, 100 m hinter der Abzweigung zur Gerðisbraut, www.pompeinordursins.is

ESSEN UND TRINKEN

Slippurinn. In der ehemaligen Werkstatt der »Werft« zaubert Chefkoch Gísli traditionelle Gerichte, vor allem Fisch, der direkt vor die Tür geliefert wird. 20. Mai–20. Sept. Mo–Fr 17.30–24 Uhr, Sa, So 12–24 Uhr (Küche bis 22.30 Uhr), Strandvegur 76, 900 Vestmannaeyjar, Tel. 481 15 15.

Einsi Kaldi. Alles, was in den Gewässern rund um die Westmänner-Inseln schwimmt, taucht oder kriecht, kommt hier – mit einem Umweg über die Töpfe und Pfannen von Einar Björn Árnason – früher oder später als Delikatesse auf den Tisch. April–Sept. tgl. 17–24 Uhr, Okt.–März tgl. 11–23 Uhr, im Hótel Vestmannaeyjar, Vestmannabraut 28, 900 Vestmannaeyjar, Tel. 481 14 15, www.einsikaldi.is

ÜBERNACHTEN

Hótel Vestmannaeyjar*.** Das renovierte Hotel punktet mit einer zentralen Lage, hellen und kom-

Ausbruch des Eldfell, Heimatmuseum Sagnheimar

fortablen Zimmern und einem Spa-Bereich mit Sauna und Hot Pots. Vestmannabraut 28, 900 Vestmannaeyjar, Tel. 481 29 00, www.hotelvestmannaeyjar.is

Guesthouse Hamar. Familiengeführtes Gästehaus mit 14 geräumigen Zimmern. Herjólfsgata 4, 900 Vestmannaeyjar, Tel. 481 34 00, www.guesthousehamar.com

AKTIVITÄTEN

Viking Tours. Inselrundfahrt tgl. 11 und 15.30 Uhr, Dauer 90 Min, 4900 ISK/Pers., Tangagata 7, 900 Vestmannaeyjar, Tel. 488 48 84, www.vikingtours.is

Ribsafari. Bietet Schnellboottouren an, u. a. nach Surtsey (kein Landgang). Tel. 661 18 10, www.ribsafari.is

LITERATUR

Das Glühende Grab. Island-Krimi, basierend auf den Ausgrabungen des »Pompeji des Nordens«. Von Yrsa Sigurðardóttir.

INFORMATION

Vestmannaeyjar Tourist Information. Bárustígur 2, 900 Vestmannaeyjar, Tel. 488 25 55, www.visitwestmanislands.com

Bei Kaplagjóta sind im Basalt die Umrisse eines Elefanten erkennbar.

13 Hekla
Launische Diva

Hekla, die »Kapuze«, benannt nach der weißen Wolke, die den Gipfel oft verhüllt, ist der bekannteste Vulkan Islands – und einer der aktivsten. Seit der Besiedlung brach er mindestens 20 Mal aus, zuletzt im Winter 2000. Bis ins 17. Jahrhundert bezeichnete man die Hekla in Europa als »Tor zur Hölle«, aus dem das Jammern und Klagen der gepeinigten Seelen drang.

Bedrohlich erhebt sich der 1491 m hohe Vulkan über dem südwestlichen Tiefland. Von Weitem sieht die schneebedeckte Hekla aus wie ein klassischer Stratovulkan. Doch hat sie statt eines Kraters eine 5 km lange Ausbruchsspalte, die Heklug-

Oben: Die Hekla gehört zu den aktivsten und auch gefährlichsten Feuerbergen der Insel.
Unten: Die Blüten des Aufgeblasenen Leimkrauts bringen Farbe in die Wüste.

MAL EHRLICH

ISLÄNDISCH ROULETTE

Der Aufstieg auf die Hekla ist technisch einfach, der Gipfelausblick phänomenal. In den vergangenen Jahren hat sich der Vulkan zu einem beliebten Wanderziel gemausert, aber das ist nicht ganz unproblematisch. Das letzte Mal brach er im Winter 2000 aus. Seitdem hat sich der Berg nach Satellitenmessungen um 5 mm pro Jahr gehoben. Aufgrund »unregelmäßiger Bewegungen« rechnete man schon im Mai 2011 mit einer Eruption. Natürlich wird die Hekla, wie andere aktive Vulkane, ständig überwacht, doch kündigt sich ein bevorstehender Ausbruch nicht durch klassische Signale wie Erdbeben oder eine erhöhte Solfatarentätigkeit an: Die Hekla geht einfach hoch. Im Ernstfall beträgt die Vorwarnzeit nicht einmal eine Stunde, zu wenig für eine eventuelle Evakuierung. Vom Aufstieg kann deshalb nur ausdrücklich abgeraten werden!

já, die immer wieder aufreißt. Das Ergebnis ist statt eines Kegels ein lang gezogener Rücken.

Allein seit Islands Besiedlung gehen mehr als 20 Eruptionen auf das Konto des über 6600 Jahre alten Dauerbrenners. Bei den heftigsten Ausbrüchen wurden große Teile des Landes von Asche bedeckt, doch am verheerendsten waren die Auswirkungen am Fuß des Vulkans, wo Höfe und Felder zerstört wurden, während das Vieh an Fluorvergiftung starb.

Ruinen verschütteter Höfe

Zwischen einzelnen Ausbrüchen lagen oft lange trügerische Ruhephasen, aus denen der Vulkan wie eine launische Diva unvermittelt aufwachte, so auch im Jahr 1104. Beim schwersten Ausbruch der Hekla in historischen Zeiten wurden mehr als 2,5 km^3 Tephra ausgestoßen. Ascheregen zerstörten allein im oberen Þjórsárdalur mindestens 20 Höfe. Die Ruinen, 1939 bei Ausgrabungen freigelegt, vermitteln einen guten Eindruck von der Bauweise im Zeitalter des isländischen Freistaats.

Eine der Ausgrabungsstätten ist zu besichtigen. Eine holprige Schotterstraße führt von der Straße 32 zum Gehöft Stöng, wo die Grundmauern eines Langhauses, einer Schmiede und eines Kuhstalls aufgedeckt wurden. Spätere Ausgrabungen (1992–1993) brachten die Fundamente einer Kirche ans Tageslicht. Der Hof war eine stattliche zweigeteilte Anlage, insgesamt 30 m lang. Der Hauptraum, eine große Halle (*eldaskáli*) mit zentraler Feuerstelle und Bänken an den Wänden, diente als Arbeits- und Schlafraum, der angrenzende Wohnraum (*stofa*) wurde von Frauen für Arbeiten wie Spinnen und Nähen genutzt. Schmale Gänge führen zu zwei abgetrennten Nebenräumen, die als Latrine (*kamar*) bzw. Vorratsraum und Milchkammer (*búr*) fungierten.

Infos und Adressen

SEHENSWÜRDIGKEITEN

Þjóðveldisbærinn. Juni–Aug. tgl. 10–18 Uhr, Eintritt 600 ISK, Þjórsárdalur, 851 Hella, Tel. 488 77 13, www.thjodveldisbaer.is

ÜBERNACHTEN

Leirubakki. Valgerður und Anders bieten Hotelzimmer, Schlafsackunterkünfte und einen Zeltplatz an. Vom Restaurant schaut man auf die Hekla. Schöner Hot Pot. April–Okt. tgl. 10–21 Uhr, An der Straße 26, 851 Hella, Tel. 487 87 00, www.leirubakki.is

Hotel Rangá**.** Luxushotel im kanadischen Stil mit 51 komfortablen Zimmern. Um ein Zimmer mit Blick auf den Lachsfluss Eystri-Rangá bitten! Das Restaurant serviert u. a. Lachs und Lamm, alles mit mediterranem Touch. Restaurant April–Sept. tgl. 12–15 und 18.30–22 Uhr, Okt.–März So–Do 12–15 und 18.30–21 Uhr, Fr, Sa 12–15 und 18.30–22 Uhr, zwischen Hella und Hvolsvöllur, 851 Hella, Tel. 487 57 00, www.hotelranga.is

Árhús. Einfache Hütten am Ufer des Flusses Ytri-Rangá, die größeren (6 Pers.) mit Küche, Dusche und WC. Im Café gibt es Snacks, aber auch Pferdesteak, Lammfilet und *plokkfiskur* (Fischpüree). Juni–Sept. tgl. 11–22 Uhr, 15. April–Mai, Okt., Nov. tgl. 12–21 Uhr, 15. März–14. April Mo–Do 18–21 Uhr, Fr–So 12–21 Uhr, übriges Jahr tgl. 18–21 Uhr, Rangárbakkar 6, 850 Hella, Tel. 487 55 77, www.arhus.is

INFORMATION

Hekluseter. Multimediales Besucherzentrum. Tgl. 10–21 Uhr, Eintritt 700 ISK, Leirubakki, 851 Hella, Tel. 487 87 00, www.leirubakki.is

Vom Gipfel des Bláhnúkur eröffnet sich eine traumhafte Aussicht über das Schluchtengewirr rund um Landmannalaugar.

14 Landmannalaugar

Zauberhafte Rhyolithberge

Jahrhundertelang mieden Schaftreiber das enge Schluchtengewirr rund um Landmannalaugar, weil dort Geächtete vermutet wurden. Heute gehört die Hochlandoase zwischen den farbenprächtigen Rhyolithbergen und dem dunklen Obsidianlavafeld Laugahraun zu den absoluten Top-Zielen für Wanderer und Naturliebhaber. Entspannung findet man im herrlichen Naturpool am Rand der Lava.

Der Name Landmannalaugar, der übersetzt »die warmen Quellen der Männer von Landsveit« bedeutet, bezeichnet die Quellen, in denen sich einst die Bauern aus der Region Landsveit von den Strapazen beim Schafabtrieb erholten. In den Heißwasserquellen brauten sie auch ihren *lauga-*

MAL EHRLICH

DAS KLEINGEDRUCKTE IM VERTRAG

Wer ein Mietauto leiht, sollte bedenken: Auf Hochlandstraßen dürfen nur Geländewagen fahren. Für Pkw mit Front- oder Heckantrieb (2wd) oder Allradantrieb (4wd) sind sämtliche F-Straßen und sogar die Kjölur-Route tabu. Wer dennoch mit einem Pkw ins Hochland aufbricht, begeht Vertragsbruch. Die Folgen: Der Versicherungsschutz erlischt, der Fahrer haftet für sämtliche Schäden am Fahrzeug und hat mit einer saftigen Geldstrafe zu rechnen! Lesen Sie also auf jeden Fall das Kleingedruckte im Mietvertrag und erkundigen Sie sich im Zweifelsfall, ob die anvisierte Route mit dem Mietfahrzeug befahren werden darf. Alles andere macht keinen Sinn, denn das Mietwagenunternehmen kann das Fahrzeug dank des eingebauten GPS-Moduls leicht orten.

kaffi (»Heiße-Quellen-Kaffee«). Dieser wurde damals in einem Krug mit Wasser direkt aus den Quellen zubereitet und galt als höchst delikater Trunk, dem sogar heilsame Wirkungen nachgesagt wurden.

Nur mit Geländewagen

Statt Schaftreibern durchstreifen heute im Sommer über 20 000 Touristen das Gebiet, das auf drei Wegen erreichbar ist. Die landschaftlich reizvolle Piste F225 (Landmannaleið) führt von Westen am Vulkan Hekla (s. S. 100) vorbei nach Landmannalaugar. Spektakulär ist auch die von vielen Furten durchzogene F208 (Fjallabaksleið nyrðri), die von Süden kommt. Beide Pisten sind nur mit Geländewagen befahrbar (im Sommer fahren auch Busse). Nur die ruppige, von Norden kommende F208 erfordert keinen Allradantrieb. In Landmannalaugar kommt man dann bis zum Parkplatz vor der Furt durch die Námskvísl. Für Wanderungen auf dem Laugavegur (s. S. 108), der in Landmannalaugar beginnt oder endet, empfiehlt es sich, mit dem Bus an- und abzureisen.

Aus welcher Richtung man auch kommt, stets sieht man die farbenprächtigen Rhyolithberge, die wie glitzernde Edelsteine aus der düsteren Umgebung hervorstechen. Rhyolith oder Liparit ist ein kieselsäurehaltiges, rötliches, gelbbräunliches oder grünliches Ergussgestein, das die Berge je nach Sonnenstand und Luftfeuchtigkeit in schillernden Farben aufleuchten lässt. Die hellen Rhyolithlaven entstammen dem Torfajökull-Vulkansystem, während die jüngeren Basalt- und Obsidianlavaströme dem System der Bárðarbunga zuzuordnen sind. Der letzte Vulkanausbruch in der Region ereignete sich um das Jahr 1480. Damals entstanden die zähflüssigen, hoch aufgetürmten Obsidianlavaströme Laugahraun und Námshraun, das dünn-

AUTORENTIPP!

HELLISMANNALEIÐ: TREKKING IM SCHATTEN DER HEKLA

Der dreitägige markierte Trek (55 km) von Landmannalaugar nach Rjúpnavellir ist eine echte Alternative zum stark frequentierten Laugavegur. Die erste Etappe (16,5 km, 5–7 Std.) führt von Landmannalaugar über den Höhenzug Uppgönguhryggur nach Landmannahellir. Die dortige Höhle diente einst den Bauern beim Schafabtrieb als Quartier, daher der Name »Höhle der Männer von Landsveit«. Beim zweiten Abschnitt (17,5 km, 5–7 Std.) erkundet man das Lavafeld Lambafitjahraun (1913) und den Graben Valagjá. Unterwegs wird die Helliskvísl (Watschuhe!) durchwatet. Das Tagesziel, Áfangagil, liegt nördlich der Hekla. Die dritte Etappe (21 km, 5–7 Std.) am Lavafeld Skjólkvíahraun (1970) entlang bietet herrliche Ausblicke auf die Hekla. Das Ziel, Rjúpnavellir, liegt auf der anderen Seite des Flusses Ytri-Rangá.

Landmannahellir. Drei Hütten für 16–24 Pers., vier für 4–8 Pers., Zeltplatz. Tel. 893 84 07, www.landmannahellir.is

Áfangagil. Hütte mit 25 Schlafplätzen. Tel. 845 95 00, info@afangagil.org

Rjúpnavellir. Zwei Hütten mit 44 Schlafplätzen westlich der Hekla. An der Straße 26, Tel. 892 04 09, www.rjupnavellir.123.is

Hot Pot am Fuß der Lava.

Oben: Die farbenfrohe Kuppe der Brennisteinsalda ist das Wahrzeichen von Landmannalaugar.
Unten: Für die Besteigung des Bláhnúkur ist Trittsicherheit erforderlich.

flüssige Basaltlavafeld Norðurnámshraun und das Maar Ljótipollur.

Auf der Flucht vor der Pest

Um Landmannalaugar ranken sich viele Legenden, in denen Geächtete eine Hauptrolle spielen. Sie fanden ihren Ursprung im 15. Jahrhundert, als Island letztmals von der Pest geplagt wurde. Ein Beispiel ist die Geschichte eines reichen Bauern aus Klofi, namens Torfi Jónsson. Als der Schwarze Tod 1493 Südisland erneut heimsuchte, floh er mit seinem Gesinde nach Landmannalaugar. Auf der Suche nach einer neuen Bleibe zog er sich immer tiefer in die Schlucht Jökulgil zurück, bis er am Fuß des Gletschers Torfajökull auf dichten Wald und fruchtbares Weideland stieß. Nach dem Ende der Seuche kehrte Torfi zu seinem Hof zurück, während ein Teil des Gesindes in der Schlucht zurückblieb und nie wieder gesehen wurde. Als jedoch in den folgenden Jahren beim Schafabtrieb immer wieder etliche Schafe fehlten, kam der Verdacht auf, dass Geächtete in der Schlucht ihr Unwesen trieben. Das Gerücht nährten auch Reiter, die in der Wüste südlich des Gletschers bei Nordwind ab und zu den Geruch von brennendem Holz wahrnahmen, der eindeutig aus der Jökulgil-Schlucht kam … Wer's nicht glaubt, schaut einfach selbst in die Schlucht, etwa vom Gipfel des Bláhnúkur (»Blauer Berg«)!

Neun Gletscher im Blick

Zwischen den goldenen Rhyolithbergen springt der »Hausberg« von Landmannalaugar aufgrund seiner dunklen Farbe sofort ins Auge. Für den »Gipfelsturm« läuft man von der Hütte an der Lavakante entlang zur Schlucht Grænagil und quert den Bach, der aus der Schlucht austritt. 100 m weiter beginnt ein Trampelpfad, der zunächst mä-

Wanderungen zum Bláhnúkur und Ljótipollur

Die Kurztour zum Aussichtsgipfel Bláhnúkur (6 km, 3 Std.) setzt Kondition und Trittsicherheit voraus; der Höhenunterschied beträgt 360 m. Die Rundtour zum Maar Ljótipollur (16 km, 5 Std.) ist länger, aber einfacher. Hier sind 200 Höhenmeter zu bewältigen.

Ausrüstung: Regenjacke und -hose, feste Wanderschuhe, Wanderstöcke und Watschuhe (*Bláhnúkur*), Proviant und Trinkflasche.

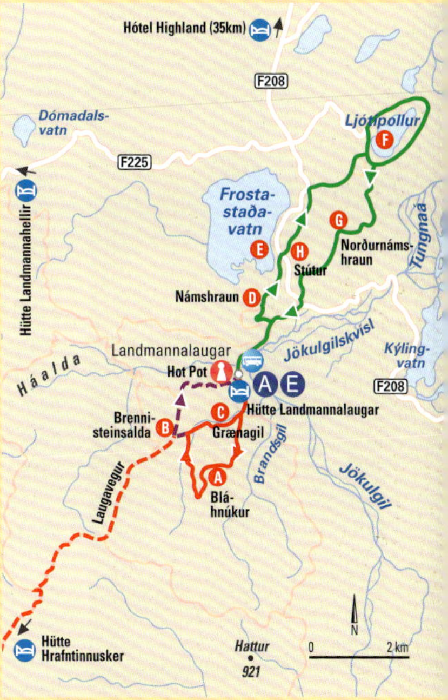

A Bláhnúkur – Der »Blaue Berg« entstand vor 10 000 bis 65 000 Jahren durch subglazialen Vulkanismus und besteht vor allem aus Pechstein, einem Rhyolithgestein. Auf dem Gipfel steht eine Orientierungstafel.

B Brennisteinsalda– Der farbenprächtige Rhyolithberg (855 m) ist das Wahrzeichen von Landmannalaugar. Aus seiner Flanke brach um das Jahr 1480 der Obsidianlavastrom Laugahraun hervor.

C Grænagil – Die »Grüne Schlucht« verdankt ihren Namen dem grünlich verwitterten Rhyolithgestein am Eingang der Schlucht.

D Námshraun – Der kurze, dicke Obsidianlavastrom quoll um 1480 aus einer Spalte hervor. Ein Teil der Lava floss nach Osten ins Tal der Jökulgilskvísl, ein Teil nach Westen in den See Frostastaðavatn.

E Frostastaðavatn – Der 2,3 km² große See wurde von drei Lavaströmen aufgestaut, die den Ausfluss blockierten. Angler ziehen Stichlinge und Saiblinge aus dem See.

Der bunteste Berg Islands: Brennisteinsalda

F Ljótipollur – Das längliche Maar entstand um 1480 bei einer Explosion entlang der Veiðivötn-Spalte. Im 14 m tiefen See kann man gut Forellen angeln.

G Norðurnámshraun – Der flache Lavastrom (2,7 km²), bestehend aus einer Mischung von Basalt und Andesit, trat um 1480 aus einer 600 m langen Spalte aus.

H Stútur – Der schöne Schlackenkegel markiert den Hauptkrater, aus der das Lavafeld Norðurnámshraun gefördert wurde. Man hat ihn leider mittlerweile aus Gründen des Naturschutzes für Wanderer gesperrt.

AUTORENTIPP!

ELDGJÁ, DIE GRÖSSTE ERUPTIONSSPALTE DER WELT

Von oben wirkt sie, als habe ein Riese mit dem Schwert eine tiefe Kerbe in die grün-schwarze Hügellandschaft gehauen. Tatsächlich ist die Eldgjá, die »Feuerschlucht«, die größte Eruptionsspalte der Erde. Sie entstand bei einem explosiven Vulkanausbruch und erstreckt sich 30 km lang vom Mýrdalsjökull im Südwesten bis zum Berg Gjátindur im Nordosten. Möglicherweise setzt sie sich unter dem Vatnajökull fort.
1893 entdeckte Þorvaldur Thoroddsen sie. Nachdem er das *Landnámabók* (»Landnahmebuch«) gelesen hatte, nahm er einen Vulkanausbruch um 940 an. Eine Untersuchung von Vulkanasche in grönländischen Eiskernen datierte den Ausbruch später auf das Jahr 934.
Die Lava der Eldgjá bedeckt 800 km², wurde aber später weitgehend von der Lava des Laki-Ausbruchs (s. S. 131) überlagert.
Das Kernstück der Eldgjá, 8 km lang, bis zu 600 m breit und 140 m tief, ist per Jeep oder Bus über die Piste F208 zu erreichen. Empfehlenswert ist ein Spaziergang vom Parkplatz zum Wasserfall Ófærufoss, der sich in zwei Stufen in die Schlucht stürzt.

ßig steil über den Grat und dann im Zickzack zum Gipfel (940 m) führt. Er bietet eine großartige Aussicht über die bunten Rhyolithberge. Bei gutem Wetter sind neun Gletscher erkennbar, darunter Torfajökull (im Süden), Langjökull und Hofsjökull (im Norden) und sogar Vatnajökull mit dem 115 km (!) entfernten Gletschervulkan Öræfajökull (im Osten).

Der Abstieg erfolgt über einen deutlichen Trampelpfad am Westhang. Dieser fällt steil in die Schlucht Grænagil ab, deren Ausfluss, je nach Wasserstand, mit einem Sprung überwunden oder durchwatet wird. Zurück zur Hütte geht es auf einem markierten Weg durch die Schlucht Grænagil oder alternativ (etwas länger) über das Lavafeld Laugahraun.

Behaarte Fische

Ein weiteres reizvolles Ziel ist das Maar Ljótipollur. Von der Brücke beim Zeltplatz aus folgt man der Straße und biegt am Schild »Frostastaðavatn« links auf einen blau markierten Pfad ab, der den Osthang des Suðurnámur hochführt. Oben schaut man auf den mysteriösen See Frostastaðavatn hinunter, der nach dem längst verschwundenen Hof Frostastaðir benannt worden war. Dessen Bewohner kamen der Legende nach ums Leben, weil sie verzauberte behaarte Forellen aus dem See verspeisten. Man steigt zur Straße hinab, verlässt diese bald wieder und folgt dem Pfad. Es geht an dem formschönen Schlackenkegel Stútur vobei, dann westlich um Norðurnámur und zum Schluss direkt auf Ljótipollur (»Hässlicher Teich«) zu. Der trotz der Ewartungen, die sein Name weckt, schöne Explosionskrater kann auch umrundet werden. Zurück geht es östlich um Norðurnámur herum und dann quer über das leicht begehbare Lavafeld Norðurnámshraun.

Infos und Adressen

ANREISE

Reykjavík Excursions. Saisonale Busverbindungen mit Reykjavík (1-mal tgl.), Anfang Juni–Mitte Sept; Skaftafell (1-mal tgl.), Mitte Juni–Mitte Sept.; Mývatn (3-mal/Woche), Juli–Aug., Tel. 580 54 00, www.re.is

ÜBERNACHTEN

Landmannalaugar. Die Hütte bietet 75 Schlafplätze und eine Küche. Sanitäranlagen und Duschen im Nebengebäude ohne Stromanschluss (Taschenlampe!). Spartanischer Zeltplatz mit steinigem Untergrund. Juni (je nach Schneeschmelze)–Okt., Ferðafélag Íslands (FÍ), Mörkin 6, 108 Reykjavík, Tel. 568 25 33, 860 33 35 (in der Saison), www.fi.is

Hótel Highland*.** Neue Anlage im Hochland. Die Nähe zu Landmannalaugar (35 km) zahlt man mit. Gourmetrestaurant. Mai–Sept., An der Straße 26, 851 Hekla, Tel. 487 77 82, www.hotelhighland.is

Leirubakki. Bei Valgerður und Anders übernachtet man im Hotelzimmer, im Schlafsack oder auf dem Zeltplatz.

Der Hot Pot von Landmannalaugar wird von heißen Quellen unter der Lava gespeist.

Fjallafang, der mobile Tante-Emma-Laden von Landmannalaugar

AKTIVITÄTEN

Hot Pot. Der »schönste Hot Pot Islands« liegt am Fuß des Laugahraun, 100 m von der Hütte entfernt. Die Wassertemperatur hängt davon ab, wie stark das Heiß- mit Grundwasser vermischt wird: Nach langem Regen ist es kühler, im Winter heißer, da nur wenig Kaltwasser in den Pool gelangt.

EINKAUFEN

Fjallafang. Der alte Schulbus auf dem Zeltplatz beherbergt Islands urigsten Krämerladen. Das Angebot reicht von Tütensuppen und Frischobst bis zu Trockenfisch und fangfrischem Saibling (auf Bestellung). Ein zweiter Bus fungiert als Café. Juli–Aug. tgl. 11.30–20 Uhr, www.landmannalaugar.info

INFORMATION

Wanderkarte. Landmannalaugar: Map of hiking trails and placenames, Maßstab 1:25 000. Erhältlich bei FÍ, 1100 ISK

Über weite Strecken führt der Laugavegur durch eine Urlandschaft wie im Film *Herr der Ringe*.

15 Laugavegur

Trekkingtour der Superlative

Der Laugavegur, der »Weg zu den heißen Quellen«, ist der mit Abstand beliebteste Wanderweg Islands. Bunte Rhyolithberge, heiße Quellen, skurrile Palagonitkegel, tiefe Schluchten, dunkle Wüsten, glitzernde Eiskappen – entlang der 55 km langen Strecke erlebt man die landschaftliche Vielfalt der Vulkaninsel. Für viele ist die Viertagestour von Landmannalaugar nach Þórsmörk der schönste Trek überhaupt.

Bis zur Eröffnung des Laugavegur im Jahr 1978 verschlug es nur wenige Wanderer ins südisländische Hochland. Heute verzaubert er jeden Sommer zwischen 6000 und 8000 Menschen mit seiner herben Schönheit. Markierte Wege und zahlreiche Hütten erleichtern das Naturerlebnis. Brücken führen über größere Gletscherflüsse, kleinere müssen durchwatet werden. Eine passable körperliche Verfassung und adäquate Ausrüstung

MAL EHRLICH

WEG DER EXTREME

Der Laugavegur gilt bei Idealwetter als Traumweg, bei ungünstiger Witterung lauern jedoch zum Teil erhebliche Gefahren. Harmlose Bäche verwandeln sich bei starkem Regen bzw. bei warmem Wetter in reißende Ströme (Gletscherflüsse) und können im Extremfall sogar unpassierbar werden. Auf den rauen Höhen bei Hrafntinnusker erschwert oft Nebel die Orientierung, auch Schneefall ist dort jederzeit möglich. Am meisten unterschätzt wird die »unsichtbare« Gefahr, das Risiko von Unterkühlung durch die Kombination von Kälte, Nässe und Wind infolge inadäquater Ausrüstung.

sind Voraussetzung. Aus Sicherheitsgründen sind Wanderer verpflichtet, sich vor der Wanderung bei den Hüttenwirten einzutragen, unter Angabe von Reiseziel und Route, geplanten Übernachtungsorten und Zeitplan. Aus dem gleichen Grund sollte man unterwegs in die Gästebücher der Hütten schreiben und sich am Ende der Tour in der letzten Hütte wieder abmelden.

Die Gehrichtung ist Geschmackssache. Die einen empfinden den Anblick der bunten Rhyolithberge und das Bad im natürlichen Hot Pot in Landmannalaugar als krönenden Abschluss, andere schätzen den Vorteil eines Netto-Höhenverlusts von 350 m beim Start in Landmannalaugar. Beliebt ist auch eine Verlängerung der Tour von Þórsmörk über Fimmvörðuháls (s. S. 118) nach Skógar an der Südküste.

Versteinerter Drache

Die Auftaktetappe führt fast ständig bergauf und ist auch die schwerste. In höheren Lagen kann die Orientierung bei Nebel oder Unwetter problematisch sein. Erkundigen Sie sich ggf. beim Hüttenwirt in Landmannalaugar (bzw. Álftavatn beim Start in Þórsmörk), ob ein Aufstieg nach Hrafntinnusker ratsam ist!

Von Landmannalaugar (580 m) schlängeln sich die gelbroten Pflöcke zunächst über das Lavafeld Laugahraun zu den Solfataren am Fuß der Brennisteinsalda. Oberhalb der fauchenden Dampfquellen lässt sich noch erkennen, wie die zähflüssige Obsidianlava (vulkanisches Glas) beim Ausbruch um 1480 förmlich aus den Kratern herausgepresst wurde. Rückblickend ergibt sich eine herrliche Aussicht auf die zackige Obsidianlava, deren Oberfläche an einen riesigen versteinerten Drachen erinnert.

AUTORENTIPP!

PROVIANT PER BUS VERSCHICKEN

Die neue Busverbindung zwischen Reykjavík und Álftavatn/Hvanngil bietet Vorteile für Wanderer, die Gewicht sparen möchten. Vom BSÍ-Terminal in Reykjavík kann man schnell und kostengünstig Pakete (Proviant) per Bus zu der FÍ-Hütte in Álftavatn oder Hvanngil vorausschicken. Auf dem Paket sollte auf jeden Fall deutlich der Name der Hütte und des Empfängers stehen. Beim Einchecken kann man das Paket dann beim Hüttenwirt abholen. Diese Möglichkeit bietet sich auch für Wanderer an, die anschließend über Fimmvörðuháls nach Skógar an der Südküste weiterlaufen wollen. In diesem Fall schickt man Pakete am besten zum Þórsmörk Mountain Hostel in Húsadalur (Endstation der Buslinie Reykjavík–Þórsmörk).

Reykjavík Excursions. BSÍ-Terminal, 101 Reykjavík, Tel. 580 54 00, www.re.is

AUTORENTIPP!

ÍSHELLIR: ABSTECHER ZU DEN EISHÖHLEN

Bis Mitte des 20. Jahrhunderts war ein Großteil der Region um Hrafntinnusker vom Eis des Torfajökull bedeckt. In den vergangenen Jahrzehnten schrumpfte die Eiskappe jedoch stark. Kleine lokale Eisfelder erinnern an die frühere Ausdehnung des Gletschers. Eins befindet sich am Westhang des Hrafntinnusker, wo heiße Quellen die Íshellir (Eishöhlen) entstehen ließen.

Pflöcke markieren den Weg zu den Eishöhlen (2 Std. hin und zurück). Ein Trampelpfad führt von der Hütte nach Westen auf die mit Obsidian übersäte Kuppe des Hrafntinnusker (1128 m). Der große Steinmann auf dem Gipfelplateau gibt Orientierung für den Rückweg. Dann folgt der Abstieg zu den Eishöhlen, über schwarzen Sand und zum Schluss über ein steil abfallendes (im Spätsommer oft vereistes) Altschneefeld. Darunter warnt ein gelbes Hinweisschild vor den Gefahren beim Betreten der Eishöhlen. Ein Großteil ist 2008 eingestürzt. Gehen Sie auf keinen Fall hinein! Es besteht Lebensgefahr, da jederzeit Eisblöcke aus der Decke brechen können. Eine Wegbeschreibung und Infos sind beim Hüttenwirt erhältlich.

Hinter Stórihver, einer laut wummernden, ergiebigen heißen Quelle, geht es stetig bergan bis zum Pass am Fuß des Hrafntinnusker. Ausgedehnte Altschneeflächen erschweren den Aufstieg oft bis tief in den Sommer hinein. Von der Passhöhe (1110 m) erkennt man schon die gleichnamige Hütte (1027 m).

Berge wie von Kinderhand gemalt

Auf der zweiten Etappe genießt man zunächst weiterhin die farbenprächigen Rhyolithberge. Nach 2 1/2 Std. ist der Rand des Rhyolithplateaus erreicht, und es folgt ein abrupter Szenenwechsel. Anstelle der bunten Rhyolithberge breitet sich in der Tiefe eine schwarze Wüste aus, gerahmt von riesigen Gletschern und zackigen Palagonitbergen, die aussehen, wie von einem Kind gemalt.

Nach einem steilen Abstieg über die Jökultungur kann man beim Grashagakvísl erste Erfahrungen mit dem Durchwaten von Gletscherbächen sammeln. Zum Schluss geht es über sanft gewellte Moos- und Grashänge weiter bis zur Hütte in Álftavatn (540 m), am Ufer des gleichnamigen Bergsees gelegen.

Herr der Ringe

Der dritte Abschnitt ist lang, aber einfach, der Höhenunterschied gering. Unterwegs müssen zwei Bäche durchwatet werden. Die flache Bratthálskvísl ist rasch überquert, der knietiefe Gletscherfluss Bláfjallakvísl ist aber reißend und vor allem eiskalt. Auf halber Strecke zwischen beiden Flüssen bietet die Hütte in Hvanngil (»Engelwurzschlucht«) eine gemütliche Übernachtungsalternative zu der stärker frequentierten Hütte in Álftavatn. Die Umgebung mit ihren skurril ge-

Trekking auf dem Laugavegur

Rhyolithberge, heiße Quellen, Wüsten, Gletscher, Schluchten und Wälder – abwechslungsreicher könnte der viertägige Trek von Landmannalaugar nach Þórsmörk nicht sein!

Etappen: Landmannalaugar–Hrafntinnusker: 11 km, 5 Std., Hrafntinnusker–Álftavatn: 11,5 km, 4,5 Std., Álftavatn–Emstrur: 16 km, 5 Std., Emstrur–Þórsmörk: 14,5 km, 5 Std.

Beste Zeit: Mitte Juni–Mitte Sept.

Ausrüstung: Feste Wanderschuhe, Regenjacke und -hose, warme Kleidung, Schlafsack, Karte und Kompass/GPS, Wasserflasche, ggf. Zelt, Schlafmatte und Kocher. Watschuhe und Wanderstöcke sind zum Durchwaten der Flüsse unentbehrlich!

Verpflegung: Sämtlicher Proviant muss mitgebracht werden. Nur in Landmannalaugar wird etwas Proviant verkauft.

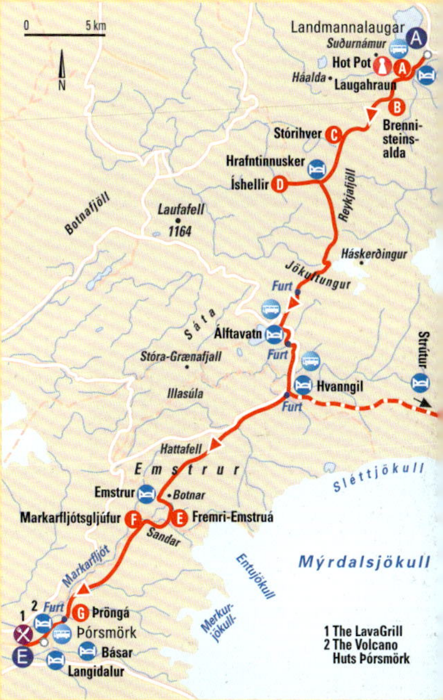

A **Laugahraun** – Das Obsidianlavafeld entstand während der jüngsten Phase vulkanischer Aktivität in Landmannalaugar (ca. 1480).

B **Brennisteinsalda** – Die »Rauchende Schwefelkuppe« (855 m), eine durch einen subglazialen Vulkanausbruch entstandene Rhyolithstaukuppe, ist das Symbol von Landmannalaugar.

Eishöhlen bei Hrafntinnusker

C **Stórihver** – Bei der »Großen Heißen Quelle« schießt kochend heißes Wasser mit Wucht aus einem kreisrunden Loch nach oben.

D **Íshellir** – Die durch heiße Quellen entstandenen Eishöhlen sind durch die Klimaerwärmung stark geschrumpft.

E **Fremri-Emstruá** – Der Bau einer Brücke über den Gletscherfluss machte den Laugavegur begehbar. Die heutige Brücke ist von 1988.

F **Markarfljótsgljúfur** – Die 200 m tiefe »Schlucht des Waldflusses« wurde durch gewaltige Gletscherläufe ausgehobelt.

G **Þröngá** – Die Furt durch den Gletscherfluss, der aus dem Merkurjökull entspringt, ist die Schlüsselstelle des Laugavegur.

Oben: Von Solfataren zersetzte Rhyolithberge bei Hrafntinnusker.
Mitte: Das Durchwaten eiskalter Gletscherflüsse gehört beim Laugavegur einfach dazu.
Unten: Moosbewachsene Palagonitberge bewachen den Zugang zu den Eiszungen des Mýrdalsjökull.

formten Palagonitrücken erinnert an die Landschaft im Film *Herr der Ringe*.

Auch der Abschnitt durch Emstrur fasziniert. Bei Windstille hört man in der »Schwarzen Wüste« absolut nichts, bei Sturm verwandeln riesige Sandwolken die Gegend in ein Inferno. Bänder schwarzer Asche, die sich durch das Eis des nahen Mýrdalsjökull schlängeln, zeugen von Vulkanausbrüchen aus der Vergangenheit. Eine breite Rinne im Sand erinnert an den gewaltigen Gletscherlauf, der sich vor 2000 Jahren bei einer Eruption unter dem Mýrdalsjökull ereignete. Die Katastrophenflut trat aus dem Gletscher Entujökull aus, donnerte nach Norden über die Ebene, teilte sich, hobelte die Schluchten Fauskheiðargil und Hattafellsgil aus und stürzte sich dann in den Canyon Markarfljótsgljúfur. Ein Horrorszenario, das sich jederzeit wiederholen könnte, falls der Gletschervulkan Katla ausbricht. Und der ist längst überfällig …

Der penetrante Schwefelgestank, beim Überqueren der Brücke über den Gletscherfluss Innri-Emstruá deutlich wahrzunehmen, ist ein Indiz für die Solfatarentätigkeit unter dem Mýrdalsjökull. Am Ende der Etappe fällt der Weg plötzlich über eine Steilkante ab und gibt den Blick auf die Eiszungen des Mýrdalsjökull und auf Markarfljótsgljúfur frei: eine gigantische Kulisse für die winzige Hüttensiedlung Emstrur.

Zu den Wäldern Thors

In Emstrur erinnert eine Infotafel an die Risiken eines Ausbruchs des Gletschervulkans Katla, der nach Eruptionen des Nachbarvulkans Eyjafjallajökull häufig ebenfalls hochging. Von den Hütten fällt der Weg steil ab zur imposanten Schlucht der Fremri-Emstruá. Auf beiden Seiten der Brücke, die über den donnernden Gletscherfluss führt, sind zur Sicherung Ketten und Seile angebracht. Nur wenige Kilometer weiter wartet der nächste Höhepunkt: die Einmündung der Fremri-Emstruá in die noch gewaltigere Schlucht Markarfljótsgljúfur (»Schlucht des Waldflusses«). Der spektakulären Aussicht wegen lohnt es sich hier, einen Abstecher vom Weg einzulegen und direkt dem Canyonrand zu folgen.

Markarfljótsgljúfur entstand vermutlich vor 9000 bis 9500 Jahren. Zu der Zeit staute sich Schmelzwasser in einem riesigen See mit dem Namen Emstrulón am Nordrand des Mýrdalsjökull, weil die einzige Abflussmöglichkeit durch den Gletscher Entujökull blockiert war. Durch den Rückzug des Gletschers – oder durch das Anheben der Eismassen – entleerte sich der See in gewaltige Gletscherläufe.

Mit zunehmender Tiefe wird die Landschaft immer grüner. Hinter Kápa lauert jedoch das größte Hindernis des Laugavegur: die Þröngá. Die Furt durch den reißenden Gletscherfluss kann Ungeübten durchaus Schwierigkeiten bereiten! Direkt dahinter kündigen erste Birkenwälder die Oase Þórsmörk (»Thors Wälder«) an. Duftende Blumen, summende Insekten und plätschernde Bäche bilden einen starken Kontrast zur herben Vulkanlandschaft der vergangenen Tage.

1,5 km weiter gabelt sich der Weg. Wer die Wanderung in Húsadalur (bessere Busverbindung) beenden möchte, folgt dem geradeaus (nach Westen) führenden Weg. Wer über Fimmvörðuháls (s. S. 118) nach Skógar an der Südküste weiterlaufen will, wählt den mit gelbroten Pflöcken markierten Pfad, der (nach Süden) über einen kleinen Höhenzug zur 2 km entfernten Hütte in Langidalur führt.

AUTORENTIPP!

STRÚTSSTÍGUR: VULKANISCHE URLANDSCHAFT

Dieser Trek aus drei Etappen führt abseits ausgetretener Pfade durch das südisländische Hochland und schließt bei Hvanngil auf den Laugavegur an. Die Auftaktetappe (7 km) ist ideal zum Einlaufen. Sie führt von Hólaskjól an der Syðri Ófæra entlang und über den Wasserfall Silfurfoss, den »kleinen Gullfoss«, zum See Álftavötn. Höhepunkt des zweiten Abschnitts (20 km) ist die Durchquerung der riesigen Vulkanspalte Eldgjá. Entspannung findet man im Hot Pot Strútslaug, bevor es nach Strútur weitergeht. Die dritte Etappe (18 km) verläuft im Schatten des Mýrdalsjökull und durch die Wüste Mælifellssandur nach Hvanngil.

Hólaskjól Highlandcenter. Hütte mit 73 Schlafplätzen und Zeltplatz mit drei Campinghütten (für je 6 Pers.). Busverbindung. An der F208. Tel. 855 58 12, www.eldgja.is

Álftavötn. Unbewirtete, 2010 eröffnete Hütte (ehemalige Schaftreiberhütte) mit 23 Schlafplätzen. Útivist, Tel. 562 10 00, www.utivist.is

Strútur. Bewirtete Hütte mit 26 Betten. Útivist, Tel. 562 10 00, www.utivist.is

Infos und Adressen

ANREISE

Reykjavík Excursions. Nach Landmannalaugar: Reykjavík (BSÍ)–Landmannalaugar (1-mal tgl.), Anf. Juni–Mitte Sept.; Skaftafell–Landmannalaugar (1-mal tgl.), Mitte Juni–Mitte Sept.; Mývatn–Landmannalaugar (3-mal/Woche), Juli–Aug., Tel. 580 54 00, www.re.is

Nach Þórsmörk: Reykjavík (BSÍ)–Þórsmörk (1–2-mal tgl.). Der Bus hält in Húsadalur, Langidalur und Básar. Anf. Juni–Mitte Sept., www.re.is

Nach Álftavatn und Hvanngil: Reykjavík (BSÍ)–Hvanngil–Emstrur (5-mal/Woche), Juli–Aug., www.re.is

Instabile Eishöhlen dank Klimaerwärmung

ESSEN UND TRINKEN

The LavaGrill Restaurant & Bar. Frühstück, leichtes Lunch- und reichhaltiges Abendbüffet. Mai–Sept. tgl. 7.30–9.30 Uhr, Lunch und 19–21.30 Uhr, Im Húsadalur, Tel. 894 15 06 (Saison) und 552 83 00, www.volcanohuts.com

ÜBERNACHTEN

Entlang der Route stehen in regelmäßigen Abständen einfache Wanderhütten. Übernachtungen besser im Voraus buchen, da die Hütten in der Saison oft überfüllt sind. Sie sind meist von Ende Juni bis Anfang September bewirtschaftet. In der übrigen Zeit muss man sich vorab beim jeweiligen Wanderverein einen Schlüssel besorgen.

Landmannalaugar. Die 1969 eröffnete Hütte liegt am Fuß des Lavafelds Laugahraun. Sie hat 75 Schlafplätze in mehreren Schlafsälen. Im Erdgeschoss gibt es eine Küche mit acht Gaskochplatten und geräumigen Arbeitsflächen, Geschirr und Töpfen. Sanitäranlagen und Duschen liegen in dem 30 m entfernten Nebengebäude ohne Stromanschluss (ab August ist eine Taschenlampe unentbehrlich!). Der Zeltplatz vor der Hütte ist recht spartanisch, der Untergrund sumpfig oder steinig (ehemaliges Flussbett). Hot Pot am Rand der Lava. Juni (abhängig von der Schneeschmelze)–Okt., Ferðafélag Íslands (FÍ), Mörkin 6, 108 Reykjavík, Tel. 568 25 33, 860 33 35 (Saison), www.fi.is

Hrafntinnusker. Die Hütte »Höskuldsskáli«, in der Nähe eines kleinen Solfatarenfelds, kann 52 Leute aufnehmen (Schlafsaal im Erdgeschoss mit 18 Schlafplätzen, Matratzenlager im ersten Stock). Marianne, eine Deutsche, bewirtet die mit Erdwärme beheizte Hütte im Sommer. Die Küche verfügt über Gaskochplatten, Geschirr und fließendes Wasser. Das Trinkwasser stammt aus einer Quelle in der Nähe, die aber nicht sehr ergiebig ist. Daher wird um sparsamen Umgang mit Wasser gebeten! Außerhalb der Saison ist die Wasserzufuhr abgeschaltet und das Trinkwasser muss in der Schlucht westlich der Hütte geholt oder aus geschmolzenem Schnee gewonnen werden. Plumpsklos auf der Rückseite. Zelten ist bei der Hütte erlaubt, der Untergrund ist jedoch sandig oder steinig. Sämtliche Abfälle müssen von den Übernachtungsgästen wieder mitgenommen werden! Ende Juni–Aug., Ferðafélag Íslands (FÍ), Mörkin 6, 108 Reykjavík, Tel. 568 25 33, www.fi.is

Álftavatn. Die aufgrund der Einrichtung oft schmunzelnd als »IKEA-Hütte« bezeichnete Wanderherberge liegt 500 m östlich vom gleichnamigen See. 76 Schlafplätze (2- und 3-Bett-Zimmer im Erdgeschoss, Schlafsaal im ersten Stock), moderne Küche mit Gaskochplatten, Geschirr und fließendem Wasser. Wassertoiletten und Duschen befin-

Wegmarkierung bei Hrafntinnusker

den sich in einem Nebengebäude (Taschenlampe mitnehmen!). Zelten kann man auf dem Rasen bei der Hütte. Mitte Juni–Aug., Ferðafélag Íslands (FÍ), Mörkin 6, 108 Reykjavík, Tel. 568 25 33, www.fi.is

Hvanngil. Gemütliche Hütte mit 70 Schlafplätzen (Schlafsaal mit 40 Betten, Matratzenlager mit 30 Plätzen) und einer Küche mit Gaskochplatten und fließendem Wasser. Toiletten und Duschen sind in einem separaten Gebäude (Taschenlampe mitnehmen!). Gute Zeltplätze auf den windgeschützten Grasflächen im Lavafeld. Mitte Juni–Aug. Ferðafélag Íslands (FÍ), Mörkin 6, 108 Reykjavík, Tel. 568 25 33, www.fi.is

Emstrur. Die drei kleinen Hütten (eine stand früher in Hrafntinnusker, eine weitere bis 2010 in Álftavatn) am Ufer eines idyllischen Bachs wirken wie ein kleines Dorf. Zusammen können sie 60 Personen aufnehmen. Jede Hütte hat eine Küche mit Gaskochplatten und fließendem Wasser. Im Sommer 2010 wurde ein Sanitärgebäude mit Wassertoiletten und Duschen neu eröffnet. Ferðafélag Íslands (FÍ), Mörkin 6, 108 Reykjavík, Tel. 568 25 33, www.fi.is

The Volcano Huts Þórsmörk. Die Anlage im Húsadalur bietet Einzel-/Doppelzimmer, Campinghütten (5 Pers., Kochplatten), Schlafsäle (2–16 Pers., Kochgelegenheit) und einen Zeltplatz. Hot Pot und Sauna, Internetzugang. Mai–Sept., Buchung: Blásalir 7, 201 Kópavogur, Tel. 894 15 06 (Saison) und 552 83 00, www.volcanohuts.com

Langidalur. Die 1954 eröffnete Hütte Skagfjörðsskáli, am Nordufer der Krossá, bietet 75 Schlafplätze (diverse Schlafsäle), Kochgelegenheit und Duschen. Zelten kann man auf dem Rasen bei der Hütte. 15. Mai–30. Sept. Ferðafélag Íslands (FÍ), Mörkin 6, 108 Reykjavík, Tel. 893 11 91 (Saison) und 568 25 33, www.fi.is

Básar. Die beiden Wanderhütten auf der Südseite der Krossá bieten 83 Schlafplätze, Koch- und Duschgelegenheit. Schöne Grasfläche zum Zelten. Ende Mai–Mitte Okt., Útivist, Laugavegur 178, 105 Reykjavík, Tel. 562 10 00, www.utivist.is

INFORMATION

Wanderkarten. Sérkort 4: Landmannalaugar–Þórsmörk–Fjallabak, Maßstab 1:100 000. Sérkort Þórsmörk–Landmannalaugar, Maßstab 1:100 000

Wanderführer. Island: Trekking-Klassiker. Mit Routenbeschreibung des Laugavegur. Von Erik Van de Perre

Die urige Wanderhütte von Hvanngil

Oben: Elegant schiebt sich der 65 m hohe Seljalandsfoss über die ehemalige Steilküste.
Unten: Wo einst Eisberge auf dem Gletschersee vor dem Gígjökull trieben, blieb nach dem jüngsten Ausbruch des Eyjafjallajökull eine trostlose Geröllwüste zurück.

16 Þórsmörk und Fimmvörðuháls

Im Schatten des Eyjafjallajökull

Die »Wälder von Thor« gehören zu den idyllischsten Flecken Islands. Im Schutz der vergletscherten Massive des Eyjafjallajökull, Mýrdalsjökull und Tindfjallajökull verbirgt sich eines der schönsten bewaldeten Täler Islands. In Þórsmörk beginnt auch der beliebte Wanderweg über Fimmvörðuháls nach Skógar an der Südküste, der durch den jüngsten Ausbruch des Eyjafjallajökull noch an Reiz gewonnen hat.

Als der Gletschervulkan am 20. März 2010 nach fast zwei Jahrhunderten der Ruhe wieder erwachte, herrschte zunächst Euphorie. Denn die Eruption auf Fimmvörðuháls war spektakulär, aber überschaubar und die Bilder glühender Lavafontä-

MAL EHRLICH

GEFÄHRLICHE GLETSCHERFLÜSSE

Die vielen reißenden Gletscherflüsse, die den Weg versperren, machen die Piste nach Þórsmörk zur schwierigsten überhaupt. Gefährlich ist vor allem die letzte Furt durch die Krossá. Immer wieder bleiben dort Fahrzeuge stecken oder werden zum Spielball der Schlammfluten, manchmal mit fatalem Ausgang. Die Krossá ist deshalb nur mit großen Geländewagen und entsprechender Erfahrung zu befahren. Wer (z.B. von den Hüttenwirten) von schlechten aktuellen Bedingungen erfährt, verzichtet besser auf die Durchquerung. Für Wanderer wird im Sommer flussaufwärts von Langidalur eine mobile Brücke installiert (die feste Brücke bei Langidalur war zuletzt nicht mehr begehbar). Versuchen Sie auf keinen Fall die Krossá zu durchwaten!

nen lockten Heerscharen von Besuchern an. Der Vulkantourismus brummte. Doch mit der Begeisterung war es schnell vorbei, als der Vulkan seine Tätigkeit unter das Eis verlagerte und die ersten Aschewolken den Flugverkehr über den Atlantik zusammenbrechen ließen. Verheerende Gletscherläufe taten ein Übriges.

Ein verschwundener See

Wer von der Ringstraße nach Þórsmörk fährt, merkt davon zunächst nicht viel. Der Seljalandsfoss schießt wie immer zierlich über die 65 m hohe Felskante hinab, die Wiesen rundum leuchten sattgrün. Doch hinter Stóramörk, dem letzten Hof, ändert sich das Bild. Grüne Wiesen weichen einer schwarzen Einöde aus Asche und Geröll und die Straße wird eine raue Piste, unterbrochen von zahlreichen Flüssen. Ein Großteil war von Gletscherläufen fortgerissen worden und musste erneuert werden. Gebannt blickt das Auge auf die ausgehobelten Schluchten, die dort verlaufen, wo die Schmelzwasserfluten aus dem Gletscher Gígjökull hervorbrachen. Verwirrt sucht es den vertrauten Gletschersee Lónið, in dem sich einst Eisberge spiegelten. Aber der See ist fort, zugeschüttet mit Geröll und Sediment. Die Anreise ins »Paradies« lässt Schlimmes befürchten.

Wandern im »Land der Götter«

Doch Þórsmörk selbst war kaum betroffen. In den malerischen Birkenwäldern, in dem das Violett des Waldstorchschnabels für Farbtupfer sorgt, zwitschern die Vögel um die Wette, wie schon im 10. Jahrhundert, als die Brüder Steinfinnur und Ásbjörn Reyrketilsson laut dem *Landnámabók* (Landnahmebuch) das Land zwischen Krossá und Markarfljót für sich beanspruchten. Der Abschnitt nördlich des Gletscherflusses Krossá wurde nach

AUTORENTIPP!

ÞORVALDSEYRI VISITOR CENTER: VULKANMUSEUM

Bis zum Frühjahr 2010 bestimmten Milchkühe sowie Weizen, Gerste und Raps den Alltag von Ólafur Eggertsson. Dann brach der Eyjafjallajökull aus und dramatische Bilder mit der aufsteigenden Aschewolke machten den Hof Þorvaldseyri über Nacht weltberühmt. Doch der Bauer fürchtete um seine Existenz. Immer wieder gingen Ascheregen über dem Hof nieder, Gletscherläufe zerstörten Weiden und Felder. Die Familie musste mehrfach evakuiert werden, bangte um den Hof …
Am 14. April 2011, genau ein Jahr nach der Eruption, eröffnete die Familie in einer früheren Werkstatt ein Museum, das eindrucksvoll schildert, wie es ist, wenn man sich mit einem Vulkan im Garten herumplagen muss. Großformatige Bilder und ein mitreißender Film (20 Min., auf Deutsch) illustrieren die dramatischen Ereignisse bis zu den Aufräumarbeiten nach der Eruption.

Þorvaldseyri Visitor Centre.
Juni–Aug. tgl. 9–18 Uhr, Mai und Sept. tgl. 10–17 Uhr, April tgl. 11–16 Uhr, übriges Jahr Sa, So 11–16 Uhr, Eintritt 750 ISK, Þorvaldseyri, 861 Hvolsvöllur, Tel. 487 57 57, www.icelanderupts.is

Oben: Mobile Brücken führen Wanderer sicher über die Krossá.
Mitte: Man erkennt hier, wie sich die Lava im Frühjahr 2010 einen Weg durch die Schlucht Hrunagil bahnte.
Unten: Fumarolen zeugen von der abklingenden Tätigkeit des Vulkans.

dem Donnergott Thor Þórsmörk benannt, der Streifen südlich davon heißt Goðaland – »Land der Götter«.

Wanderer kommen in der Region voll auf ihre Kosten. Von Básar aus gelangt man zur Schlucht Stakkholtsgjá. In der engen, bis zu 100 m hohen, moosbewachsenen Schlucht rauscht ein schöner Wasserfall (6 km, 2 Std. pro Strecke, evtl. kann man für Hin- oder Rückweg den Bus nehmen). Eine schöne Rundtour führt von Húsadalur oder Langidalur über den 458 m hohen Aussichtsberg Valahnúkur (6 km, 2 Std.). Am Wegesrand liegen diverse schöne Höhlen: In der Sóttarhellir (»Seuchenhöhle«) starben angeblich 17 Männer durch die Pest, nachdem sie ein Trollweib verspottet hatten, Snorraríki (»Snorris Reich«) ist nur nach kurzer Kletterpartie erreichbar.

In Þórsmörk beginnt bzw. endet auch der populäre Laugavegur (s. S. 108). Von Básar führt eine markierte Route in ein bis zwei Tagen über den Fimmvörðuháls (»Rücken der fünf Steinmänner«) nach Skógar (s. S. 122), wobei die junge Lava von 2010 überquert wird.

Traumtrek Fimmvörðuháls

Der Aufstieg ist atemberaubend. Und das ist durchaus wörtlich zu nehmen: Immerhin ist ein Höhenunterschied von 950 m zu bewältigen. Steil und mit Ketten gesichert geht es nach Fálkhöfuð hoch, dann über den messerscharfen Grat Kattarhryggir (»Katzenrücken«) und schließlich in der Flanke des Heiðarhorn weiter zur Morinsheiði (834 m). Die Abbruchkante am Ostrand des Plateaus bietet herrliche Ausblicke auf die nahen Gletscher und Schluchten. Doch der wahre Blickfang ist der neue Lavastrom Goðahraun, der sich durch die Schlucht Hrunagil windet.

Wanderung über Fimmvörðuháls

Bei dieser alpinen Wanderung (23 km) entdeckt man die geheimnisvollen Schluchten von Þórsmörk, die Krater und Lava der jüngsten Eruption auf Fimmvörðuháls und die Schlucht der Skógá mit ihren vielen schönen Wasserfällen. Ausdauer, Trittsicherheit und Schwindelfreiheit sind Voraussetzung. Beim Aufstieg gibt es unterwegs kein Trinkwasser!

Etappen: Básar–Fimmvörðuskáli: 9 km, 4–5 Std., Aufstieg 950 m; Fimmvörðuskáli–Skógar: 14 km, 4–5 Std., Abstieg 1050 m.

Beste Zeit: Juli–Mitte Sept.

Ausrüstung: Feste Wanderschuhe, Regenjacke und -hose, warme Kleidung, Karte und Kompass/GPS, Proviant und Trinkwasser, Wanderstöcke, Staubmaske, ggf. Schlafsack

Ⓐ **Morinsheiði** – Von der Abbruchkante des Plateaus schaut man auf den 4 km langen Blocklavastrom, der sich 2010 durch Hrunagil nach Nordosten bewegte.

Ⓑ **Heljarkambur** – Noch deutlich ist hier zu sehen, wo die glühende Lava sich 2010 kaskadenartig in die 200 m tiefe Schlucht Hrunagil stürzte.

Die Wanderung entlang der Skógá lohnt immer.

Ⓒ **Goðahraun** – Zwei 500 m bzw. 300 m lange Spalten förderten im Frühjahr 2010 ca. 0,020 km^3 Alkaliolivinbasalt zutage. Das Lavafeld bedeckt eine Fläche von 1,3 km^2.

Ⓓ **Magni & Móði** – Die größten Schlackenkegel der Eruption im Jahr 2010 überragen ihre Umgebung um 82 m bzw. 47 m. Ein Trampelpfad führt zum Magni hoch.

Ⓔ **Fimmvörðuskáli** – Von der Hütte aus bietet sich ein faszinierender Ausblick auf die nahegelegenen Gletscher und über die Südküste bis hin zum Atlantik.

Ⓕ **Skógá-Brücke** – Bei der Brücke beginnt die Schlucht des »Waldflusses« mit seinen vielen herrlichen Wasserfällen.

Ⓖ **Skógafoss** – Der 60 m hohe und 25 m breite Wasserfall gehört unbestritten zu den schönsten des Landes.

AUTORENTIPP!

SÖGUSETRIÐ: WO DIE NJÁLS-SAGA WEITERLEBT

Das Saga-Zentrum in Hvolsvöllur ist das Kultur- und Infozentrum der Gemeinde Rangárþing eystra. Seine Ausstellung lässt Besucher in die faszinierende Saga-Welt eintauchen. Die Hauptausstellung skizziert anhand von Szenen und Bildern die *Njáls Saga*, eine der berühmtesten isländischen Sagas. Hier kann man sich perfekt einstimmen, um später die Schauplätze der Saga um Njál und Gunnar zu erkunden. Der »Wikingerraum« informiert über die weiten Seewege, die die Nordmänner zwischen 800 und 1100 zurücklegten, und macht mit dem Weltbild der Wikinger vertraut. Im »Bücherraum« erfährt man, wie die isländischen Sagas mit Tinte aus Pflanzen auf Häuten niedergeschrieben wurden. Das benachbarte Handelsmuseum illustriert die Co-op-Bewegung in Südisland im 19. Jahrhundert. Hier wurde auch der alte Laden von Eyrarbakki originalgetreu nachgebaut. Ein Audioguide führt durch die Ausstellungen.

Sögusetrið. 15. Mai–15. Sept. tgl. 9–18 Uhr, übriges Jahr Sa, So 10–17 Uhr, Eintritt 750 ISK, Hlíðarvegur 14, 860 Hvolsvöllur, Tel. 487 87 81, www.njala.is

Wasserfall in der Schlucht der Skógá

Oberhalb des mit Vulkanasche übersäten Steilhangs Brattafönn steht man plötzlich direkt vor Goðahraun. Die Pflöcke führen über das junge Blocklavafeld, vorbei an der Spalte, aus der im Frühjahr 2010 bis zu 150 m hohe Lavafontänen emporschossen. Zwei stattliche Kegel am Wegesrand markieren die Hauptkrater Magni (»der Starke«) und Móði (»der Zornige«). Benannt sind sie nach den Söhnen des Donnergotts Thor und der Riesin Jamsaxa. Zwischen den beiden Kegeln zweigt ein Trampelpfad zum Gipfel des Magni ab. Ein großes Solfatarenfeld, das man wegen der Hitze und der vulkanischen Gase lieber zügig überquert, repräsentiert die letzten Zuckungen des Vulkans.

Wo der Fluss Skógá zu springen beginnt

In der Hütte Fimmvörðuskáli kann man übernachten, die im Jahr 2011 erst eröffnete Baldvinsskáli, 2 km südlicher, ist nur als Schutzhütte gedacht. Der Abstieg über die sanft geschwungenen Hänge ins Tal der Skógá wird von einer faszinierenden Aussicht auf die Küste begleitet: Im Südosten erkennt man Kap Dyrhólaey, im Südwesten die Westmännerinseln.

Von der Brücke über die Skógá gelangt man auf der Jeeppiste am schnellsten nach Skógar. Reizvoller ist aber der (nicht markierte) Trampelpfad. Er folgt dem Ostufer der Skógá, die bald in eine tiefe Schlucht eintaucht. Mal ruhig, mal aufbrausend bahnt sich der Fluss seinen Weg, schlängelt sich zwischen riesigen Felsbrocken hindurch, umkurvt erodierte Vulkanschlote und eilt über spektakuläre Kaskaden dem Meer entgegen. Den krönenden Abschluss bildet der Skógafoss, wo sich die Skógá mit einem Satz von 62 m in die Küstenebene verabschiedet.

Infos und Adressen

ANREISE

Reykjavík Excursions. Busverbindung Reykjavík–Þórsmörk (tgl.), Anf. Juni–Mitte Sept. Der Bus hält in Húsadalur, Langidalur und Básar. Busverbindung Reykjavík–Skógar, tgl. Anf. Juni–Mitte Sept., Tel. 580 54 00, www.re.is

Der tückische Gletscherfluss Krossá

Sterna. Busverbindung Reykjavík–Skógar (tgl.), Mitte Mai–Mitte Sept., Tel. 551 11 66, www.sterna.is

ESSEN UND TRINKEN

The LavaGrill Restaurant & Bar. (s. S. 116) Mai–Sept. tgl. 7.30–9.30 Uhr, Lunch und 19–21.30 Uhr, Im Húsadalur, Tel. 894 15 06 (Saison) und 552 83 00, www.volcanohuts.com

Eldstó Art Café. Im Café der Keramikkünstler Helga und Þór hängen Vulkanbilder des Fotografen Ragnar Th. Sigurðsson. Auf den Tisch kommt z. B. Heilbuttsuppe und hausgemachter Kuchen. Auch Zimmer. Mai–Sept.11–21 Uhr. Austurvegur 2, 860 Hvolsvöllur, Tel. 482 10 11, www.eldsto.is

ÜBERNACHTEN

The Volcano Huts Þórsmörk. (s. S. 117) Mai–Sept., Blásalir 7, 201 Kópavogur, Tel. 894 15 06 (Saison) und 552 83 00, www.volcanohuts.com

Langidalur. (s. S. 117) 15. Mai–30. Sept., Ferðafélag Íslands (FÍ), Mörkin 6, 108 Reykjavík, Tel. 893 11 91 (Saison) und 568 25 33, www.fi.is

Básar. Die bewirteten Hütten am Anfang der Route nach Fimmvörðuháls bieten 83 Schlafplätze, Koch- und Duschgelegenheit. Schöner Zeltplatz. Ende Mai–Mitte Okt., Útivist, Tel. 562 10 00, www.utivist.is

Fimmvörðuskáli. Die bewirtete Hütte liegt 500 m westlich vom Wanderweg: 25 Schlafplätze, Küche mit Kochplatten, Geschirr und Töpfen. Trinkwasser wird aus dem Bach geschöpft oder aus geschmolzenem Schnee bereitet. Eine Reservierung ist notwendig! Mitte Juni–Aug., Útivist, Tel. 562 10 00, www.utivist.is

Hótel Fljótshlíð. 13 km östlich von Hvolsvöllur. Unterkünfte verschiedener Preisklassen: geräumige Hotelzimmer, Pensionszimmer mit Gemeinschaftsbad, Hütten, Zeltplatz. Restaurant. Smáratún, 861 Hvolsvöllur, Tel. 487 14 16, www.smaratun.is

INFORMATION

Hvolsvöllur Information Center. 15. Mai–1. Sept. tgl. 9–18 Uhr, Sögusetrið, Hlíðarvegur 14, 860 Hvolsvöllur, Tel. 487 80 43, www.hvolsvollur.is

Wanderkarte. Sérkort 4: Landmannalaugar–Þórsmörk–Fjallabak, Maßstab 1:100 000

Wanderer waten durch den Gletscherfluss Þröngá.

Hinter dem rauschenden Vorhang des Skógafoss soll der erste Siedler von Skógar einen Schatz versteckt haben.

17 Skógar

Ein Wasserfall, zwei Schätze

Der Ort Skógar ist vor allem für seinen Wasserfall Skógafoss berühmt. Dabei verbirgt sich hier auch noch eines der spannendsten Museen Islands: Das Heimatmuseum Skógasafn bewahrt das kulturelle Erbe der Bezirke Rangárvallasýsla und Vestur-Skaftafellssýsla. Wohnräume, Arbeitsgeräte aus Landwirtschaft und Seefahrt, Kunstgegenstände, Bücher und Manuskripte geben Aufschluss über eine ideenreiche Vergangenheit.

Das stetige Rauschen des Skógafoss hat etwas Beruhigendes. Das sagen zumindest viele Gäste, die auf dem Zeltplatz am Fuß des 62 m hohen Wasserfalls übernachten. Sein Name, übersetzt »Waldfall«, verrät, dass die heute baumlose Gegend zur Landnahmezeit noch bewaldet war.

Museum mit Persönlichkeit

Eine steile Treppe führt bis zur Fallkante hoch, doch am reizvollsten ist der Blick von unten, wo sich an sonnigen Tagen oft ein Regenbogen im Spritzwasser spannt. Oder handelt es sich um das Leuchten des Goldschatzes, den Þrasi Þórólfsson, der erste Siedler von Skógar, in einer Höhle hinter dem Wasserfall versteckt haben soll? Der Sage nach riet Þrasi seiner Frau, ihren Sohn auf seinen Namen zu taufen und ihn bis zum zwölften Lebensjahr nur mit Schafs- und Pferdemilch aufzuziehen. Dann solle er zum Wasserfall gehen und würde dort die Schatztruhe finden. Doch der junge Þrasi war zu früh und bekam nur den Griff der Goldkiste zu fassen, der jetzt im lokalen Museum ausgestellt ist, einer wahren Schatzkammer.

Schafabtrieb am Fuß des Eyjafjallajökull

Die treibende Kraft hinter dem Heimatmuseum von Skógar ist Þórður Tómasson (91). Schon mit 14 Jahren durchstreifte der leidenschaftliche Sammler, der in einem Torfhaus geboren wurde, die Region zwischen den großen Gletscherflüssen Þjórsá und Skeiðará, auf der Suche nach »Schätzen«: Handschriften und Urkunden, Arbeitsgeräte, Kunst ... Alles kam in das 1949 im Keller der Schule gegründete Heimatmuseum, das schon bald aus allen Nähten platzte. 1955 erfolgte der Umzug in ein neues Gebäude. In den nächsten Jahrzehnten schleppte Þórður sogar ganze Häuser nach Skógar und im Sommer 2002 eröffnete in einem Neubau ein »Verkehrs- und Technikmuseum«, das den technologischen Entwicklungen seit 1900 gewidmet ist.

Zu jedem Objekt hat Museumsdirektor Þórður, der gut und gerne als eine »wandernde Enzyklopädie« beschrieben werden kann, die richtige Geschichte parat. Trotz seiner 91 Lenze lässt er es sich nicht nehmen, Besucher höchstpersönlich (auch auf Deutsch) durch »sein« Museum zu führen. Dabei führt er das Spinnen oder Karden von Wolle vor, spielt auf dem *langspil* (Bordunzither) oder Harmonium und gibt alte isländische Volkslieder zum Besten.

AUTORENTIPP!

COUNTRY HOTEL ANNA: ZU GAST BEI ANNA

Das kleinste Drei-Sterne-Hotel Islands, benannt nach der Schriftstellerin Sigríður Anna Jónsdóttir (1901–1979), die ihre Kindheit in Moldnúpur verbrachte, ist eine echte Perle. Die sieben liebevoll mit Antikmöbeln und bestickten Tagesdecken eingerichteten Zimmer haben viel romantisches Flair. Zur Ausstattung gehören neben bequemen breiten Betten auch Minikühlschränke, Heißwasserbereiter und Satellitenfernseher. Die beiden oberen Zimmer sind für Familien ideal. Entspannung finden die Gäste in der Sauna und dem Hot Pot. Das Hotel erhielt auch das international anerkannte Zertifikat für Nachhaltigkeit von Green Globe. Im Restaurant werden ausschließlich Produkte von lokalen Bauern und Fischern verwendet. Die im Haus untergebrachte Ausstellung *Eine Sennerin fährt um die Welt* erzählt die Lebensgeschichte der Schriftstellerin Sigríður Anna Jónsdóttir, deren Bücher in den 1950er-Jahren beliebt waren.

Country Hotel Anna*.** 16 km westlich von Skógar. Moldnúpur, 861 Hvolsvöllur, Tel. 487 89 50, www.hotelanna.is

Leuchtende Quellmoosteppiche

Oben: Wie die Südküstenbewohner früher lebten, zeigt das rekonstruierte Torfgehöft in Skógar.
Mitte: Die vielen Artefakte des Skogasafn wurden von Þórdur Tómasson zusammengetragen.
Unten: Die »gute Stube« des Torfgehöfts

Isländische Erfindungen

Glanzstück der Ausstellungen im Hauptgebäude ist das Ruderboot »Pétursey« (1855). Die Form des sogenannten Brandungsboots ermöglichte bei starker Brandung an der flachen Südküste zu landen. Die Packsättel dienten dazu, Fisch mit dem Pferd vom Strand nach Hause zu befördern. Die mit Tran getränkte Seekleidung aus Schafsleder trugen die Fischer bis 1935.

Zahlreiche Exponate illustrieren den Einfallsreichtum der Isländer, die lange Zeit ein isoliertes Dasein fristeten. Walknochen fanden früher Verwendung als Eimer oder Fensterrahmen, eine Schafsblase fungierte als Barometer. Und aus Kuhknochen gefertigte Schlittschuhe kamen zum Einsatz, sobald der Regen auf den verschneiten Feldern gefroren war.

Dorfleben im 19. Jahrhundert

Ein rekonstruiertes Torfgehöft mit Grassodendächern illustriert die ärmlichen Wohnverhältnisse der Bauern im 19. Jahrhundert. Die Wände bestehen aus Tuffgestein und Basalt, die Balken sind aus Treibholz.

Die Kirche von Skógar mit spitzem Giebel wurde 1998 neu erbaut. Ein Großteil der Innenausstattung stammt aus der Kirche von Kálfholt (1879), die Fenster (1898) aus Gröf (Grafarkirkja) und das Altarbild (1768) aus der Kirche von Ásólfsskáli. Die Volksschule (1901) von Litli-Hvammur in Mýrdalur sieht aus, als sei sie gerade erst von den Schülern verlassen worden. Das Wohnhaus von Holt (Síða), das erste Holzhaus im Bezirk Vestur-Skaftafellssýsla, ließ Landrat Árni Gíslason 1878 komplett aus Treibholz bauen. Das Holz stammt zum Teil von dem Spitalschiff »Saint-Paul«, das 1899 vor der Küste strandete.

Infos und Adressen

SEHENSWÜRDIGKEITEN

Skógasafn. Juni–Aug. tgl. 9–18 Uhr, Mai und Sept. tgl. 10–17 Uhr, übriges Jahr tgl. 11–16 Uhr, Eintritt 1500 ISK, Skógar, 861 Hvolsvöllur, Tel. 487 88 45, www.skogasafn.is

ESSEN UND TRINKEN

Gamla Fjósið. Der »alte Kuhstall« setzt auf klassische isländische Gerichte mit lokalen Zutaten. Zu empfehlen ist die Vulkansuppe, eine herzhafte Fleischsuppe, die mit hausgemachtem Brot aus Gerste vom Nachbarhof Þorvaldseyri serviert wird. Juni–Aug. Mo–Fr 11–23 Uhr, Sa, So 11–1 Uhr, 10 km westlich von Skógar, Hvassafell, 861 Hvolsvöllur, Tel. 487 77 88, www.gamlafjosid.is

ÜBERNACHTEN

Farm Holiday Drangshlíð. Bauernhof in schöner Lage, 4 km westlich von Skógar, mit hellen Zimmern (teils ohne eigenes Bad) und Apartments für Familien. Restaurant nur Mai–Aug., Drangshlíð 1, 861 Hvolsvöllur, Tel. 487 88 68, www.drangshlid.is

Ásólfsskáli Farm Holidays. Der Hof, auf halber Strecke zwischen den Wasserfällen Seljalandsfoss und Skógafoss zu finden, wurde 2011 zum Bauernhof des Jahres im Bezirk Rangárþing eystra gewählt. Die zwei idyllisch gelegenen Hütten (5 bis 6 Pers.) mit Hot Pot und Barbecue sind ideal für Familien. Ásólfsskáli, 861 Hvolsvöllur, Tel. 487 89 89, www.asolfsskali.is

Bauer beim Schafabtrieb

Tjaldsvæðið Skógum. Einfacher Zeltplatz in schöner Lage am Fuß des Skógafoss. Toiletten, fließendes Wasser und Duschen. Juni–Aug., Skógar, 861 Hvolsvöllur, Tel. 899 59 55, eyjathe@simnet.is

INFORMATION

Hvolsvöllur Tourist Information. 15. Mai–1. Sept. tgl. 9–18 Uhr, Sögusetrið, Hlíðarvegur 14, 860 Hvolsvöllur, Tel. 487 80 43, www.hvolsvollur.is

Junge »Schatzsucher« am Fuß des Skógafoss

Oben: Vom Kap Dyrhólaey überblickt man den Großteil der Südküste.
Unten: Im Falle eines Ausbruchs des Vulkans Katla gilt nur die Kirche als sicherer Ort.

18 Vík

Ein Damoklesschwert namens Katla

Vík wird von den Seevögeln regiert, die auf den flachen Wiesen und in den hohen Kliffen nisten. Den Papageientauchern kommt man am Kap Dyrhólaey besonders nahe, das für sein riesiges Felsentor berühmt ist. Das ist schon sehr aufregend, aber wachsende Nervosität verursacht der nahe Vulkan Katla, dessen Ausbruch seit Jahren erwartet wird. Víks Bewohner proben regelmäßig die Evakuierung.

Die Felsnadeln der Reynisdrangar sind der Legende nach zwei versteinerte Trolle, die beim Versuch, einen Dreimaster an Land zu ziehen, von der aufgehenden Sonne überrascht wurden. Hinter den letzten Häusern erheben sich grasbewachsene Steilhänge, in denen Eissturmvögel und Papageientaucher brüten. Víks Lage ist traumhaft, doch die Idylle trügt, denn gleich um die Ecke lauert der Gletschervulkan Katla.

Er gehört zu den ältesten und größten Vulkanen Islands – und zu den gefährlichsten. Bricht er aus, bleibt den 300 Einwohnern nur eine halbe Stunde, um sich in Sicherheit zu bringen. Deshalb proben sie regelmäßig die Evakuierung und eilen zur Kirche hoch. Das höchste Gebäude im Ort ist nach Expertenmeinung im Ernstfall sicher …

Gigantische Gletscherläufe

Die 80 km² große Caldera der Katla liegt unter einer bis zu 700 m dicken Eisdecke verborgen. Durch das Aufeinandertreffen von Eis und Magma kommt es zu besonders explosiven Ausbrüchen.

Papageientaucher bei Vík

Neben schweren Ascheregen drohen verheerende Gletscherläufe. Sie würden das Meer förmlich wegschieben, das wie ein Tsunami zurückschwappen könnte. Wozu der Vulkan in der Lage ist, bewies der letzte große Ausbruch 1918.

Damals rasten gigantische Gletscherläufe durch das Bett der Flüsse Múlakvísl und Kúðafljót ins Meer. Ihre Abflussrate erreichte Spitzenwerte von 300 000 m³/s (zum Vergleich: das Abflussvolumen an der Amazonasmündung beträgt 175 000 m³/s). Als der Spuk vorüber war, war der Mýrdalssandur mit bis zu 200 m langen und 18 m hohen Eisblöcken übersät. Die Küstenlinie hatte sich schlagartig um 0,5 km seewärts verschoben.

Seit der Landnahme brach der zweitgrößte Vulkan des Landes mindestens 22 Mal aus und nun gilt er als überfällig. Wie die Menschen der Region mit diesem Damoklesschwert zurechtkommen, zeigt das Besucherzentrum »Kötlusetur« im Haus Brydebúð. Das schmucke Holzhaus wurde 1831 auf den Westmännerinseln gebaut und 1895 im Auftrag des dänischen Kaufmanns Bryde nach Vík verschifft. Es zeigt auch eine Ausstellung über

AUTORENTIPP!

ÞAKGIL: PARADIES IN DEN BERGEN

Schon die Anreise ist ein Abenteuer. Vorbei an wilden Felsformationen und tosenden Gletscherflüssen schlängelt sich die Pkw-taugliche Schotterstraße durch die Berge und überrascht mit spektakulären Ausblicken auf die Eiskappe des Mýrdalsjökull. Am Endes des Weges, der früher Teil der Ringstraße war, bis er 1955 von einem Gletscherlauf der Katla fortgeschwemmt und umgelegt wurde, liegt die Oase Þakgil (»Dachschlucht«). In dieser kleinen, durch steile, moosbewachsene Felswände geschützten Schlucht schufen Helga und Bjarni aus Vík einen traumhaften Zeltplatz, zu dem auch neun Holzhütten (4 Pers.) mit Waschbecken, WC, Kochgelegenheit und Kühlschrank gehören. Vor der Haustür gurgelt der Bach, der den Strom liefert. Die nahe Höhle, bis 1918 Unterkunft der Schaftreiber, fungiert als Gemeinschaftsraum. Wer die Wanderschuhe schnürt, kann zum Mælifell oder zum aus dem Gletscher aufragenden Gipfel der Huldufjöll hochsteigen.

Þakgil. Am Ende der Straße 214, die 5 km östlich von Vík von der Ringstraße abzweigt. Juni–Aug., 871 Vík, Tel. 893 48 89, www.thakgil.is

Schiffsstrandungen. Allein zwischen 1898 und 1982 gingen an der Küste des Bezirks Vestur-Skaftafellssýsla 112 Schiffe verloren, 29 davon aus Deutschland. Der gefährliche Küstenabschnitt galt als »Schiffsfriedhof Europas«.

Die Türhügelinsel

Naturliebhabern hat die Küste einige Highlights zu bieten. Ein kurzer Spaziergang über den Kiesstrand am Fuß des Reynisfjall (erreichbar via Straße 215) führt zu den Felsnadeln der Reynisdrangar, kuriose aus der Küstenebene auftauchenden Stümpfe ehemaliger Vulkaninseln. Sie entstanden durch submarine Vulkanausbrüche während der letzten Eiszeit. Als sich das von der Eislast befreite Land wieder zu heben begann und Gletscherflüsse die Küstenebene mit Sediment zuschütteten, verlandeten sie. Das prominenteste Beispiel ist Dyrhólaey, die »Türhügelinsel«, benannt nach dem pittoresken Felsentor am Fuß der vor 80 000 Jahren entstandenen Vulkaninsel.

Von Dyrhólaey (erreichbar via Straße 218) starten die Amphibienfahrzeuge von Dyrhólaeyjarferðir zu Bootstouren, bei denen das berühmte Felsentor durchfahren wird. Ein tollkühner Pilot hat es angeblich sogar schon einmal durchflogen. Besonders schön ist der Blick vom Grasplateau mit dem eigentümlichen, weißen Leuchtturm von 1927, der sich 120 m über dem Meer erhebt.

Seit 1978 steht Dyrhólaey unter Naturschutz. Während der Brutzeit im Sommer ist der Zugang zu Teilen der Insel verboten. In den Klippen nisten Trottellumen, in der Graskante rund um das Plateau liegen die Bruthöhlen der Papageientaucher. Der Blick schweift über den schwarzen Kiesstrand und die schneeweiße Eiskappe des Mýrdalsjökull, unter deren glatter Oberfläche ein Monster lauert.

Oben: Der Legende nach sind die Reynisdrangar versteinerte Trolle.
Mitte: Bei Vík locken Ausritte auf schwarzem Lavastrand.
Unten: Das Kap Dyrhólaey entstand bei einer submarinen Eruption vor 80 000 Jahren und ist vor allem für sein Felsentor bekannt.

Infos und Adressen

SEHENSWÜRDIGKEITEN

Kötlusetur. Juni–Aug. Mo–Fr 11–20 Uhr, Sa, So 13–20 Uhr, Eintritt 500 ISK, Víkurbraut 28, 870 Vík, Tel. 487 13 95, brydebud.vik.is

Formschöne Basaltsäulen am Strand von Reynisfjara

ESSEN UND TRINKEN

Hótel Lundi. Traditionelle isländische Gerichte wie gebratener Papageientaucher und mariniertes Lamm. Mitte Mai–Mitte Sept. tgl. 11–16 und 18–21 Uhr, Víkurbraut 24a–26, 870 Vík, Tel. 487 12 12, www.hotelpuffin.is

Halldórskaffi. Gemütliches, oft volles Restaurant in einem historischen Holzhaus. Leckere Mahlzeiten, von Saibling und saftigen Hamburgern bis zu Suppen mit selbstgebackenem Brot. Juni–Aug. So–Fr 11–23 Uhr, Sa 11–2 Uhr, übriges Jahr Fr 18–23 Uhr, Sa 18–2 Uhr, Víkurbraut 28, 870 Vík, Tel. 487 12 02, www.halldorskaffi.is

ÜBERNACHTEN

Volcano Hotel. Das Hotel in der umgebauten Grundschule bietet sieben geräumige Zimmer mit modernem Design. Ruhige Lage, entspannte Atmosphäre, freundliches Personal und erstklassiges Abendessen. Ketilsstaðaskóli, 871 Vík, Tel. 486 12 00, www.volcanohotel.is

Country Hótel Höfðabrekka*.** Großes Hotel mit gutem Restaurant, 5 km östlich von Vík. 871 Vík, Tel. 487 12 08, www.hofdabrekka.is

Sólheimahjáleiga Guesthouse. Der Bauernhof mit Schafen, Kühen und Pferden gehört schon seit 1850 der Familie von Elín. Es gibt 14 Zimmer mit oder ohne eigenes Bad. Abendessen auf Anfrage. Zwischen Skógar und Vík, 871 Vík, Tel. 487 13 20, www.solheimahjaleiga.is

Guesthouse Steig. Auf ihrem Bauernhof, auf halber Strecke zwischen Skógar und Vík gelegen, bieten Ásrun und Ólafur 18 gemütliche Zimmer mit und ohne Bad. Übernachtung mit Frühstück und Halbpension möglich. Küche für Selbstversorger. 871 Vík, Tel. 487 13 24, www.guesthousesteig.is

AKTIVITÄTEN

Dyrhólaeyjarferðir. Bootstouren nach Dyrhólaey. Tel. 487 85 00, www.dyrholaey.com

INFORMATION

Vík Tourist Information. Juni–Aug. Mo–Fr 11–20 Uhr, Sa, So 13–20 Uhr. Brydebúð, Víkurbraut 28, 870 Vík, Tel. 487 13 95, www.visitvik.is

Der Leuchtturm von Dyrhólaey beherrscht seit 1927 das Gipfelplateau des Kaps.

Östlich von Kirkjubæjarklaustur rauscht der Wasserfall Foss á Síðu in die Küstenebene hinunter.

19 Kirkjubæjarklaustur und Laki

Sündige Nonnen und Feuerpredigten

In Kirkjubæjarklaustur dreht sich alles um die Geschichten und Legenden zu dem früheren Nonnenkloster des Ortes. Während des Laki-Ausbruchs im Jahr 1783 brachte der Pfarrer Jón Steingrímsson hier mit seinen berühmten »Feuerpredigten« die sich heranwälzende Lava zum Stehen. Der Vulkanausbruch gilt bis dato als die größte Naturkatastrophe seit der Besiedlung Islands.

Der Name des 120-Seelenorts, kurz »Klaustur« genannt, erinnert an das Benediktinerinnenkloster, das hier von 1186 bis zur Reformation 1550 existierte. Westlich von Kirkjubæjarklaustur zieht der Felsklotz Systrastapi (»Schwesternfels«) den Blick auf sich. Angeblich sind hier zwei Schwestern begraben, die auf dem Scheiterhaufen endeten, da sie sich nicht an die Ordensregeln hielten. Die eine soll sich dem Teufel verschrieben und mit Männern das Bett geteilt haben. Die andere lästerte über den Papst, wurde aber nach der Reformation rehabilitiert. Auf ihrem Grab wachsen Blumen, das zweite Grab blieb kahl.

Vom Westrand des Dorfes führt ein Pfad hoch zum See Systravatn (»Schwesternsee«). Dorthin gingen die Nonnen zum Baden. Zwei von ihnen sahen eines Tages eine Hand mit einem Goldring aus dem Wasser ragen, griffen danach und verschwanden auf Nimmerwiedersehen in die Tiefe. Interessant ist auch Kirkjugólf, der »Kirchenboden«, am Zeltplatz. Eine Kirche stand hier jedoch nie: Es handelt sich um ein natürliches Mosaik aus

Die Laki-Spalte setzt sich aus 135 einzelnen Kratern zusammen.

sechseckigen Basaltsäulen, glatt geschliffen vom Gletschereis und von der Brandung.

Feuerpredigten und Not des Nebels

Am 8. Juni 1783, einem Pfingstsonntag, riss in den Bergen nördlich von Kirkjubæjarklaustur eine gigantische Spalte auf, aus der bis zu 1000 m hohe Lavafontänen schossen. Bald raste die Lava durch das Bett des Gletscherflusses Skaftá zur Küste hinunter. Um die Kirche von Kirkjubæjarklaustur zu schützen, hielt der Pfarrer Jón Steingrímsson (1728–1791) »Feuerpredigten« *(eldmessa)*. Und vor den Augen der verdutzten Gemeinde, die im Gotteshaus versammelt war, kam die Lava am 20. Juli zum Stehen.

Doch bald rann weiter östlich ein zweiter Lavastrom durch das Bett des Hverfisfljót hinunter. Als die Eruptionen im Februar 1784 aufhörten, hatte die Lava eine Fläche von 565 km² bedeckt und 20 Gehöfte zerstört. Aschewolken und vulkanische Gase hatten zu einer Verdunkelung der Atmosphäre und einer Abkühlung in weiten Teilen der nördlichen Hemisphäre geführt. Allein 120 Millionen Tonnen Schwefeldioxid wurden freigesetzt. Hinzu kamen 8 Millionen Tonnen Fluor, die Wiesen

AUTORENTIPP!

GEOPARK KATLA: LAND VON FEUER UND EIS

Islands erster Geopark wurde 2011 eingerichtet, um die einmalige geologische Vielfalt der Region zu schützen und einen nachhaltigen Naturtourismus zu fördern. Der nach dem berüchtigten, unter dem Eis des Mýrdalsjökull verborgenen Vulkan Katla benannte Geopark mit seinen 9542 km² Fläche (9,3 % der Landesfläche) verteilt sich über drei Gemeinden. Im Park wohnen 2700 Menschen. Wie kaum eine Region wird der Geopark Katla vom Zusammenspiel von Vulkanen und Gletschern geprägt, wie bei den subglazialen Ausbrüchen des Eyjafjallajökull (2010) und der Grímsvötn (2011) erneut unter Beweis gestellt wurde. Landschaftliche Highlights sind Eldgjá und Lakagígar, Þórsmörk, Dyrhólaey und Langisjór. Düstere Vulkanspalten und tiefe Schluchten, ausgedehnte Lavafelder und mysteriöse Seen, skurrile Palagonitberge und endlose Strände, mächtige Gletscherflüsse und wunderschöne Wasserfälle machen seine Vielfalt aus.

Katla Geopark. Tel. 897 28 14, www.katlageopark.is

Schlacken des Laki-Ausbruchs

Oben: Seit 2008 gehört die Kraterreihe Lakagígar zum Nationalpark Vatnajökull.
Unten: Ein Rundweg erschließt den wassergefüllten Krater Tjarnagígur.

und Felder zerstörten und das Vieh vergifteten. Auf Island verendeten 190 000 Schafe (82 %), 11 500 Rinder (53 %) und 28 000 Pferde (77 %). Innerhalb von zwei Jahren starben auf der Insel über 10 000 Menschen (ein Viertel der Bevölkerung) an Hunger und Kälte. Die Naturkatastrophe ging aufgrund des schwefelhaltigen Nebels als *Móðuharðindin* – »Not des Nebels« – in die Annalen ein.

135 Krater

Eine Idee vom Umfang der Katastrophe vermittelt die Ringstraße, die sich zwischen Vík und Kirkjubæjarklaustur durch das moosbewachsene Lavafeld Eldhraun zieht. Die Kraterreihe Lakagígar ist im Sommer von Skaftafell und Kirkjubæjarklaustur per Bus erreichbar. Ansonsten braucht man einen Geländewagen, da die Zufahrtspiste (F206) diverse Furten aufweist. Unterwegs lohnt ein Stopp an der Schlucht Fjaðrárgljúfur, wo die Fjaðrá sich 100 m tief in das Palagonitgestein eingegraben hat.

Nach der Furt durch die Hellisá erblickt man die 25 km lange Reihe aus 135 Kratern. Ziel ist der Palagonitberg Laki (812 m), in der Mitte der Spalte. Vom Parkplatz am Fuß des Bergs führt ein markierter Pfad zum Gipfel (hin und zurück 2,5 km, 1 Std., Höhenunterschied 200 m). Von oben reicht der Blick über die moosbewachsenen Krater bis zum Vatnajökull.

Die Rückfahrt führt über die (nicht nummerierte) Piste an dem sehenswerten, wassergefüllten Krater Tjarnargígur vorbei, quer über die Kraterreihe. Schließlich stößt man in der Nähe von Blágil wieder auf die Piste F206. Übernachten kann man in der Hütte von Blágil. Wildes Zelten ist im gesamten Gebiet verboten.

Infos und Adressen

ANREISE

Reykjavík Excursions. Busverbindung Skaftafell–Laki (tgl.), Juli–Mitte Sept., 4 Std. Aufenthalt in Laki, Tel. 580 54 00, www.re.is

ESSEN UND TRINKEN

Systrakaffi. Das gemütliche Restaurant im Bistro-Stil serviert Suppen und Salate, Hamburger, Pizza sowie Fisch- und Fleischgerichte. Am Samstag gibt es *kjötsúpa* (Fleischsuppe). Mai–Sept. tgl. 12–22 Uhr. Klausturvegur 12, 880 Kirkjubæjarklaustur, Tel. 487 48 48, www.systrakaffi.is

ÜBERNACHTEN

Icelandair Hotel Klaustur*.** Zentrales Hotel der Icelandair-Hotelkette. Das Restaurant bietet lokale Spezialitäten, z. B. Lammfleisch mit Kräuterkartoffeln und Forelle. Klausturvegur 6, 880 Kirkjubæjarklaustur, Tel. 487 49 00, www.icelandairhotels.com

Hrífunes Guesthouse. Landschaftsfotograf Haukur und seine Frau Hadda bauten das einstige Gemeindehaus von Skaftártunga, zwischen Vík und Kirkjubæjarklaustur gelegen, zu einer schönen Pension im Landhausstil um. Hrífunes, 880 Kirkjubæjarklaustur, Tel. 863 55 40, www.hrifunesguesthouse.is

Hunkubakkar. Pálmi und Jóhanna bieten fünf Holzhäuser und drei Zimmer mit oder ohne eigenem Bad. Abendessen auf Bestellung. Am Anfang der Straße 206, 6 km westlich, 880 Kirkjubæjarklaustur, Tel. 487 46 81, www.hunkubakkar.is

Blágil. Hütte am Südrand der Lakagígar mit Schlafsackunterkunft (18 Pers.) und Zeltmöglichkeit. Ganzjährig geöffnet, Tel. 487 48 40, klaustur@klaustur.is

INFORMATION

Skaftárstofa. Juni–Mitte Sept. Mo–Fr 9–19 Uhr, Sa, So 10–18 Uhr, Klausturvegur 10, 880 Kirkjubæjarklaustur, Tel. 487 46 20, info@klaustur.is

Nationalparkwächter Laki. Anf. Juni–Anf. Sept., Parkplatz Laki, Tel. 842 43 78.

Flusstal in der Nähe von Kirkjubæjarklaustur

Der Gletschervulkan Grímsvötn lässt regelmäßig Dampf ab, zuletzt im Mai 2011.

20 Skaftafell
Wanderparadies zwischen Gletschern

Skaftafell ist das Tor zum Nationalpark Vatnajökull und ein Traumziel für Naturliebhaber. Wanderer finden in der Oase zwischen hohen Bergen und riesigen Gletschern viele Möglichkeiten, von einfachen Kurztouren bis hin zu anspruchsvollen Hochtouren mit Bergführer. Für die Bauern am Fuß des Gletschervulkans Öræfajökull war das Leben indes nicht immer ein Zuckerschlecken.

Bis in die 1970er-Jahre gehörte die Region zu den entlegensten Landstrichen Islands. Die mächtige Eiskappe des Vatnajökull im Norden, die tückische, hafenlose Küste im Süden, die verzweigten Gletscherflüsse des Skeiðarársandur im Westen und der tiefe, reißende Abfluss des Breiðamerkurjökull im Osten bildeten schwer überwindbare natürliche Hindernisse. Nur Hannes Jónsson (1880–1968) schien das nicht viel auszumachen. Über 50 Jahre führte der Bauer und Postreiter von Núpsstaður Reisende sicher über den Skeiðarársandur. Als der Sander durch einen Gletscherlauf unpassierbar war, lief er einfach über das zerklüftete Eis des Gletschers Skeiðarárjökull nach Hause und war fortan eine lebende Legende. Erst durch die Überbrückung der Skeiðará 1974 wurde die Ringstraße geschlossen und das Reisen unbeschwerter.

Gipfel, Gletscher und Vulkane

Schon die Anfahrt über den Skeiðarársandur ist spektakulär. Der Gletschervulkan Öræfajökull thront wie eine uneinnehmbare Festung über der düsteren Ebene. Der höchste Gipfel, Hvanna-

Skaftafell dient vielen Tieren und Pflanzen als Refugium.

dalshnúkur, misst zwar nur 2119 m, sieht mit seinen mächtigen Eisbalkonen aber aus wie ein Viertausender in den Alpen. Er markiert auch die Südspitze des Vatnajökull (8100 km²), des größten Gletschers Europas, unter dessen makellos weißer Oberfläche etliche aktive Vulkane lauern. Bárðarbunga (2009 m) ist der Größte, Grímsvötn (1719 m) der Aktivste. Der Gefährlichste ist der Öræfajökull. Wacht er nach mehreren Jahrhunderten plötzlich auf, sät er Tod und Verderben. 1362 zerstörte er 40 Bauernhöfe. Der Distrikt Litlahérað (»Kleiner Bezirk«) wurde durch Schlammströme und Ascheregen ausgelöscht und umbenannt in Öræfi – »Ödland«. Und der Vulkan Hnappafellsjökull, die Wurzel allen Übels, heißt seitdem Öræfajökull.

Zweitgrößter Nationalpark Europas

Die grüne Oase von Skaftafell hebt sich von den nahen Gletschern und Sandern ab wie eine Palmengruppe in der Sahara: Im Windschutz kauern Birkenwäldchen an den Hängen, in höheren Lagen sprießen Heidegewächse und Moorpflanzen. Auf Schritt und Tritt begegnet man Rotdrosseln,

AUTORENTIPP!

DURCH SCHNEE UND EIS

Skaftafell ist der ideale Ausgangspunkt für Gletschertouren jeden Schwierigkeitsgrads. Für Anfänger und Familien bieten die »Icelandic Mountain Guides« in der Saison Schnuppertouren auf dem Svínafellsjökull an. Feste Wanderschuhe, wind- und wasserfeste Kleidung sowie Trittsicherheit sollte man mitbringen, Pickel und Steigeisen werden gestellt. Das Mindestalter ist acht Jahre. Eiskletterkurse und geführte Bergtouren werden ebenfalls angeboten. Für die Besteigung des Hvannadalshnúkur (2119 m), eine 12- bis 15-stündige Tour durch Schnee und Eis, sind eine eiserne Kondition, Trittsicherheit und Schwindelfreiheit nötig. Der Veranstalter stellt die Kletterausrüstung (Steigeisen, Pickel, Klettergurt, Seil). Das Mindestalter beträgt 16 Jahre. In den letzten Jahren war der Aufstieg nur bis Ende Juli möglich, später im Sommer wird oft auf die Hrútsfjallstindar ausgewichen.

Icelandic Mountain Guides. Gletscherwanderungen: März–Okt., Hvannadalshnúkur: April–Sept. (je nach Wetter-/Eisbedingungen), vom Parkplatz in Skaftafell, Tel. 587 99 99, www.mountainguide.is

Oben: Die Hrútsfjallstindar gehören zu den schönsten Bergen in Skaftafell.
Unten: Stattliche Basaltsäulen säumen den Svartifoss.

Schnepfen, Alpenschneehühnern, Goldregenpfeifern und Zwergfalken. Seit 2008 gehört das Gebiet zum neu gegründeten Nationalpark Vatnajökull. Mit einer Fläche von 13 600 km² (13 % der Landesfläche) ist er der größte Nationalpark Islands und der zweitgrößte in Europa. Neben dem kompletten Gletscher Vatnajökull umfasst er die ehemaligen Nationalparks Skaftafell (im Süden) und Jökulsárgljúfur (im Norden), die Vulkanspalte Eldgjá (s. S. 106), die Kraterreihe Lakagígar (s. S. 131) und die Caldera Askja (s. S. 166).

Skaftafell gilt heute als Drehscheibe des Tourismus in Südostisland. Neben dem Informationszentrum gibt es hier einen Laden und eine Cafeteria, einen Zeltplatz und Filialen diverser Outdoor-Firmen. Eine Ausstellung informiert über den Vatnajökull, ein spannendes elfminütiges Video erinnert an den Ausbruch des Gjálp und den Gletscherlauf im Jahr 1996, bei dem Teile der Ringstraße zerstört wurden.

Wandern mit Ausblick

Zahlreiche markierte Wanderwege erschließen den Nationalpark. Ihre farbliche Kennzeichnung gibt Aufschluss über den Schwierigkeitsgrad: grün (rollstuhlgeeignet), blau (einfach), rot (mäßig schwierig) und schwarz (anspruchsvoll). Der Rundweg zum Skaftafellsjökull (grün/blau) dokumentiert die Folgen der Klimaerwärmung. In den vergangenen Jahren zog sich der Gletscher 20 m pro Jahr zurück, eine erschreckende Entwicklung.

Das beliebteste Ziel ist Svartifoss (blau). Der »Schwarze Wasserfall« stürzt sich über eine Höhe von 12 m in ein Becken, das von wunderschönen, an Orgelpfeifen erinnernden Basaltsäulen eingerahmt wird. Am erholsamsten ist die Wanderung am frühen Morgen oder späten Nachmittag. Vom

Wanderungen von klassisch bis abenteuerlich

Die Wanderung zum Gletscher Skaftafellsjökull (grün/blau, hin und zurück 4 km, 1,5 Std.) ist teilweise für Rollstuhlfahrer geeignet. Die klassische Tour zum Wasserfall Svartifoss (blau, 4 km, 2 Std.) lässt sich gut mit einem Abstecher zum Aussichtspunkt Sjónarnípa (rot, 6,5 km, 2–3 Std.) kombinieren, wo man auf den Skaftafellsjökull schaut. Der Aufstieg zum Aussichtsgipfel Kristínartindar (schwarz, 16 km, 7 Std.) setzt Kondition und Trittsicherheit voraus; auch robuste Wanderstiefel und Wanderstöcke sind ein Muss! Einfacher, aber länger sind die Talwanderungen zu den Rhyolithbergen von Kjós (rot, 24 km, 8 Std., nicht markiert) und zum Gletschersee Morsárlón (rot, 20 km, 6 Std.).

A Skaftafellsjökull – Um 1940 war der Gletscher noch mit dem nahen Svínafellsjökull verbunden. Der Hafrafell ragte damals wie ein Nunatak aus der geschlossenen Eisdecke heraus.

B Svartifoss – Der von Basaltsäulen eingerahmte »Schwarze Wasserfall« ist das Wahrzeichen von Skaftafell. Der Bach Stórilækur lieferte früher Strom an die umliegenden Höfe.

Der Svartifoss ist das Symbol von Skaftafell.

C Kristínartindar – Die beiden 979 m und 1125 m hohen Gipfel des Aussichtsbergs sind Überreste des erodierten Vulkans Skaftafell.

D Bæjarstaðarskógur – Bis ins 16. Jahrhundert hinein besaßen nordisländische Bauern Waldnutzungsrechte, doch damals hatte dieser Wald eine viel größere Ausdehnung. Die bis zu 12 m hohen Birken sind für isländische Verhältnisse riesig.

E Kjós – Die farbenprächtigen Rhyolithberge, die das Tal einrahmen, sind Überreste eines alten Zentralvulkans. Ein Blickfang ist der Gipfel des 1279 m hohen Þumall (»Daumen«).

F Morsárlón – Auf dem Gletschersee des Morsárjökull treiben manchmal kleine Eisberge.

G Morsárjökull – Im Frühjahr 2007 wurde der Gletscher von einem gewaltigen Bergsturz getroffen. Dabei donnerten 10 Millionen Tonnen Gestein hinunter.

AUTORENTIPP!

ATLANTSFLUG: VATNAJÖKULL AUS DER VOGELPERSPEKTIVE

Eine ganz andere Perspektive und einen guten Eindruck von den gewaltigen Ausmaßen der Eiskappe Vatnajökull erhält man während eines Rundflugs über den Gletscher. Die Sightseeing-Flugzeuge der kleinen Gesellschaft »Atlantsflug« starten in der Saison täglich vom Skaftafell Airport. Das Angebot umfasst diverse Ziele rund um den Gletscher, darunter Grímsvötn, Jökulsárlón, Hvannadalshnúkur, Lakagígar und Landmannalaugar. Sonderflüge sind nach Vereinbarung ebenfalls möglich. Weitere Rundflüge werden von Reykjavík und von Bakki aus angeboten.

Atlantsflug. Abflüge tgl. 8–22 Uhr, Rundflug über Kvíárjökull, Breiðamerkurjökull und Jökulsárlón (Dauer 30 Min.) 145 €/Pers., Rundflug über Skaftafell und Hvannadalshnúkur (Dauer 40 Min.) 195 €/Pers., Skaftafell Airport, Tel. 478 24 06 oder 899 25 32, info@atf.is, www.atf.is

Auch der Skaftafellsjökull ist Opfer der Klimaerwärmung.

Svartifoss empfiehlt sich eine Fortsetzung nach Nordosten zum Aussichtspunkt Sjónarnípa (rot), wo man auf die zerklüftete Eiszunge Skaftafellsjökull blickt.

Bei schönem Wetter kann man den 1126 m hohen Aussichtsgipfel Kristínartindar (schwarz) besteigen, was aber Kondition und Trittsicherheit erfordert. Bis Nyrðrihnaukur ist der Aufstieg markiert. Von dort geht es steil auf einem nicht markierten Trampelpfad hoch zur Steinwarte auf den Gipfel. Hier bieten sich herrliche Ausblicke auf den Eisfall des Morsárjökull. Unter lautem Getöse lösen sich hin und wieder gewaltige Eisbrocken. Ebenso sieht man die Eiszunge Skaftafellsjökull und den Skeiðarársandur. Der Abstieg erfolgt zunächst über den gleichen Weg. Am Sattel zwischen beiden Gipfeln geht es dann über den linken Pfad nach Gláma hinunter. Von dort führt ein markierter Weg mit tollem Blick auf den Skaftafellsjökull, über Sjónarnípa nach Skaftafell zurück. Zwei weitere reizvolle Ziele liegen westlich von Skaftafell: Auf der Westseite des Morsárdalur gelangt man nach Nordosten zu den bunten Rhyolithbergen von Kjós (rot, nicht markiert), auf der Ostseite des Tals zur Gletscherlagune Morsárlón (rot, markiert).

Infos und Adressen

ESSEN UND TRINKEN

Fosshótel Skaftafell*.** Auf der Karte des einzigen Restaurants der Region stehen Spezialitäten

Svínafellsjökull und die Hrútsfjallstindar

wie Papageientaucher, Lamm, Hummer und Saibling. Freysnes, 785 Öræfi, Tel. 478 19 45, www.fosshotel.is

Skaftafellsstofa. Die Cafeteria im Besucherzentrum serviert leichte Mahlzeiten. Juni–Aug. tgl. 8–21 Uhr, Mai, Sept. tgl. 9–19 Uhr, März–April, Okt. tgl. 10–17 Uhr, übriges Jahr tgl. 11–15 Uhr, Vatnajökull National Park, Skaftafell, 785 Öræfi, Tel. 470 83 00, www.vatnajokulsthjodgardur.is

ÜBERNACHTEN

Fosshótel Skaftafell*.** Große Hotelanlage mit zweckmäßig eingerichteten Zimmern, 5 km östlich

Wildes Zelten in der Nähe des Vatnajökull

der Einfahrt zum Nationalpark. Die Lage am Fuß des Öræfajökull ist einmalig – und hat ihren Preis. Freysnes, 785 Öræfi, Tel. 478 19 45, www.fosshotel.is

Bölti. Im Gästehaus auf dem Hügel oberhalb des Zeltplatzes von Skaftafell kann man im Schlafsack übernachten, wahlweise im Doppelzimmer oder in einer Hütte (6 Pers.) mit Stockbetten und Kochnische. Die herrliche Aussicht auf den Sander entschädigt für den mangelnden Komfort. Frühzeitig reservieren! Skaftafell, 785 Öræfi, Tel. 478 16 26, bolti123@gmail.com

Gletscherwanderung auf dem Svínafellsjökull

Svínafell. Diese einfache Unterkunft am Fuß des »Schweinsbergs« bietet einen Zeltplatz, sechs Hütten (je 4 Stockbetten) und ein schlichtes Gebäude mit Küche und Sanitäranlagen. Pluspunkte sind die tolle Lage und der warme Pool! Mai–Sept., Svínafell, 785 Öræfi, Tel. 478 17 65, www.svinafell.com

INFORMATION

Skaftafellsstofa. Besucherzentrum des Nationalparks Vatnajökull. Juni–Aug. tgl. 8–21 Uhr, Mai, Sept. tgl. 9–19 Uhr, März–April, Okt. tgl. 10–17 Uhr, übriges Jahr tgl. 11–15 Uhr, Eintritt frei, Vatnajökull National Park, Skaftafell, 785 Öræfi, Tel. 470 83 00, www.vatnajokulsthjodgardur.is

Wanderkarte. Sérkort 5: Skaftafell, Maßstab 1:100 000/1:50 000

Auf Ingólfshöfði beziehen zahllose Papageientaucher im Frühjahr ihre Bruthöhlen.

21 Ingólfshöfði

Mit dem Traktor zum Vogelberg

Die entlegene, von Seevögeln bewohnte Landzunge verdankt ihren Namen Ingólfur Arnarson. Islands erster Siedler verbrachte 874 n. Chr. am Ingólfshöfði seinen ersten Winter auf der Vulkaninsel. Heute staunen im Sommer Naturfreunde über die tollpatschigen Flugversuche junger Papageientaucher und die wütenden Angriffe Großer Raubmöwen. Ungewöhnlich ist die Anreise.

Urheber der »etwas anderen Vogelsafari« war Sigurður Bjarnason. Schon 1991 karrte der pensionierte Landwirt von Hofsnes die ersten Passagiere zum Vogelberg zwischen dem Atlantik und dem schwarzen Sander. Und die rustikalen Fahrten mit dem Heuwagen über das Watt kamen gut an. Heute geht es im Sommer mehrmals täglich mit dem Traktor durch Sumpfgebiete, Priele und Sand nach Ingólfshöfði. Sigurður, Jahrgang 1932, hat das Zepter mittlerweile an Sohn Einar, Schwiegertochter Matta und Enkel Aron weitergegeben.

Die 25-minütige Fahrt endet an einer großen Sanddüne auf der Westseite der Landzunge. Nur von hier gelangt man auf das grasbewachsene Plateau, das sonst von senkrechten Klippen begrenzt wird. Wie viele isolierte Felsen an der Südküste ist auch Ingólfshöfði der erodierte Stumpf einer Vulkaninsel, die später verlandete. Seit 1978 steht das 76 m hohe, 1200 m lange und 750 m breite Vogelparadies unter Naturschutz. Ein Denkmal erinnert an Ingólfur Arnarson, der mit seinem Stiefbruder Hjörleifur nach Island segelte, wo ein Sturm ihre Schiffe trennte. Ingólfur verbrachte den Winter hier, Hjörleifur weiter westlich, bei Hjörleifshöfði.

Vogelsafari einmal anders: mit Trekker und Heuwagen

Im Gras entdeckt man bald die ersten Nistmulden der Großen Raubmöwen und Schmarotzerraubmöwen, die aggressiv ihr Revier verteidigen. An den Grashängen hocken Papageientaucher vor den Bruthöhlen, in den Klippen darunter nisten Tordalken, Trottellumen, Gryllteisten und Dreizehenmöwen. Früher ernährten sich die Menschen der Region von den Vögeln und ihren Eiern, doch beim Eiersammeln kam es oft zu tödlichen Stürzen.

Suche nach dem Goldschiff

Beim Blick in die Tiefe entdeckt man die rote Schutzhütte, die 1912 als Notunterkunft für Schiffbrüchige errichtet wurde. Viele Schiffe strandeten an der flachen Küste. Am 19. September 1667 lief das Schiff »Het Wapen van Amsterdam« der Niederländischen Ostindien-Kompanie (VOC) auf Grund. Es befand sich auf der Heimreise von Batavia nach Holland. Von den 300 Menschen an Bord kamen über 140 ums Leben. Da das Wrack im Sand verschwand, bevor die Ladung geborgen werden konnte, mutierte das Schiff in den Legenden rasch zum »Goldschiff«, doch nie wurde es gefunden Als 1983 mit moderner Technik ein Wrack geortet werden konnte, keimte Hoffnung auf. Zum Vorschein kam aber nicht das legendäre »Goldschiff«, sondern der 1903 gestrandete deutsche Trawler »Friedrich Albert« aus Geestemünde.

Infos und Adressen

ÜBERNACHTEN

Hali Country Hotel. Die Lage zwischen steilen Bergen und Atlantik, die blitzsauberen, neu eingerichteten Zimmer, die vorzüglichen Lamm- und Fischgerichte (im Restaurant des Kulturzentrums Þórbergssetur nebenan), die tollen Gastgeber Þorbjörg und Fjölnir sowie das gute Preis-Leistungs-Verhältnis – es gibt viele Gründe, hier Quartier zu beziehen. 45 km östlich von Fagurhólsmýri, Hali, 781 Hornafjörður, Tel. 478 10 73, www.hali.is

AKTIVITÄTEN

Öræfaferðir. Vogelsafari mit Traktor und Heuwagen. Organisiert auch Gletscherwanderungen, Eiskletterkurse und Skitouren auf den Hvannadalshnúkur. Abfahrt Vogelsafari 16. Juni–8. Aug. Mo–Sa 9, 12, 15 Uhr, 5. Mai–15. Juni, 9.–18. Aug. Mo–Sa 12 Uhr, Preis 5000 ISK, Treffpunkt 15 Min. vor Abfahrt am Parkplatz, 2 km südlich der Ringstraße. Die Abzweigung (zwischen Hofsnes und Fagurhólsmýri) ist ausgeschildert. Hofsnes, 785 Öræfi, Tel. 894 08 94, www.localguide.is

Oben: Die Boote, mit denen heute Touristen über den Gletschersee schippern, waren bereits in Vietnam im Einsatz.
Unten: Der Gletschersee Jökulsárlón existiert erst seit den 1930er-Jahren, wächst aber schnell.

22 Jökulsárlón

Seehunde und ein Hauch von Grönland

In der »Gletscherflusslagune«, überragt vom mächtigen Eispanzer des Öræfajökull, tummeln sich Seehunde zwischen riesigen Eisbergen. Eisbären gibt es hier zwar nicht, aber in Jökulsárlón wirkt Island wie Grönland. Der Gletschersee zählt zu den beliebtesten Filmkulissen der Vulkaninsel. Sehr gefragt sind auch die Bootstouren über den Gletschersee, bei denen man die Eisberge aus der Nähe bewundern kann.

Wenn die Abendsonne die Eisklötze in goldenes Licht taucht, erstrahlt der Gletschersee in geradezu magischer Schönheit. Stunden könnte man am Ufer sitzen, den Anblick genießen und dem fernen Donnern lauschen, mit dem der kalbende Breiðamerkurjökull neue Eisberge auf die Reise schickt. Bis zu sieben Jahre bleiben diese im See, schmelzen nach und nach und brechen auseinander, bis sie klein genug sind, um durch die Jökulsá in den 500 m entfernten Atlantik zu treiben. Das bis zu 1200 Jahre alte Eis entstand aus Schneeflocken, die vom Himmel rieselten, lange bevor die ersten Wikinger einen Fuß auf isländischen Boden setzten.

Bootstour zwischen Eisbergen

Das Alter des Sees überrascht. Um 1932 reichte der Gletscher noch bis zur Küste heran und schickte die Eisberge direkt ins Meer – wie in Grönland. Dann begann er zu schrumpfen und ließ einen stetig wachsenden See zurück. 1975 erstreckte sich die Lagune über 7,9 km² ein, heute sind es bereits 20 km². Der Abstand von der Küste bis zur Gletscherabbruchkante beträgt inzwischen schon 5 km. Die Fotografien im Café am Ufer dokumentieren diese Entwicklung.

1992 entdeckten Wissenschaftler einen 21 km langen Fjord, der sich unter dem Gletscher fortsetzt. Unter ihm liegt der tiefste Punkt Islands, 300 m unter dem Meeresspiegel. Direkt nebenan erhebt sich der mit 2119 m höchste Berg Islands, der Hvannadalshnúkur. Im Boot kommt man den Eisbergen am nächsten. Die klassische Rundfahrt mit einem Amphibienfahrzeug dauert ca. 40 Minuten, alternativ werden einstündige Touren mit Zodiac-Schlauchbooten angeboten. Während der Fahrt erfährt man Wissenswertes über den Gletschersee. So handelt es sich bei den schwarzen Bändern im Eis um vulkanische Asche diverser Vulkanausbrüche. Die tiefblaue Farbe deutet auf stark komprimiertes, luftblasenfreies Gletschereis hin, das alle Farben des Lichtes absorbiert, nur Blau wird reflektiert. Man begegnet neugierigen Seehunden, die in der Lagune einen reich gedeckten Tisch vorfinden. Bei Flut gelangen nämlich jede Menge Makrelen, Lodde, Hering und Lachs in den Gletschersee, der zu 50 % aus Salzwasser besteht und dadurch normalerweise nicht zufriert.

Bond, Batman und Beowulf

Der See ist eine Berühmtheit: James Bond war in *Im Angesicht des Todes* (1985) zum ersten Mal hier, in *Stirb an einem anderen Tag* (2002) wurde für eine spektakuläre Verfolgungsjagd die Verbindung mit dem Ozean zugeschüttet, um die Salzwasserzufuhr zu unterbinden und eine geschlossene Eisdecke zu erzeugen. Für *Batman Begins* (2005) wurde der See erneut zugefroren. In der Verfilmung von *Beowulf & Grendel* (2005) segelt Beowulfs Schiff zwischen mächtigen Eisbergen. Und in *Tomb Raider* (2001) kamen die Amphibienfahrzeuge zum Einsatz, mit denen sonst die Touristen herumschippern.

Infos und Adressen

ESSEN UND TRINKEN

Jökulsárlón. Das Café bei der Lagune serviert köstliche Fischsuppe und zu empfehlen sind auch die Waffeln mit Rhabarbermarmelade und Sahne. Juni–Aug. tgl. 9–19 Uhr, Mai, Sept.–Okt. tgl. 10–17 Uhr, Tel. 478 22 22.

Humarhöfnin. Durch die Fenster des »Hummerhafens«, in einem ehemaligen Kaufhaus und Verwaltungsgebäude des Co-op, blickt man direkt auf die Boote im Hafen, von denen täglich fangfrischer Hummer gekauft wird. Auch die übrigen Produkte sind handverlesen, z.B. Lamm aus Kópasker, Saibling aus Hali, Kartoffeln aus Hornafjörður. Juni–Aug. tgl. 12–22 Uhr, April–Mai, Sept. tgl. 18–22 Uhr, Hafnarbraut 4, 780 Höfn, Tel. 478 12 00, www.humarhofnin.is

ÜBERNACHTEN

Brunnhóll. Zwei Walknochen zeigen den Weg zu der Öko-Farm, neben der Kirche von 1899, wo Jón und Sigurlaug ihre Gäste mit frischen Pfannkuchen zum Frühstück verwöhnen. Auf dem Hof wird auch leckeres Eis produziert. April–Okt., Brunnhóll, Mýrar, 781 Hornafjörður, Tel. 478 10 29, www.brunnholl.is

AKTIVITÄTEN

Ice Lagoon. Juni–Aug. tgl. 9–19 Uhr, April–Mai, Sept.–Nov. tgl. 10–17 Uhr, Bootstour im Amphibienfahrzeug, 3500 ISK, Zodiac 5800 ISK, Tel. 478 22 22, www.icelagoon.com

INFORMATION

Tourist Information Center Höfn. Mai–Aug. tgl. 9–20 Uhr, Sept. tgl. 11–17 Uhr, Litlubrú 2, 780 Höfn, Tel. 470 80 80, www.visitvatnajokull.is

DER OSTEN

S. 140/141: Der Tafelvulkan Herðubreið thront über der Lavawüste Ódáðahraun.
Oben: Die bunten Rhyolithberge von Lónsöræfi sind durch zahllose Wanderwege erschlossen.
Unten: In der Lagune Lón begegnet man oft Singschwänen.

23 Lónsöræfi

Wandern wie in einem Gemälde

Mit einem breiten Farbspektrum lockt eines der größten und zugleich unbekanntesten Naturschutzgebiete. Ähnlich wie die bekannte Landmannlaugur-Region lässt es sich nur zu Fuß zu erkunden. Am Ufer des Gletscherflusses Jökulsá i Lóni erheben sich bunte Rhyolith-Hänge. Er mündet im Süden nahe der Stadt Höfn in ein breites Delta mit Lagune, ein paradiesischer Lebensraum für viele Vogelarten.

Östlich des Gletschers Vatnajökull, wo viele nur noch die Ostfjorde erwarten, überrascht eine bunte Schönheit: Lónsöræfi. Als hätte ein Maler seine ganze Palette über die Leinwand verteilt, leuchten mineralreiche Erden in Gelb-, Rosa-, Rot- und Graublautönen. Dunkler Basalt, grüne Matten und verschneite Gipfel setzen Kontrastpunkte. Schafe und Rentiere durchstreifen das Naturschutzgebiet. Tiefe Schluchten, steile Kanten, Wasserflächen und hohe Bergketten prägen das Panorama.

Auf ins Lagunen-Hochland

Wer ab Höfn der Ringstraße gen Osten folgt, kann diese Vielfalt nur erahnen. Nach rund 25 km, hinter dem Tunnel Almannaskarðsgöng, führt die Straße über den breit strömenden Jökulsá i Lóni, den »Gletscherfluss zur Lagune«. Vom Vatnajökull mäandert das Wasser durch dunkle Schwemmsande zum Meer. Rechts der Brücke bildet der Strom die Lónssandur, reichhaltige Feuchtgebiete in einer breiten Lagune zwischen Vestra- und Eystrahorn. Dies ist das Reich der Vögel, der Möwen, Seeschwalben und majestätischen Schwäne. Zur Linken läuft das Flusstal auf die Berge zu, an beiden Ufern führen Wanderwege in die vielfarbige Rhyolith-Region. Lónsöræfi lässt sich mit »Lagunen-Hochland« oder »Lagunen-Ödnis« übersetzen. Landwirtschaftlich hat das karge Bergland wenig zu bieten. Touristisch dafür umso mehr.

Von Stafafell in den Naturpark

Ganz in der Nähe der Brücke steht der einsame Hof Stafafell mit seiner kleinen grauen Holzkirche aus dem Jahr 1868. Über ihrem Altar hängt ein Jesusbild (17. Jh.). Stafafell ist ein beliebter Ausgangspunkt für Wanderer, denn hier hält der Linienbus von Höfn nach Egilsstaðir, und viele übernachten hier, bevor sie sich am nächsten Morgen auf den Weg in die bunten Berge machen. Schon bei kurzen Spaziergängen am Flussufer offenbart sich die farbenfrohe Landschaft in all ihrer Pracht.

Ins Herz des Schutzgebiets geht es nur über einen weiteren Gletscherfluss, den – je nach Wetter reißenden – Skyndidalsá. Der Hof Stafafell bietet einen Transportservice im Allradbus bis zu dem kleinen Parkplatz am Illikambur-Kamm. Von hier führt ein Netz von Wanderwegen ins Gelände. Auf dem beliebten, 15 km langen Rundweg lernt man das ganze Spektrum der vulkanischen Landschaft kennen. Um auch die verschiedenen Lichtstimmungen zu erleben, bietet sich mindestens eine Übernachtungen im Naturpark an, im Zelt oder in einer Hütte. Ehrgeizige wandern mehrere Tage lang zum Snæfell, der im Nordwesten aufragt.

Der wohl größte Unterschied zu Landmannalaugar ist, dass hier die dampfenden, blubbernden Phänomene der aktiven Vulkane fehlen. Die Gesteinsformationen von Lónsöræfi erkalteten bereits vor etwa sieben Millionen Jahren. Charakteristisch sind Canyons zwischen den Plateaus, Wasserfälle, Hochmoore – und deutlich weniger Menschen.

Infos und Adressen

ESSEN UND TRINKEN

Stafafell. Die einzige Verpflegungsmöglichkeit, am Rand des Naturschutzgebiets gelegen. Auf Anfrage werden hier auch warme Mahlzeiten angeboten. Verpflegung für den Tag und Getränke müssen die Wanderer aber selbst mitbringen. Stafafell, 781 Hornafjörður, Tel. 478 17 17 und 478 22 17, www.eldhorn.is/stafafell

ÜBERNACHTEN

Stafafell. Neben ein paar Möglichkeiten in der nahe gelegenen Stadt Höfn ist dieser renovierte Bauernhof aus dem 19. Jh. die einzige Unterkunft weit und breit. Die Gäste kommen in Zimmern und einigen modern ausgestatteten Hütten unter. Der Hof dient zugleich als Jugendherberge, und der Campingplatz am Haus gehört auch dazu. Stafafell, 781 Hornafjörður, Tel. 478 17 17 und 478 22 17, www.eldhorn.is/stafafell

Wanderhütten und Campingplätze. Im Naturschutzgebiet selbst gibt es mehrere schlichte, funktionale Wanderhütten für Übernachtungen, darunter Eskifell, Egilsell, Geldingafell, Múlaskáli (Busse von Höfn, per Allradfahrzeug via Route F980). Reservierungen sind zu empfehlen! Campingplätze gibt es in Lónsöræfi sowie bei Smiðjunes und Eskifell.

INFORMATION

Stafafell Travel Service. Bietet Informationen zu Wanderwegen, Wandertouren und Unterkünften in der Region. Keine festen Öffnungszeiten, im Sommer ständig besetzt, Stafafell, 781 Hornafjörður, Tel. 478 17 17 und 478 22 17, www.eldhorn.is/stafafell

Oben: Am Eystrahorn steht die Ruine eines alten Torfhofs, der auch schon als Filmkulisse diente. **Unten:** Der Fischerhafen von Djúpivogur hingegen ist bis heute voller Leben.

24 Entlang der Ringstraße

Fischerorte an der Ostküste

Der Osten Islands besteht wie der Nordwesten aus Jahrmillion altem, lange erkaltetem Vulkangestein. Gletscher, Wind und Wetter schnitten sanfte Täler hinein, die als malerische Fjorde ins Meer münden. Die alte Ringstraße zeichnet ihre Ränder nach. Sie führt zu sehr verschiedenen Dörfern, in denen die Zeit ein bisschen langsamer zu laufen scheint.

Wer das Zickzack der Straße entlang der Fjordfinger meiden will und in Richtung Egilsstaðir die Abkürzung über die neue Hochlandstrecke Axarvegur nimmt, kurz Öxi genannt, verpasst das entspannte Flair der Fischerorte. Einen kleinen Vorgeschmack auf die Landschaft liefert aber schon die Strecke bis Berufjörður vor der Abzweigung: Zahlreiche Straßenwindungen, steil abfallende Ufer-

MAL EHRLICH

FORTSCHRITT ODER RÜCKSCHRITT?

Die Errichtung des Kárahnjúkar-Staudamms zur Stromversorgung der Aluminiumhütte Fjarðaál (Reyðarfjörður) war eines der größten Bauprojekte in der Geschichte Islands. Und eines der umstrittensten, denn der Preis ist hoch. Der 57 km² große Stausee liegt nicht nur in der Nähe eines vulkanisch sehr aktiven Gebiets, sondern bedroht auch die Umwelt. Rentieren und Kurzschnabelgänsen nahm er wichtigen Lebensraum, und nun werden durch die zunehmende Erosion der Küste auch die Seehunde beeinträchtigt. Experten zufolge wird der Stausee zudem nach 40 bis 80 Jahren mit Sediment aufgefüllt sein. Zurückbleiben wird eine leblose Wüste.

Frühlingswiesen auf dem Berufjörður

hänge und diverse heftige Kurven beginnen mit der Landspitze Eystrahorn, die der grell orange Leuchtturm Hvalnes krönt. Sie lenkt die Ringstraße mit einem scharfen Knick nach Norden. Hier führt noch mancher Straßenabschnitt ungeteert um Buchten und den ersten Fjord herum, den Berufjörður. Links säumen Berge und Hügel den Weg, rechts lockt der Blick auf Lagunen oder das offene Meer.

Djúpivogur, der älteste Hafen

Wo sich der Berufjörður scharf und bis 35 km weit in die Ostküste hineinzugraben beginnt, liegt der älteste Hafen der Region: Djúpivogur, die »tiefe Bucht«. Das kleine Fischerdorf mit schmucken Bilderbuch-Holzhäuschen war Ende des 16. Jahrhunderts ein Hafen der Hanse. Unter dem dänischen Handelsmonopol wurde es zum blühenden Handelszentrum und blieb lange ein wichtiger Fischereihafen. Aus dem Jahr 1790 stammt das auffällige rote Langabúð: Das einstige Handelshaus beherbergt heute ein liebevoll gepflegtes Heimatmuseum, die skurrilen Skulpturen des Künstlers Rikarður Jónsson, die örtliche Touristeninformation und ein Café.

AUTORENTIPP!

KIRKJUBÆR: GÄSTEHAUS IN EINER KIRCHE

Wer die winzige Kirche mit dem himmelblauen Dach oberhalb der Fjarðarbraut betritt, kommt nicht zum Beten, sondern hat Schlafsack oder Reisekoffer dabei. Ingibjörg und Birgir verwandelten das leerstehende Gotteshaus von 1925 in das ungewöhnlichste Gästehaus Islands, übrigens mit dem Segen des Pfarrers, der keine Einwände hatte, »so lange die Leute sich nicht in dem ehemaligen Haus Gottes betrinken«. Neben Kanzel und Altar stehen nun Sofas, ein Tisch und Korbstühle. Auch ein paar alte Kirchenbänke blieben erhalten. Eingebaut wurden eine Küchenzeile und eine Dusche. Zum Schlafen geht es die Holztreppe hinauf zur Empore. Wo früher die Orgel erklang, ist heute nur noch das rhythmische Scharchen müder Reisender zu hören. Es gibt zehn Schlafplätze, aber keine Zimmer, sodass diese Unterkunft vor allem für Gruppen und Familien geeignet ist.

Kirkjubær. Eigene Bettwäsche oder Schlafsack mitbringen! Fjarðarbraut 37a, 755 Stöðvarfjörður,
Tel. 892 33 19, www.simnet.is/birgiral

AUTORENTIPP!

HJÁ MARLÍN: ÜBERNACHTEN WIE ZU HAUSE

15 Jahre lang hat Marleen Meirlaen Kinder in Reyðarfjörður unterrichtet, dann war die Zeit reif für eine neue Herausforderung. Die Gemeinde schenkte der sympathischen Belgierin eines der ältesten Häuser von Reyðarfjörður. Sie renovierte es gemeinsam mit ihrem Mann Jón, der aus der Region stammt, und eröffnete dort 2006 ein Restaurant und ein Gästehaus mit fünf Zimmern mit Gemeinschaftsbad. Zehn weitere Zimmer, zwei komfortable Wohnzimmer und eine Gästeküche gibt es seit 2007 in einem schönen gelben Haus mit Fjordblick in der gleichen Straße: Gäste fühlen sich hier wie in einer gut ausgestatteten Privatwohnung. Sechs neue Zimmer mit Bad im Hauptgebäude ergänzen das Angebot ab Sommer 2013. Im Restaurant hängen Gemälde der Tochter Miriam. Serviert werden echte belgische Waffeln und traditionelle isländische Gerichte wie fangfrischer Fisch, Lamm, Räucherforelle und Hummer.

Hjá Marlín. Übernachtung mit Bettwäsche oder Schlafsack. Restaurant tgl. 17–20 Uhr, Vallargerði 9, 730 Reyðarfjörður, Tel. 474 12 20, http://en.bakkagerdi.net

Auch viele andere Häuser des 400-Seelen-Ortes sind mehrere 100 Jahre alt und geben vor dem fast 1000 m hohen Gipfel des pyramidenförmigen Búlandstindur ein derart hübsches Gesamtbild ab, dass heute auch Kreuzfahrtschiffe vor der Küste auf Reede gehen und ihre Gäste an Land schicken. Das alte hölzerne Kirchlein steht seit 1894 an seinem Platz, nachdem es aus dem Nachbarfjord geholt wurde. Neben dem zweiten, größeren Gotteshaus steht nördlich des Orts eine dritte »Kirche«: Der Felsen Rakkaberg hat die passende Form und gilt als Álfkirkja, »Elfenkirche«.

Papey: Mönchsinsel und Vogelparadies

Eine ganze Reihe von Wanderwegen zieht sich rund um Djúpivogur. Beliebt sind auch Bootstouren zum nahen Papey, der »Popen-Insel«. Bevor die ersten Siedler im 9. Jahrhundert nach Island kamen, sollen auf den nur 2 km^2 irische Mönche gelebt haben. Ihre Spuren sind längst verweht, doch 1805 entstand eine Holzkirche, heute Islands älteste und kleinste. Bewohnt ist das Eiland nicht mehr, umso zahlreicher sind die Vögel: Enten und Möwen aller Art leben hier das ganze Jahr über und in den Sommermonaten gesellt sich eine lebhafte Kolonie von Papageitauchern hinzu. Ebenfalls als Vogelparadies bekannt ist die seenreiche Landzunge Búlandsnes.

Auf nach Stöðvarfjörður

Am spitzen Ende des Berufjörður geht im gleichnamigen Ort die Öxi in Richtung Egilsstaðir ab. Die Schotterpiste ist allerdings nicht ganzjährig befahrbar. Im Winter oder wenn man Zeit hat, fährt man auf der offiziellen Ringstraße weiter. Die Strecke führt an dem kurzen Fjord Stöðvarfjörður entlang, am mittellangen Fáskruðsfjörður und am größten der Ostfjorde, dem 30 km langen und 7 km breiten Reyðarfjörður.

Fjord und Ort Stöðvarfjörður gehören zu den Zwergen der Ostküste. Nur 200 Einwohner sind verblieben, die berühmteste Bürgerin war wohl Petra Sveinsdóttir: Als sie 2012 mit 89 Jahren starb, hinterließ sie eine der größten geologischen Privatsammlungen der Welt, zu jeder Jahreszeit ein Touristenmagnet. Ihr Haus und Garten, das Steinasafn Petru, »Petras Steinmuseum«, sind von oben bis unten mit Mineralien, Felsbrocken und geologischen Raritäten geschmückt.

Eine fünfstündige Wanderung führt vom Ort auf den Bergpass zwischen Stöðvarfjörður und Fáskrúðsfjörður und zeigt die Fjordlandschaft von oben. Einen Blick wert ist der pittoreske Basaltfelsen Súlurnar, wörtlich übersetzt »die Säulen«, dessen Gipfel in zwei riesige Pfeiler gespalten ist. Weiter führt die Ringstraße durch karge Landschaften mit grün bewachsenen Felsen oder auch schroffen, rhyolithbunten Hängen. Immer wieder trifft man auf Schafe und Vögel, schnuckelige Häuser mit weißen Fensterrahmen und rotem Dach, Boote und Meer – im Gegenlicht, beim Sonnenaufgang oder bei nassem Wetter wolkenverhangen.

Französisches Fáskruðsfjörður

Ein ganz überraschendes Flair verbreitet der kleine gleichnamige Ort am Kopf des gleichnamigen Fáskruðsfjörður: Frankreich liegt in der Luft. Grob zwischen 1850 und 1920 kamen jeden Sommer nordfranzösische und belgische Seeleute über den Atlantik, um hier zu fischen. Einige ließen sich nieder, ein französischer Konsul lebte im Ort. Eine eigene Kapelle und ein Hospital kümmerten sich um seine Landsleute.

Oben: Der Schnee hält sich lange auf den Gipfeln am Stöðvarfjörður.
Mitte: Petra Sveinsdóttir vor einem kleinen Teil ihrer riesigen geologischen Sammlung
Unten: Wer den Weg über die »Öxi« wählt, trifft bei guter Sicht auf malerische Landschaften.

Oben: Von einer malerischen Lage wie hier am Reyðarfjörður können Bauernhöfe anderer Länder nur träumen.
Unten: Der gelbe Leuchtturm Vattarnestangi ist auch bei schlechtem Wetter gut sichtbar.

Wenig ist übrig geblieben, darunter ein kleiner Friedhof. Alle Schilder sind neben Isländisch auch auf Französisch. Vor allem aber herrscht noch immer eine gewisse Lebensart. Jeden Sommer feiern die rund 600 Einwohner ihre Vergangenheit mit dem Festival Franskir Dagar. Ein Café serviert in der Saison typischen Kaffee und Leckereien, gelegentlich ist auch ein kleines Museum geöffnet.

Ausflüge in die Umgebung führen auf den Rhyolithberg Sandfell oder an die kleinen Inseln vor der Küste, wo sich neben einem angeblichen Riesentroll zahlreiche Vögel tummeln, z.B. Bachstelzen und Basstölpel. Die bekannteste Insel ist Skrúður, ein Basalt-Eiland vor dem nördlichen Küstenzug des Fjords. Ihre bis 22 m hohe und 125 m lange Höhle Skrúðshellir im Fels ist ein beliebter Nistplatz und gilt mit bis zu 150 000 Brutpaaren als größte Papageientaucherhöhle der Welt.

Reydarfjorður: größtes Dorf an der Ostküste

Nur einen Fjord weiter nördlich, ganz am Ende des lang gezogenen Reyðarfjörður, liegt der gleichnamige Ort. Nicht der hübscheste oder älteste, aber mit 1100 Bürgern der größte Ort an der Ostküste, entstand das Dorf erst um die letzte Jahrhundertwende, als die Heringsfischerei boomte.

Im Zweiten Weltkrieg stand hier eine wichtige Militärbasis der Alliierten. Die Details veranschaulicht das Isländische Kriegsmuseum Stríðsárasafnið, umgeben von rostigen Flugzeugpropellern, Militärjeeps und weiteren Relikten. Heute sorgt eine umstrittene Aluminiumschmelze für Arbeitsplätze am Fjord (s. Mal ehrlich). Für Touristen interessanter ist die umliegende Natur. Wanderpfade locken in die Berge oder an den Búdara-Fluss, bevor die Straße 30 km weiter in Egilsstaðir endet.

Infos und Adressen

SEHENSWÜRDIGKEITEN

Langabúð. Juni–Mitte Sept. 10–18 Uhr, 15.–31. Mai 10–16 Uhr, Búð 1, 765 Djúpivogur, Tel. 478 82 20, www.rikardssafn.is

Papey-Touren. Im Sommer tgl. 13 Uhr ab Hafen, Preis 7500 ISK, Tel. 478 88 38, www.djupivogur.is

Steinasafn Petru. Mai–Sept. tgl. 9–18 Uhr, Fjarðarbraut 21, 755 Stöðvarfjörður, Tel. 475 88 34, www.steinasafnpetrusveins.com

Stríðsárasafnið. Kriegsmuseum. Juni–Aug. tgl. 13–17 Uhr, Hospital camp v/Hæðargerði, 730 Reyðarfjörður, Tel. 470 90 63, museum@fjardabyggd.is

ESSEN UND TRINKEN

Framtíð. Hafenblick, gute isländische Küche (vor allem Fisch). Juni–Aug tgl. 12–14 und 18.30–21 Uhr, Sept.–Mai tgl. 12–13.30 und 18.30–20.30 Uhr, Vogaland 4, 765 Djúpivogur, Tel. 478 88 87, www.simnet.is/framtid

Café Sumarlína. Café, Restaurant, Sportbar und Club mit Live-Musik in einem. Fr–Sa 10–3 Uhr, So–Do 10–23 Uhr, Búðavegi 59, Fáskrúðsfjörður, Tel. 475 15 75, www.sumarlina.123.is

ÜBERNACHTEN

Framtíð. Historisches Haupthaus am Hafen mit modernem Anbau, Cottages und drei Restaurants. Vogaland 4, 765 Djúpivogur, Tel. 478 88 87, www.simnet.is/framtid

Gemütlichkeit im Hótel Framtið

Eines der verlassenen Gehöfte an den Ostfjorden

Bjarg. Mit Fjordblick. Skólavegur 49, 750 Fáskrúðsfjörður, Tel. 475 14 66, www.hotelbjarg.com

Berunes Hostel. Familiär geführtes Hostel am Meer. Berunes 1, 765 Djupivogur, Tel. 478 89 88, www.hostel.is

Fjardarhótel. Stadthotel im Business-Stil der Hringhotel-Kette, mit Steakhouse. Búdareyri 6, 730 Reydarfjördur, Tel. 474 16 00, www.hringhotels.is

INFORMATION

East Iceland Information Centre. 15. Mai–15. Sept. Mo–Fr 8.30–18 Uhr, Sa, So 9–17 Uhr, März–15. Mai Mo–Fr 9–17 Uhr, Sa 11–15 Uhr, Miðvangur 1–3, 700 Egilsstaðir, Tel. 472 17 50, www.east.is

Zweisprachige Schilder in Fáskruðsfjörður

Am Westufer des Lagerfljót steht ein Denkmal für den als Kind nach Kanada ausgewanderten Schriftsteller Jóhann Magnús Bjarnason.

25 Egilsstaðir

Loch Ness am Wegekreuz des Ostens

Sternförmig laufen in Egilsstaðir die Straßen zusammen, und auch die Besucher kommen aus allen Himmelsrichtungen: Die einen sind frisch per Europafähre in Seyðisfjörður eingetroffen, die anderen touren aus dem Norden oder Süden über die Ringstraße, und wieder andere sind quer durch das karge Hochland bis hierher gewandert. In der Region macht ein Seeungeheuer von sich reden, und der größte Wald Islands mit seinen beiden Wasserfällen zieht zahlreiche Naturliebhaber und Wanderer an.

Schon vor beinahe 800 Jahren notierten Schriftkundige ihre Sichtungen eines schlüpfrigen Ungeheuers: des Lagarfljótsormurinn, des »Wurms«, im lang gestreckten See Lagarfljót oder Lögurinn. Rund 35 km ist der See lang und dabei nur 2,5 km breit. Mehrere Flüsse strömen vom Vatnajökullgebiet im Süden hinein, im Nordosten fließt ein breiter Strom wieder hinaus bis zum Meer. Mit bis zu 122 m ist der See auch tief genug für ein Ungeheuer und in allen Teilen soll es sich schon gezeigt haben.

Bis heute berichten Menschen von Sichtungen, meistens unklar und bei nebligem Regenwetter. Wer den Lagarfljótsormurinn auch bei blauem Himmel sehen will, besteigt das Ausflugsboot gleichen Namens. Den ganzen Sommer lang kreuzt es über Islands drittgrößten See. Und die Einheimischen sind so stolz auf ihren Mythos, dass sie ihn alljährlich mit dem Kulturfest »Ormsteiti« feiern.

Unter dem hohen Himmel erscheint der See fast klein.

Dynamisches, regionales Zentrum

Egilsstaðir, das neben dem namensgebenden Bauernhof erst in den 1940er-Jahren entstand, ist eher schlicht und praktisch als schön. Und wichtig, denn in der mit 2300 Einwohnern größten Stadt des Ostens haben sich alle Ämter und großen Firmen der Region angesiedelt sowie die Tourismuszentrale. Nach Keflavík und Akureyri ist Egilsstaðir der drittwichtigste Flughafen des Landes. Hier landen die Touristen, die nicht in der Hauptstadtregion bleiben wollen. Geplant ist, dass künftig Europaflüge direkt hier ankommen können. Wer eine lange Schiffsreise hinter sich hat, aber auch Hochlandwanderer vor oder nach ihren Touren und die Bewohner des Umlands machen in Egilsstaðir ihre Besorgungen. Alle Straßen der Region kreuzen sich in Egilsstaðir, natürlich auch die Ringstraße.

Zum Entspannen auch im Winter lockt das städtische Schwimmbad mit Innen- und Außenpool, Hotpots und Sauna. Und neben dem »Wurm-Fest« steigen jedes Jahr im Juni das Jazz-Festival »Jazzhátið Egilsstaða« und im November zehn Tage lang die Dagar Myrkurs, »Tage der Finsternis« mit

AUTORENTIPP!

HÚSEY: JUGENDHERBERGE MIT REITERHOF

Wer Ruhe und Abgeschiedenheit mag, ist in Húsey goldrichtig. Denn die Jugendherberge mit Reiterhof zwischen den Gletscherflüssen Jökulsá á Brú und Lagarfljót gehört zu den einsamsten im Land. 60 km sind es bis zum nächsten Ort, Egilsstaðir. Die Umgebung ist paradiesisch: 170 verschiedene Pflanzen- und 30 Vogelarten sind hier zuhause, von der Großen Raubmöwe bis zum winzigen Odinshühnchen. Auf den Sandbänken der Jökulsá sonnen sich Seehunde, manchmal begegnet man Rentieren. Die gut ausgestattete Jugendherberge im »Alten Hof« verfügt über sieben Zimmer (2–6 Pers.) mit Waschbecken, eine Küche, ein Wohnzimmer und eine urgemütliche Glasveranda. Die Einrichtung ist einfach, das Ambiente einzigartig, vor allem wenn Örn, der auch Deutsch spricht, Geschichten erzählt. Frühstücken kann man beim Gastgeber in der Bauernküche, ansonsten ist Selbstversorgung angesagt. Ab und zu zieht Örn sogar eine junge Robbe auf dem Hof auf. In der Umgebung kann man Lachse und Forellen angeln und ausgedehnte Reittouren unternehmen.

Húsey. 701 Egilsstaðir,
Tel. 471 30 10, www.husey.de

Oben: Im Südwesten des Lagarfljót sorgte die Erosion für sehenswerte Schichtstufen.
Mitte: Kleine Kirche beim Öko-Bauernhof Vallanes
Unten: Das heutige Gebäude des klosters Skriðuklaustur entstand erst um 1940.

Geistergeschichten, Dunkeltänzen und Nachtwanderungen. Geschichtsfreunde finden in Egilsstaðir das große Kulturmuseum Ostislands, das Minjasafn Austurlands. Es zeigt rund 13 000 Objekte aus der Region, darunter Grabfunde aus vorchristlichen Zeiten und ein Torfdachhof im Originalzustand. Was nur auf Isländisch beschriftet ist, wird vom Personal gern auf Englisch erklärt, im Sommer gibt es Handwerksvorführungen und Kutschfahrten.

Rund um den Lagarfljót

Am Ostufer des Sees liegt Islands größter Wald, der Hallormsstaðaskógur. Eine Seltenheit, denn die frühen Siedler konsumierten die im rauen Klima ohnehin raren Bäume meist als Bau- und Feuerholz. In der Nische am See wachsen rund 70 Baumarten. Um 1903 experimentierte man hier mit importierten Setzlingen. Ein Lehrpfad informiert über den Wald und die zahlreichen Wanderwege machen ihn zu einem beliebten Ausflugsziel. Um das Südende des Sees herum gelangt man zum Kulturkloster Skriðuklaustur, einer Art uriger Burg, die der Schriftsteller Gunnar Gunnarsson (1889–1975) errichten ließ. Etliche seiner Werke wurden auch ins Deutsche übersetzt. Heute zeigt das Museum neben dem Lebenswerk des Dichters auch Werke regionaler Künstler und die Funde der Ausgrabungen hinter dem Haus.

Naturliebhaber finden ganz in der Nähe den Pfad zu Islands dritthöchstem Wasserfall, dem 118 m hohen Hengifoss. Rund eine Stunde dauert die Wanderung, unterwegs stürzt sein kleiner Bruder Lítlanesfoss über steile schwarze Basaltsäulen. Abenteurer zieht es auf den 1833 m hohen Gipfel Snæfell im Hochland. Auf halbem Weg dorthin liegt Islands größtes Bauwerk, der Staudamm des Kraftwerks Kárahnjúkar (s. S. 148).

Infos und Adressen

SEHENSWÜRDIGKEITEN

Minjasafn Austurlands. Juni–Aug. Mo–Fr 10–17 Uhr, Sa 10–16 Uhr, Sept.–Mai nur nach Vereinbarung, Laufskógar 1, 700 Egilsstaðir, Tel. 471 14 12, www.minjasafn.is

Skriðuklaustur. Juni–Aug. tgl. 10–18 Uhr, Mai und Anf. Sept. 12–17 Uhr, Skriðuklaustur, 701 Egilsstaðir, Tel. 471 29 90, www.skriduklaustur.is

ESSEN UND TRINKEN

Fjóshornið. Bevorzugt kommen hier regionale Biozutaten auf den Tisch, exzellent zubereitet. Spezialität: die Skyr-Torte. Tgl., im Gistihúsið Egilsstöðum, Ringstr. am Ortseingang, Tel. 471 11 14, www.egilsstadir.com

Klausturkaffi. Üppige Mittags- und Kaffeebuffets im Skriðuklaustur. Juni–Aug. tgl. 10–18 Uhr, Mai und Anf. Sept. 12–17 Uhr, Skriðuklaustur, 701 Egilsstaðir, Tel. 471 29 90, www.skriduklaustur.is

ÜBERNACHTEN

Gistihúsið Egilsstöðum. Der historische Namensgeber von Egilsstaðir ist heute ein modernes, gediegenes Landhaushotel am Seeufer. Ringstr. am Ortseingang, Tel. 471 11 14, www.egilsstadir.com

Icelandair Hotel Hérað *.** Skandinavisch hell eingerichtet, erstklassiges Restaurant, Konferenzräume. Rollstuhlgeeignet. Miðvangur 5–7, 700 Egilsstaðir, Tel. 471 15 00, www.icelandairhotels.com

Standbild von Gunnar Gunnarson

Gunnarssons Werke: auch hierzulande beliebt

Hallormsstaður***.** Mitten im Wald am Ostufer des Sees. Haupthotel mit Seeterrasse, im Sommer sind weitere Häuser und Waldhütten in Betrieb. Gutes Restaurant. Rollstuhlgeeignet. Hallormsstaður, 701, Tel. 471 24 00, www.hotel701.is

VERANSTALTUNGEN

Jazzhátíð Egilsstaða. Islands ältestes Jazzfestival steigt seit 1988. Im Juni, www.jea.is

Ormsteiti Area Festival. 10-tägiges Erntefestival zu Ehren des Wurms. Im August, www.ormsteiti.is

INFORMATION

East Iceland Information Centre. Mitte Mai–Mitte Sept. Mo–Fr 8.30–18 Uhr, Sa, So 9–17 Uhr, März–Mitte Mai Mo–Fr 9–17 Uhr, Sa 11–15 Uhr, Miðvangur 1–3, 700 Egilsstaðir, Tel. 472 17 50, www.east.is

26 Seyðisfjörður, ein Hauch von Norwegen

Natürlicher Fjordhafen mit viel Panorama

Am Ende eines langen, steilen Fjords liegt der natürliche Hafen, an dem die Europafähre »Norröna« einmal in der Woche ein- und ausläuft. Der alte Handelsort Seyðisfjörður blühte zur Zeit des Heringsbooms zusätzlich auf. Viele beeindruckende Holzhäuser zeugen bis heute vom Wohlstand der Händler und bilden ein charmantes Umfeld für eine lebhafte Künstler- und Musikerszene.

Seyðisfjörður, der »Fjord der Feuerstelle«, ist ein Ziel für Individualreisende: Wer hier mit der Fähre eintrifft, kommt mit dem eigenen Campingmobil oder Geländewagen. Oder wollte statt des Flugzeugs den ungewöhnlichen, jahrhundertelang einzigen Weg nach Island ausprobieren und bei einem Zwischenstopp ein wenig die Färöer Inseln erkunden. Island empfängt die Schiffsreisenden nach der langen Fahrt mit einem besonders reiz-

MAL EHRLICH

AUSWEICHEN, WENN ES VOLL WIRD

Im Winter ist Seyðisfjörður verschlafen, doch im Sommer bestimmt der Fahrplan der »Norröna« den Rhythmus. Am Tag vor der Abfahrt der Großfähre nach Dänemark wird der Ort geradezu belagert. Hotels, Gästehäuser und auch der Campingplatz sind überfüllt. Wohl dem, der dann eines der vergessenen Fischerdörfer im Südosten ansteuert: Nur eine Autostunde von Seyðisfjörður entfernt gibt es in Reyðarfjörður, Eskifjörður und Fáskrúðsfjörður Übernachtungsmöglichkeiten für jeden Geldbeutel.

Oben: Aus der Ferne ein buntes Spielzeughäuschen, aus der Nähe ein hübsches Wohnhaus.
Unten: Wenn der Fjord windstill ist, steht Seyðisfjörður buchstäblich auf dem Kopf.

vollen Szenario: Vom offenen Meer aus sieht man zuerst die Fjordlandschaft der Ostküste, gekrönt von verschneiten Gipfeln.

Dann steuert die Fähre ins Land hinein und folgt zwischen dunklen Hängen, kleinen Buchten und gelegentlich tiefhängenden Wolken 17 km lang den Biegungen des tiefen, stillen Seyðisfjörður. Ab und zu taucht einer der kleinen Orte auf und bunte Spielzeughäuschen schmiegen sich zwischen die Berge Strandartindur und Bjólfur. Sobald das Schiff angelegt hat und seine Passagiere im Hafen an Land lässt, treffen sie auf zahlreiche Menschen voller Islanderlebnisse, die mit der »Norröna« wieder zurück nach Europa wollen.

Auf dem Landweg

Doch auch wenn man auf dem Landweg anreist, braucht man auf ein spannendes Panorama nicht zu verzichten: Die Straße ab Egilsstaðir führt über die karge Hochebene Fjarðarheiði bis zum oberen Fjordrand: Hoch über dem Ort bietet sie beste Aussicht in alle Richtungen. Von dort windet sie sich steil durch das Gelände bis auf Meereshöhe hinab, während parallel der Fluss Fjarðará ins Tal strömt. Seyðisfjörður zählt zu den schönsten Orten Islands. Viele aus der Blütezeit des Handels- und Fischerorts gut erhaltene, alte Häuser prägen das Bild.

Bereits zu Zeiten der Landnahme hatte der Fjord einen Siedler, nämlich Bjólfur. Doch erst als europäische Kaufleute hier einen günstigen Stützpunkt sahen, entstand ein Ort. In der Heringsära, Ende des 19. Jahrhunderts, kamen vor allem viele Norweger. Der Hafen mit Fischverarbeitung und -verschiffung wuchs. Und im Ort bauten die Nordmänner fein gearbeitete Fertighäuser auf, die sie meist als Bausatz aus der Heimat kommen ließen:

AUTORENTIPP!

MJÓIFJÖRÐUR: WILD UND EINSAM

Gerade wenn dunkle Wolken die Berge einhüllen, übt der »schmale Fjord« eine magische Anziehungskraft aus. Das 18 km lange Gewässer zwischen Seyðisfjörður und Norðfjörður ist so abgeschieden, dass es erst seit den 1950er-Jahren per Auto erreichbar ist. Die steile, abenteuerliche, nur im Sommer befahrbare Straße 953 bietet herrliche Ausblicke. Sie folgt dem Nordufer bis zu Islands ältestem Leuchtturm (1899) in Dalatangi.
Im frühen 20. Jahrhundert betrieben norwegische Walfänger am Mjóifjörður zwei Walfangstationen. Allein von Asknes, fuhren neun Schiffe hinaus, im Rekordjahr 1903 wurden dort 486 Wale zerlegt. In nur zwölf Jahren verarbeiteten beide Stationen 5200 Tiere. In den 1960er-Jahren brachte der Hering noch einmal Wohlstand, danach ging es am Mjóifjörður bergab. Heute harren nur noch ein paar Dutzend Menschen am Ufer des wildesten Fjords Islands aus.

Sólbrekka. Schlafsackunterkunft mit Café (Schulhaus), zwei Ferienhäuser (4–6 Pers.). Gästehaus Juli–Mitte Aug., Ferienhäuser Juni–Sept., 715 Mjóifjörður, Tel. 476 00 07, mjoi@simnet.is

Strand bei Seyðisfjörður.

Oben: Malerisch reflektiert das Wasser die sommerlichen Berge. **Unten:** Ebenfalls malerisch, aber doch verlassen steht dieses Haus am Fjord – ein Zeichen der Landflucht, die der Tourismus bremsen kann.

verschiedene Typen von Wohn- und Geschäftsgebäuden, die heute noch in vielen Farbtönen leuchten. Ein Architekturspaziergang durch Seyðisfjörður lohnt sich.

Technisch am Puls der Zeit

Noch immer lebt der Großteil der rund 700 Einwohner vom Fischfang. Am Fjord operiert eine Werft und Metallverarbeitung. In punkto Technik war Seyðisfjörður immer sehr eng am Puls der Zeit. 1906 landete hier Islands erste Telegrafenverbindung aus Europa an: Ein Unterseekabel aus Schottland machte den Ort zum Telekommunikationszentrum Islands. Und 1913 konstruierten findige Köpfe ein simples Wasserkraftwerk am Fjarðará, mit dem ersten Wechselstromkraftwerk des Landes. Es versorgte den gesamten Ort – natürlich als ersten – mit Straßenbeleuchtung und elektrischem Licht im Haus. Das Kraftwerk ist bis heute in Betrieb und das Technikmuseum dokumentiert anschaulich die Vorreiterrolle des Ortes.

Kunst, Kultur und Natur

Hochbetrieb herrscht im Sommer jeden Donnerstag und im Winter jeden Dienstag, denn an diesen Tagen kommt die Fähre an. Wer nicht mit dieser anreist, bevorzugt den ruhigeren Teil der Woche für einen Aufenthalt. Einen Besuch im Kulturzentrum Skaftfell für zeitgenössische Kunst sollte sich niemand entgehen lassen. Einigen der Künstler, die hier in ihren Ateliers arbeiten, kann man über die Schulter schauen. Jeden Sommer findet hier drei Monate lang das Kulturfestival »Á Seyði« mit Ausstellungen und Musik statt. Zum Paddeln oder Radeln geht es hinaus in die Natur. Die Fjordhänge laden zum Wandern ein, z. B. auf dem Pfad am Fjarðará, wo man an 25 Wasserfällen vorbeikommt.

Infos und Adressen

SEHENSWÜRDIGKEITEN

Tækniminjasafn Austurlands. Technikmuseum. Juni–Mitte Sept. Mo–Fr 11–17 Uhr, Eintritt 1000 ISK, Hafnargata 44, 710 Seyðisfjörður, Tel. 472 15 96, www.tekmus.is

Kulturzentrum Skaftfell. Mit Café. Di–Fr 13–16 Uhr, Fr 17–22 Uhr, Sa, So 15–22 Uhr. Austurvegur 42, 710 Seyðisfjörður, Tel. 472 16 32, www.skaftfell.is

ESSEN UND TRINKEN

Kaffi Lára. Das Café wird abends zum Pub und hat seine eigene Biermarke, »El Grillo«. Norðurgata 3, 710 Seyðisfjörður, Tel. 472 7 03, www.visitseydisfjordur.com/cafe-lara

ÜBERNACHTEN

Aldan. Schon 1898 war das Aldan ein Hotel, heute besticht es mit moderner Ausstattung in historischem Ambiente. Es gibt auch ein A-la-Carte-Restaurant, und im Nebenhaus ist das Schwesterhotel Snæfell untergebracht. Nordurgata 2, 710 Seyðisfjörður, Tel. 472 12 77, www.hotelaldan.com

Nordursild. Pension in einer ehemaligen Fischfabrik an der Südseite des Fjords. Schlichte, aber charmante Atmosphäre mit Holzböden. Strandarvegi, 710 Seyðisfjörður, Tel. 845 36 46, nordursild@gmail.com

INFORMATION

Touristeninformation. Hier ist unter anderem die Architekturbroschüre für den »Spaziergang im alten Seyðisfjörður« erhältlich (diese gibt es auch im Kulturzentrum). Mo, Do, Fr 9–12 und 13–17 Uhr, Tel. 470 23 08, Hafnargata 44, 710 Seyðisfjörður, www.sfk.is

Zweigstelle im Fähr-Terminal. Juni–Aug. Mo–Fr 9–12 und 13–17 Uhr, Sept.–Mai Di, Mi 9–12 und 13–17 Uhr, Ferjuleira 1, 710 Seyðisfjörður, Tel. 472 15 51, www.visitseydisfjordur.com

Auto- und Passagierfähre Norröna. Wöchentlich startet das Schiff von Hirthals in Dänemark und steuert die Färöer Inseln, Norwegen oder die Shetlandinseln an. Tel. 472 11 11, www.smyrilline.com

Die »Blaue Kirche« von Seyðisfjörður, die Bláa Kirkja, ist im Sommer Spielort zahlreicher Konzerte.

Oben: Über die Kirche hinweg geht der Blick vom Hügel Álfaborg auf den Fjord.
Unten: Das rote Häuschen Lindarbakki könnte tatsächlich märchenhafte Wesen beherbergen.

27 Borgarfjörður eystri – Elfenhauptstadt

Die Heimat der Elfen und Kristalle

Gut versteckt liegt das kleine Bakkagerði im Fjord Borgarfjörður eystrí an der Ostküste, nicht zu verwechseln mit dem Fjord Borgarfjörður in den Westfjorden. Das von hohen, bunten Bergen beschützte Tal soll die Hauptstadt der Elfenkönigin beherbergen. Sagen die Isländer. Naturliebhaber kommen hier ebenfalls auf ihre Kosten und können faszinierende Mineralien und eine malerische Wanderregion entdecken.

Der Weg ist nicht einfach. Man muss die Elfen schon besuchen wollen: Die Straße zum Borgarfjörður eystri, dem »östlichen Fjord der Stadt«, verläuft von Egilsstaðir aus zunächst nach Norden durch das breite, fruchtbare Tal des Lagarfljót, der sich vom See Richtung Nordmeer zieht. Erst kurz vor der Küste biegt der Weg scharf nach rechts und schraubt sich dann in Serpentinen viele 100 Meter hoch in die Berge, vorbei an felsigen Schafweiden und kleinen Wasserfällen. Dann geht es wieder hinunter zum Meer, durch das Tal Narðvík. In einer gewagten, schmalen Biegung vor der steilen Felsküste, zur Linken immer das Meer, zeigt sich schließlich der Borgarfjörður. Er ist eher breit und kurz, eine tiefere Bucht, an der sich die Häuser von Bakkagerði reihen.

Die Elfenstadt von Bakkagerði

Wie in so vielen isländischen Orten wirken die bunten Dächer wie die von Spielzeughäuschen. Doch in diesem Fischerort mit nur rund 100 Einwohnern sehen die Häuser selbst aus der Nähe

Dyrfjöll – Wohnsitz des Elfenkönigs

noch putzig aus. Zwergen und Elfen könnten im Haus *Lindarbakki* wohnen. Es hat ein dichtes grünes Grasdach, knallrote Wänden mit weißen Giebeln und Fenstern und einen Schuppen. Tatsächlich ist es nur ein privates Sommerhaus. Das wahre Elfenheim liegt ein paar Ecken weiter: Álfaborg, die »Elfenstadt«, ist ein enormer, flacher und grün bewachsener Felshügel nahe der Kirche. Natürlich zeigen sich die Elfen nur in Ausnahmefällen, sind sie doch das »unsichtbare Volk«. Die alten Legenden berichten es seit Jahrhunderten und so ist den Bürgern von Bakkagerði klar, dass hier die Elfenkönigin mit Hofstaat residiert. In einem der nahen Gipfel soll auch der Elfenkönig wohnen. Und seit einigen Jahren wird jedes Jahr im August das Álfaborgarsjens, »Elfenfest« mit Tanz und Musik gefeiert.

Die kleine, lichtgraue Kirche in direkter Nachbarschaft ist dazu kein Widerspruch. Zwar sollte sie zunächst oben auf dem Hügel stehen, doch die Elfen legten Beschwerde ein, durch einen menschlichen Dolmetscher. Das Gotteshaus wurde nebenan gebaut. Wer hier heiratet, kann heute auch eine

AUTORENTIPP!

STÓRURÐ: WANDERN IM LAND DER ELFEN

Der Legende nach wimmelt es in Stórurð von Elfen. Das »große Geröllfeld« entstand durch einen Bergsturz, bei dem ein Teil der Dyrfjöll auf den Gletscher fiel und ins Tal verfrachtet wurde. Nach dem Abschmelzen des Eises blieb eine idyllische Landschaft mit riesigen Felsblöcken, türkisfarbenen Tümpeln und kleinen Bächen zurück. Eine herrliche Wanderung (17 km, 6 Std.) führt vom Parkplatz bei Vatnsskarð (431 m) an der Straße 94 nach Stórurð. Zum Auftakt geht es steil bergan. Vom Gipfel des Geldingafjall schaut man bis zum Herðubreið (115 km weit!), folgt dem Verlauf eines Gebirgszugs und steigt dann nach Stórurð ab. Dort biegt man rechts ab und gelangt so zurück zur Straße, auf der es zurück zum Parkplatz geht (2,5 km). Wer von Borgarfjörður eystri mit dem Bus bis zum Parkplatz fährt, biegt bei Stórurð links ab und läuft, teils über Geröllfelder (Trittsicherheit erforderlich!), nördlich um die Dyrfjöll ins Dorf zurück (17 km, 7 Std.).

Jakob & Margrét Bus Service.
Mo–Fr 8 Uhr ab Borgarfjörður eystri, Tel. 472 98 05 und 894 83 05, hlid@centrum.is

Oben: Die Ausläufer der Dyrfjöll thronen hoch über dem Fjord, sind aber definitiv eine Wanderung wert. **Mitte:** Im Tal können Camper neben dem Álfaborg nächtigen. **Unten:** Und selbst eine Gartenhütte im Torfhausstil wirkt mit spielenden Kindern »elfenhaft«.

Zeremonie mit dem Segen der Elfenkönigin vornehmen lassen. Auch in der Kirche zeugt ein Gemälde von dieser besonderen Verbundenheit von Religion und Elfenglauben. Auf dem pastellfarbenen Altarbild hält Jesus seine Bergpredigt von einem Hügel, der dem Álfaborg verdächtig ähnlich sieht.

Das Bild malte 1914 Islands bekanntester Maler, Jóhannes S. Kjarval, der hier aufwuchs. Ihm ist auch das kleine Museum »The Kjarval Experience« gewidmet, das vor allem seine Person feiert. Die meisten seiner Kunstwerke sind im Reykjavíker »Kjarvalsstaðir« ausgestellt. Wer sich mehr mit den Elfen beschäftigen will, hat es als Kind besonders gut: Im Sommer lockt die kleine Abenteuerstube »Ævintýraland« mit Kostümen und einer liebevoll gestalteten Kunsthöhle, um Elfengeschichten nachzuspielen. Musikfans hingegen kommen am liebsten Ende Juli, wenn das Festival für Rock und Pop »Bræðislan« den Fjord erbeben lässt.

Dyrfjöll, die Türberge

Auch Wanderern und Naturfreunden hat Borgarfjörður eystri viel zu bieten. Ein dichtes Netz an Wanderwegen mit Hütten zieht sich durch die spektakulären Berge, die zu den ältesten Islands gehören. Sie sind seit Jahrmillionen erkaltet und präsentieren sich in einem facettenreichen Farbspektrum von dunklem Basalt bis zu in allen Pastellfarben schimmernden Rhyolit-Hängen. Auch Mineraliensammler zieht es in diese Hänge. Den höchsten und markantesten Punkt bilden die Dyrfjöll, die »Türberge«. Zwischen ihren beiden Gipfeln klafft eine breite Lücke wie ein Tor. Und unten am Meer, am südlichen Fjordrand, tummeln sich tausende Papageientaucher auf der Insel Hafnarhólmi und lassen Besucher bis auf wenige Meter an sich heran.

Infos und Adressen

SEHENSWÜRDIGKEITEN

Kjarvalsstofa (The Kjarval Experience). Juni–Aug. tgl. 12–18 Uhr, Eintritt 600 ISK, Fjarðarborg, 720 Bakkagerði, Tel. 472 99 50, www.borgarfjordureystri.is

Ævintýraland (Elfenabenteuerland). Spielparadies und Mineralienschau. Elfenkostüme und Hörgeschichten sind auszuleihen. Juni–Aug. tgl. 13–17 Uhr, Eintritt 800 ISK, Tel. 893 99 13, www.borgarfjordureystri.is

Hafnarhólmi. Papageientaucherkolonie und zahlreiche andere Seevögel zur Beobachtung. Zu Fuß erreichbar, am besten Mai–Aug., www.puffins.is

ESSEN UND TRINKEN

Já Sæll. Kleines Restaurant und Bar, in der sich die Einheimischen treffen. Fjarðarborg, 720 Bakkagerði, Tel. 472 99 20, 848 35 15, fjardarborg@simnet.is

Álfacafé. Kleines Café und Restaurant. Den frischen Fisch aus dem Fjord probieren! Fjarðarborg, 720 Bakkagerði, Tel. 472 99 00, alfacafe@simnet.is

ÜBERNACHTEN

Gistihúsið Álfheimar. Die drei Gebäude mit großen, freundlichen Räumen gehören zu einem Hof am Ortseingang. Das Restaurant serviert Delikatessen aus der Region. Merkisvegur, Tel. 861 36 77, www.elftours.is/accommodation

Gistihúsið Blábjörg. In der renovierten Fischfabrik am Hafen, direkt am Fjord. Die elf Zimmer teilen sich mehrere Bäder, Wohnraum und Küche. 720 Bakkagerði, Tel. 861 17 92, www.blabjorg.is

INFORMATION

East Iceland Information Centre. Verfügt über Broschüren zum Wanderwegenetz, weitere Informationen gibt es aber nur online. Mitte Mai–Mitte Sept. Mo–Fr 8.30–18 Uhr, Sa, So 9–17 Uhr, März–Mitte Mai Mo–Fr 9–17 Uhr, Sa 11–15 Uhr, Miðvangur 1–3, 700 Egilsstaðir, Tel. 472 17 50, www.east.is, www.borgarfjordureystri.is

In voller Schneepracht macht der Berg Hvítserkur, »langes weißes Kleid«, seinem Namen alle Ehre.

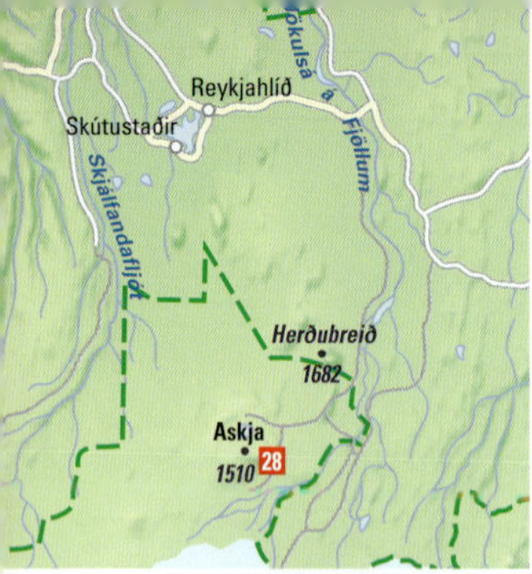

Oben: In der Hochlandoase Herðubreiðarlindir sorgen aus der Lava entspringende Quellen für eine üppige Vegetation.
Unten: Bizarre Palagonitformationen prägen die rauen Höhen oberhalb von Dreki.

28 Askja und Herðubreið

Spielplatz für Astronauten

Island in seiner wildesten Form! Von weitem dominiert der Tafelvulkan Herðubreið die Wüste nördlich der Eiskappe Vatnajökull. Die Caldera der Askja bleibt für immer mit dem tragischen Schicksal des deutschen Geologen Walther von Knebel verbunden. Und der Gletschervulkan Kverkfjöll illustriert wie kein anderer das Zusammenspiel von Feuer und Eis.

Die Askja (»Schachtel«) gehört zum Massiv der Dyngjufjöll. Einzigartig an diesem Vulkan ist seine riesige Caldera, genau genommen besteht sie aus drei, teilweise ineinander verschachtelten Calderen. Mit einem Durchmesser von 8 km und einer Fläche von 50 km^2 ist die Askja die größte. Zwischen 200 und 400 m hohe Steilwände rahmen sie. Der Vulkan Askja gehört seit 2008 zum Nationalpark Vatnajökull. Schon die Anreise ist ein Erlebnis.

Mehrere Wege führen ans Ziel, doch alle erfordern einen Geländewagen. Von Egilsstaðir aus empfiehlt sich die Fahrt über die Pisten 907 und F910,

MAL EHRLICH

DEM MOOS ZULIEBE

»Offroadfahren«, jegliches Fahren abseits markierter Wege und Pisten, ist absolut tabu. Auf Verfehlungen wird sehr ungehalten reagiert – und das zu Recht! Fahrspuren bleiben auf den empfindlichen Böden jahrelang sichtbar und öffnen auch der Winderosion Tür und Tor. Kontrollen erfolgen durch die Ranger und (auch aus der Luft) durch die Polizei. Übeltäter müssen mit drakonischen Bußgeldern rechnen.

wobei unterwegs ein Stopp in Sænautasel lockt. Diese Replik eines alten Torfhofs zeigt, wie einfache Leute früher lebten.

Drehort für *Oblivion*

Am schönsten ist der Weg von Norden her, über die F88. Sie zweigt an dem Explosionskrater Hrossaborg, im Juni 2012 Drehort des Sci-Fi-Thrillers *Oblivion*, von der Ringstraße ab. Weiter südlich bilden postglaziale, durch Schildvulkane wie Trölladyngja geförderte Lavaströme das 4000 km^2 große Lavafeld Ódáðahraun. Der Name »Missetäterwüste« verweist auf die Geächteten, die dort einst um ihr Überleben kämpften. Augen für die ästhetischen Linien des 1682 m hohen Tafelvulkans Herðubreið (»Breite Schulter«), der wie eine einsame Insel aus einem versteinerten Ozean emporwächst, werden sie kaum gehabt haben.

Vulkankatastrophe im 19. Jahrhundert

In der Oase Herðubreiðarlindir (»Quellen der Herðubreið«) am Fuß der »Königin der Berge«, brachte der bekannte Geächtete Fjalla-Eyvindur den Winter von 1774 auf 1775 zu. Sein Versteck, eine winzige Lavahöhle, liegt 100 m nordwestlich der Hütte. Als »Dach« fungierte ein Pferdegerippe, zugedeckt mit Grassoden.

Weiter südlich ändert sich die Szenerie: Die schwarzen Basaltlaven weichen einem hellen Bimssteinteppich, der bereits das Ausmaß der Katastrophe erahnen lässt, die sich ergab, als die Askja am 28. März 1875 zu neuem Leben erwachte. Innerhalb eines Tages wurden 2,5 km^3 Bimsstein ausgespuckt, der große Teile Nord- und Ostislands bedeckte. Nach zwei Tagen erreichte die Aschewolke aufgrund des Westwinds Stockholm.

AUTORENTIPP!

KVERKFJÖLL: GEWALTIGES EIS
Zum Kverkfjöll (1929 m) am Nordrand des Vatnajökull, berühmt für seine Eishöhlen, führen die Pisten F910 und F902 (kürzer) bzw. F903 (abwechslungsreicher). Vom Parkplatz am Ende der Piste erreicht man schnell den Aussichtspunkt mit Blick auf die größte Eishöhle. Näher sollte man auf keinen Fall ran, das Eis in der Nähe der Höhle ist sehr instabil! Einmalig ist eine Ranger-Tour auf den Gletscher (7–9 Std.). Steigeisen und Seil werden gestellt, wind- und wasserdichte Kleidung, Verpflegung und Ausdauer sind mitzubringen. Vom Geothermalgebiet Hveradalur geht es auf den Gletscher zur Forscherhütte »Jörfi« (1800 m), wo eine Lagune milchigtrüb schimmert.

Sigurðarskáli. Hütte mit Schlafsälen, Küche und heißen Duschen. Ferðafélag Fljótsdalshéraðs, Tel. 863 58 13 und 863 92 36 (Sommer), www.fljotsdalsherad.is

Oben: Der »Höllenkrater« Víti entstand bei einer gewaltigen Explosion im Frühjahr 1875.
Mitte: Junger Polarfuchs in Möðrudalur.
Unten: Die Wanderhütte in Dreki ist Ausgangspunkt für Streifzüge in der Askja-Region.

In Island waren Hungersnöte und Verarmung die Folge. Ganze Landstriche wurden entvölkert und es setzte eine beispiellose Auswanderungswelle ein. Nach dem Ausbruch bildete sich in der alten Caldera eine neue, die sich mit Grundwasser füllte und nach 35 Jahren ihre heutige Größe erreichte. Der Calderasee Öskjuvatn (11 km²) ist mit 220 m der tiefste See Islands.

Mysteriös verschwunden

Um die Caldera zu erkunden, empfiehlt sich eine Übernachtung in Dreki. Hinter der Hütte führt ein Pfad in die Drekagil oder »Drachenschlucht« (hin und zurück 45 Min.) mit ihren bizarren Felsformationen, die an Drachen erinnern. Zwei Wege führen in die Caldera hinein. Zu Fuß nimmt man (bei guter Sicht!) die markierte »Panoramaroute« (hin und zurück 6–7 Std.). Sie beginnt nördlich der Schlucht Drekagil und führt über den Calderarand zum Explosionskrater Víti (»Hölle«). Die Piste F894 windet sich indes über das scharfkantige Lavafeld Vikrahraun von 1961, wo einst Armstrong & Co die erste Mondlandung übten. Sie endet nach 8 km an einem Parkplatz mit Infotafeln. Von dort führt ein markierter Pfad in 45 Minuten ebenfalls zum Explosionskrater Víti.

Über einen steilen, rutschigen Pfad (Trittsicherheit nötig) ist der milchig grüne See erreichbar, dessen Wasser (25–28 °C) zum Baden einlädt. Lange hielt man Víti für das Zentrum des Vulkanausbruchs von 1875. Neuere Untersuchungen ergaben jedoch, dass die Ausbruchskrater vermutlich bei der Bildung des Öskjuvatn verschwunden sind. Im See verschwanden am 10. Juli 1907 auf mysteriöse Weise der deutsche Geologe Walther von Knebel und der Berliner Maler Max Rudloff. An das tragische Schicksal der beiden erinnert ein Steinhügel in der Nähe des Víti.

Infos und Adressen

ANREISE

Mývatn Tours. Bustouren von Mývatn nach Askja. 8 Uhr ab der Touristeninformation in Reykjahlíð, 10. Juli–20. Aug. tgl., 18. Juni–9. Juli, 21.–31. Aug. Mo, Mi, Fr, Preis 130 €, Tel. 464 19 20, www.myvatntours.is

SBA–Norðurleið. 3-tägige Bustouren von Mývatn nach Askja und Kverkfjöll mit Wanderungen (bis 9 Std.). 1. Juli–12. Aug. Mo ab Akureyri und Reykjahlíð, Preis 35 550 ISK zzgl. Übernachtungen, Tel. 550 07 00, www.sba.is

SEHENSWÜRDIGKEITEN

Sænautasel. 1. Juni–10. Sept. tgl. 9–22 Uhr, Eintritt 500 ISK, Jökuldalsheiði, 701 Egilsstaðir, Tel. 892 89 56, jokulsa@centrum.is

ESSEN UND TRINKEN

Sænautasel. Im ehemaligen Schafstall des Torfhofs serviert Lilja Hafdís traditionelle Spezialitäten wie *lummur* und *slátur*. 1. Juni–10. Sept. tgl. 9–22 Uhr, Eintritt 500 ISK, Jökuldalsheiði, 701 Egilsstaðir, Tel. 892 89 56, jokulsa@centrum.is

Fjallakaffi. Für die *Möðrudalskleinur* lohnt der Umweg nach Möðrudalur, auch Villis *hangikjöt* (Räucherlamm) ist landesweit bekannt. Tgl. 7–20 Uhr, 701 Egilsstaðir, Tel. 471 18 58, www.fjalladyrd.is

ÜBERNACHTEN

Dreki. Hütten am Eingang der Schlucht Drekagil mit 60 Plätzen, Küche und Duschen (im Sommer).

Mehrere Furten würzen die Pisten nach Askja.

Ganzjährig, Tel. 822 51 90, Reservierung über FFA, Juni–Aug. Mo–Do 15–18 Uhr, Fr 15–19 Uhr. Strandgata 23, 600 Akureyri, Tel. 462 27 20, www.ffa.is

Herðubreiðarlindir. Hütte mit 30 Plätzen, Küche, Duschen (im Sommer), Zeltplatz. Mitte Juni–Sept. Tel. 822 51 91 (Juni–Sept.), Reservierung über FFA, Juni–Aug. Mo–Do 15–18 Uhr, Fr 15–19 Uhr, Strandgata 23, 600 Akureyri, Tel. 462 27 20, www.ffa.is

Möðrudalur. Der höchst gelegene Bauernhof Islands (469 m) bietet Zimmer im Haupthaus, zwei Gästehäuser (7 Pers.) und einen Zeltplatz. 701 Egilsstaðir, Tel. 471 18 58, www.fjalladyrd.is

INFORMATION

Ferðafélag Akureyrar (FFA). Juni–Aug. Mo–Do 15–18 Uhr, Fr 15–19 Uhr, Strandgata 23, 600 Akureyri, Tel. 462 27 20, www.ffa.is

Magie in der Wüste: Dimmifjallgarður

Oben: Treibholz war einst eine wichtige Lebensgrundlage für die Bewohner der entlegenen Halbinsel Langanes.
Unten: Einsamer Außenposten der Zivilisation: die kleine Kirche von Sauðanes

29 Langanes-Halbinsel
Von den Menschen verlassene Heimat der Seevögel

Langanes ist ein Eldorado für Ornithologen: Die Strandwiesen bevölkern riesige Kolonien der Küstenseeschwalbe, nirgendwo auf Island kommt man Dickschnabellumen und Basstölpeln so nah wie am Skoruvíkurbjarg. Treibholzberge, Wracks und eine Geisterstadt lassen auch die Herzen von Wanderern höher schlagen.

Das Vogelparadies – sogar die Form der Halbinsel ähnelt einer Ente – liegt im äußersten Nordosten Islands, zwischen Þistilfjörður und Bakkaflói. Noch im frühen 20. Jahrhundert war Langanes recht dicht besiedelt. Die Menschen lebten von Schafzucht und Fischfang, sammelten Vogeleier, Eiderdaune und Treibholz. Mitte des Jahrhunderts setzte, wie in vielen entlegenen Regionen, die Landflucht ein. Heute ist das Gebiet verlassen.

Startpunkt Sauðanes

Am Rand der Wildnis liegt der frühere Pfarrhof Sauðanes, einst sehr beliebt, denn er bot viele Vorteile, von Eiderenten und fischreichen Gewässern bis zu großen Treibholzmengen. Das Pfarrhaus wurde zwischen 1879 und 1881 aus mühsam per Schlitten hierher transportierten Steinen errichtet. Die Türen bestehen aus Treibholz. Heute fungiert das restaurierte Gebäude im Sommer als Café, Heimatmuseum und Touristeninformation. Die Kirche nebenan wurde 1889 erbaut, Flügelaltar und Kanzel stammen aus dem 18. Jahrhundert.

Hinter Sauðanes wird die Schotterstraße zu einer rauen Piste und schlängelt sich am Meer entlang,

Autorundfahrt

Die 110 km lange Strecke von Þórshöfn bis zum Leuchtturm Fontur verbindet einsame Küsten voller Treibholz, riesige Vogelberge und zahlreiche Ruinen. Für die ruppige Schotterpiste empfiehlt sich ein Geländewagen (nur der Abschnitt bis Skoruvík ist, bei vorsichtiger Fahrweise, bedingt für normale Pkw befahrbar).

A Sauðanes – Vom ehemaligen Flugplatz nördlich des Pfarrhofs führt eine schöne, leichte Wanderung an der Küste entlang zum Leuchtturm Grenjanes (hin und zurück 7,5 km, 2,5 Std.). Unterwegs sind bei Litlanes oft Seehunde zu sehen.

B Heiðarfjall – Auf dem Gipfelplateau betrieb die US-Armee von 1954 bis 1968, während des Kalten Krieges, eine Radarstation. Zurück blieben auch hier nur Ruinen, doch die Aussicht ist phänomenal.

C Höfði – Die reichen Fischgründe lockten früher auch viele ausländische Fischer nach Langanes. Doch die Gewässer rund um die Halbinsel sind tückisch, wie das Wrack des englischen Trawlers »Daniel Quare« belegt, der am 9. September 1955 im Nebel auf Grund lief.

D Skoruvíkurbjarg – Dies ist der beste Ort, um auf Island Basstölpel und Dickschnabellumen zu beobachten! Im Frühjahr kann man den Einheimischen beim Eiersammeln zuschauen und darf auch mithelfen.

E Fontur – Der erste Leuchtturm an der Nordostspitze wurde 1910 errichtet, der jetzige ist von 1950. Oft können auf dem Meer Delfine beobachtet werden.

F Grafreitur – Ein schlichtes Holzkreuz erinnert an elf englische Seeleute, die bei Fontur strandeten und auf der Suche nach Hilfe an Unterkühlung starben.

G Skálar – Nicht einmal 50 Jahre lagen zwischen Entstehung und Untergang der einzigen großen Siedlung auf Langanes. Zu Spitzenzeiten stachen von Skálar aus 50 bis 60 offene Boote in See.

AUTORENTIPP!

YTRA-LÓN: AM ENDE DER WELT

Während alle Leute von Langanes fortgingen, zog es Mirjam und Sverrir dorthin. 1991 übernahm die niederländisch-isländische Familie eine alte Schaffarm und renovierte sie – mit Treibholz. »Für die Dielen wurde sibirisches Holz verwendet, für die Fensterrahmen ein Schiffsmast«, lacht Mirjam. In einem Land ohne Wald ist man froh, wenn das Meer Baumaterial vor die Tür legt. 1998 wurden die ersten Gästezimmer eröffnet, 2010 kamen komfortable Studios mit Küche und Bad in umgebauten Ingenieurswohnungen vom Bau des Kárahnjúkar-Kraftwerks hinzu. Im Frühstücksraum, dekoriert mit Porträts von Schafen, die die belgische Fotografin Clara Hermans für das Projekt *Konukind* (»Mutterschaf«) ins Studio bugsierte, kommen Hofprodukte auf dem Tisch: geräucherte Forelle, selbst gemachte Marmelade. Tomaten aus eigenem Anbau. Ein Hot Pot lädt zum Relaxen ein. Auf Anfrage gibt es Wanderkarten, Angellizenzen und Angebote für Künstler. Im Mai kann man auf Wunsch beim Lammen (*sauðburður*) mit anpacken.

Ytra-Lón. 14 km nördlich von Þórshöfn. 681 Þórshöfn, Tel. 468 12 42, www.visitlanganes.com

Skálar ist eine Geisterstadt.

vorbei an trostlosen Ruinen und wüsten Treibholzbergen. Bei Höfði trotzt das Wrack des britischen Trawlers »Daniel Quare« seit 1955 den Wellen. Die Schiffsschraube ragt noch aus den Fluten, das Steuerhaus zerfällt langsam auf dem Kiesstrand.

Dramatisch gestrandet

Der Vogelberg Skoruvíkurbjarg kündigt sich mit Gekreische an. In den Steilwänden brüten zahllose Papageientaucher, Dreizehenmöwen, Trottel- und Dickschnabellumen, auf dem Basaltfelsen Stóri Karl (»Großer Mann«) nisten Basstölpel. Aber Vorsicht: Ein Sturz wäre fatal! Die Hütte neben der Piste erinnert an eine alte Tradition: Im Frühsommer seilen sich die Einwohner von Þórshöfn noch immer an den Felsen ab, um Eier zu sammeln.

Skoruvík wurde erst 1978 verlassen. Das Treibholz machte den Bewohnern das Leben in abgeschiedener Lage möglich. Für die letzten holprigen Kilometer bis Fontur entschädigt (bei gutem Wetter) die Aussicht vom Leuchtturm. In der Vergangenheit wurden die nebelumhüllten Klippen so manchem Schiff zum Verhängnis. Ein Denkmal erinnert an einen dramatisch gestrandeten englischen Trawler. Die Crew schaffte den Aufstieg durch die Engelskagjá (»Englische Schlucht«), elf Seeleute versuchten an der Ostküste Hilfe zu holen und starben an Unterkühlung. Der Kapitän und sein Sohn versuchten an der Westküste ihr Glück und erreichten schließlich Skoruvík. An die Toten erinnert ein schlichtes Holzkreuz zwischen Skoruvík und Skálar mit der Aufschrift »*Her kvílar 11 ensku men*«: »Hier ruhen 11 englische Fischer«.

Geisterstadt Skálar

Skálar verdankte seine Entstehung den reichen Fischgründen. Als Þorsteinn Jónsson 1910 erstmals

Basstölpel am Vogelberg Skoruvíkurbjarg

zum Fischen hinausruderte, erkannte er das Potenzial sofort. Er gründete eine Fischereistation, begann Lebertran zu produzieren und eröffnete ein Geschäft. Bald kamen andere Bootsbesitzer. Im Sommer 1910 stand in Skálar noch ein Haus, 1924 zählte der Ort schon 117 Einwohner. Während der Fangsaison verdoppelte sich ihre Zahl.

Als die Boote in den 1930er-Jahren motorisiert wurden, waren plötzlich gute Hafenbedingungen wichtiger als nahe Fischgründe. Im Zweiten Weltkrieg blühte der Ort noch einmal auf: Im Sommer 1942 ließen die Amerikaner »Camp Greely« errichten, eine Radarstation und ein Lager. Die Einheimischen fanden Arbeit auf dem Bau. Die Schattenseite: Drei Häuser wurden durch Minen zerstört, die sich aus einem Minenfeld vor den Ostfjorden gelöst hatten und am Strand explodierten.

Nach dem Krieg zogen alle fort, seit 1955 ist Skálar eine Geisterstadt. Aus dem Gras ragen noch vereinzelte Mauern auf. Vom hohen Pier bröckelt der Beton, verschwunden ist der Auslegerkran, der einst Waren aus den Booten hievte. Auf dem Friedhof, südwestlich von Skálar, zählt man 19 Gräber – noch. Denn auch hier breitet sich die Vegetation rasch aus.

Infos und Adressen

ANREISE

Bílaleiga Akureyrar. Autoverleih ab 3 Std. Langanesvegur 29, 680 Þórshöfn, Tel. 840 60 78, www.holdur.is

SEHENSWÜRDIGKEITEN

Sauðanes. Juni–Aug. tgl. 11–17 Uhr, Eintritt 500 ISK, Tel. 468 14 30, www.langanesbyggd.is

ESSEN UND TRINKEN

Fontur Restaurant. In dem Hafenlokal mit Bar und Billard treffen sich die Einheimischen. Juni–Aug. tgl. 11.30–21 Uhr, Sept.–Mai tgl. 11.30–13.30 und 18–20.30 Uhr, Eyrarvegur 3, 680 Þórshöfn, Tel. 468 12 50.

ÜBERNACHTEN

Lyngholt. Das neu renovierte Haus beim Schwimmbad bietet gemütliche Zimmer mit Gemeinschaftsbad und Küche. Langanesvegur 12, 680 Þórshöfn, Tel. 468 12 38, www.lyngholt.is

Ytra-Áland. Bauernhof am Fjord. Neben Zimmern gibt es eine Ferienwohnung, ideal für Familien. 20 km westlich von Þórshöfn. 681 Þórshöfn, Tel. 468 12 90, www.ytra-aland.is

AKTIVITÄTEN

Eggfélag Þórshafnar. Im Frühjahr kann man die Vogeleiersammler zu den Klippen begleiten und mitmachen (ab 18 Jahre). 15. Mai–10. Juni. Tel. 468 11 92, fontur@isl.is

INFORMATION

Þórshöfn Tourist Information. Juni–Aug. Mo–Fr 8–20 Uhr, Sa, So 11–17 Uhr, übriges Jahr Mo–Do 8–20 Uhr, Fr 8–19 Uhr, Sa 11–14 Uhr. Im Sportzentrum, Langanesvegur 18b, 680 Þórshöfn, Tel. 468 15 15, www.langanesbyggd.is

DER NORDEN

S. 174/175: Der 10 m hohe Selfoss bildet den Auftakt zu einer Reihe von spektakulären Wasserfällen in der Schlucht Jökulsárgljúfur.
Oben: Hoch über dem »Mückensee« erhebt sich der Tuffring Hverfjall.

30 Mývatn

Im aktiven Vulkangebiet

Wegen seiner Artenvielfalt gilt der »Mückensee« als Eldorado für Ornithologen, während die Gegend für Geologen so etwas wie ein Lehrbuch über Vulkanismus ist. Tafelberge und Palagonitkegel, Tuffringe und Spaltenvulkane, Pseudokrater und Hochtemperaturgebiete verschmelzen zu einem Mosaik von geradezu infernalischer Schönheit. Kein Wunder: Bei der Entstehung soll Luzifer persönlich Hand angelegt haben ...

Der Legende nach betrachtete Gott nach der Erschaffung von Himmel und Erde sein Werk und lehnte sich zufrieden zurück. Nicht so der Teufel! Als er sah, wie schön die Erde geworden war, geriet er in Rage und versuchte, das Juwel der Schöpfung auszulöschen, indem er gegen die Sonne pinkelte. Der Versuch scheiterte, doch aus dem Urin des Leibhaftigen soll der Mývatn hervorgegangen sein.

Entstanden aus Lava und Feuer

Der Mývatn (»Mückensee«) liegt in der aktiven Vulkanzone im Nordosten des zentralen Hochlands. Eiszeitliche Tafelberge und Palagonitkegel sind die ältesten Vulkanbauten. Geologen erklären die Entstehung des Sees in mehreren Stufen. Vor 3800 Jahren ergoss sich aus dem Schildvulkan Ketildyngja (25 km südöstlich des Mývatn) die »Ältere Laxá-Lava« über das Gebiet und staute den Vorläufer des Mývatn auf. 1500 Jahre später förderte die Kraterreihe Þrengslaborgir-Lúdentsborgir (5 km südöstlich des Sees) die »Jüngere Laxá-Lava«, die dem See seine jetzige Form gab. Dabei

Bizarre Lavasäulen bei Kálfaströnd

entstanden auch charakteristische Merkmale wie die Lavasäulen bei Kálfaströnd, Dimmuborgir und die Pseudokrater. Während der Mývatnseldar oder »Mývatn-Feuer« (1724–1729) drang aus der Nähe von Krafla (10 km nordöstlich des Sees) ein weiterer Lavastrom bis ans Ufer vor. Dieser zerstörte mehrere Höfe, doch die damalige Kirche blieb verschont, da sie auf einer Anhöhe stand. Die Ausbrüche der Kröflueldar oder »Krafla-Feuer« (1975–1984) beschränkten sich auf die Krafla-Region.

Bartläuse des Teufels

Der viertgrößte See Islands (37 km²) hat eine durchschnittliche Tiefe von 2,5 m. Seit 1974 gehören der Mývatn und Teile des Ausflusses Laxá zu einem 4400 km² großen Naturschutzgebiet. Der hohe Nährstoffgehalt des Sees schafft ideale Lebensbedingungen für zahlreiche Lebewesen, nicht zuletzt für Mücken. Dabei handelt es sich hauptsächlich um Schwarmmücken, die hier im Sommer wie Rauchschwaden über das Land fegen. Sie stechen zwar nicht, können aber sehr lästig sein. In einer alten Volkssage wurden die kleinen Plagegeister gar als »Bartläuse des Teufels« bezeichnet. Für das Ökosystem sind die Mücken indes unverzichtbar. In »guten« Mückenjahren finden auch die Vögel einen reich gedeckten Tisch vor.

AUTORENTIPP!

EIN MUSEUM ZUR VOGELWELT ISLANDS

Fuglasafn Sigurgeirs, »Sigurgeirs Vogelmuseum« wurde 2008 zum Gedenken an Sigurgeir Stefánsson eröffnet. Er wuchs in Ytri-Neslönd auf und sammelte schon als Kind Vogeleier. Später stellte er in einer kleinen Hütte präparierte Vögel aus. 1999 verunglückte er mit noch zwei anderen während eines Unwetters auf dem Mývatn. Das Museum, das immer sein Traum gewesen war, eröffneten Verwandte, Freunde und Bekannte in Ytri-Neslönd, direkt am See. Die interaktive Ausstellung zeigt 280 Vögel und 300 Eier. 180 Arten, nahezu die gesamte Vogelwelt Islands, sind vertreten. Ein Teleskop und eine Außenkamera ermöglichen es, die Vögel auch live zu beobachten. Das Museum besitzt zudem zwei Beobachtungshütten, die halb- oder ganztags vermietet werden.

Fuglasafn Sigurgeirs. 1. Juni–10. Aug. tägl. 10–19 Uhr, 15.–31. Mai und 11.–31. Aug. tägl. 11–19 Uhr, Sept. tägl. 12–17 Uhr, Okt. tägl. 13–17 Uhr, 1. Nov.–14. Mai Mo–Fr 14–16 Uhr und Sa/So 13–16 Uhr, Eintritt 1000 ISK, Ytri-Neslönd, 660 Mývatn, Tel. 464 44 77, www.fuglasafn.is

AUTORENTIPP!

BROT AUS DER ERDE

Rúgbrauð ist von der isländischen Speisekarte nicht wegzudenken. Das dunkle, feuchte, leicht klebrige Roggenbrot, dessen Farbe, Konsistenz und Geschmack an Pumpernickel erinnert, bekommt man überall auf der Vulkaninsel. Die Variante, *hverabrauð*, übersetzt »Heiße-Quellen-Brot«, gibt es allerdings nur in der aktiven Vulkanzone, denn es wird in der Erde gebacken – oder eher gegart. Der Teig aus Roggenschrot, Zucker, Vollkornmehl, Salz, Milch und Trockenhefe wird in einer Backform (oft werden Milchkartons verwendet) für bis zu 24 Stunden bei einer Temperatur von 100 °C in der Erde gebacken. Das geschieht etwa auf der Halbinsel Reykjanes und bei Geysir. Die bekannteste geothermische »Bäckerei« befindet sich jedoch im Hochtemperaturgebiet Bjarnarflag bei Mývatn, wo man mit etwas Glück erlebt, wie eine Ladung dampfender Brote aus einer in der Erde eingelassenen Wäschetrommel hervorgeholt werden.

Serviert wird *hverabrauð* überall in der Mývatn-Region zusammen mit einer weiteren lokalen Spezialität: *taðreyktur silungur*, über der Asche von getrocknetem Schafsmist kalt geräucherte Forelle.

Das Lava-Labyrinth Dimmuborgir am Mývatn

Rund 45 Arten nisten am Mývatn, darunter allein 16 Entenarten. Einige der amerikanischen Arten sind in Europa nur auf Island heimisch: Die Spatelente baut ihr Nest oft in Maueröffnungen, daher nennen die Isländer sie *húsönd* – »Hausente«. Die Kragenente ist am schnell fließenden Oberlauf der Laxá zu Hause. Auch der Eistaucher kommt sonst nirgendwo in Europa vor. Beobachten lassen sich die Vögel am besten von der Halbinsel Höfði, in der Bucht Neslandavík, in Skútustaðir und vom Ufer der Laxá. Der Nordwesten des Sees hat als Vogelschutzgebiet einen Sonderstatus und ist während der Brutzeit (Mitte Mai–Mitte Juli) abseits der Straße gesperrt.

Pseudokrater und verwunschene Formationen

So vielseitig wie die Vogelwelt sind auch die geologischen Phänomene. Die Pseudokrater in Skútustaðir (Rundweg, 30–45 Min.) entstanden, als die »Jüngere Laxá-Lava« in den See lief und Wasserdampf sich in Explosionen einen Weg nach oben sprengte. Die Bezeichnung »Pseudokrater« verrät, dass die Krater nicht über einen Förderkanal mit einer Magmakammer in Verbindung stehen. Die größten haben einen Durchmesser von 100 m.

Bei Geiteyjarströnd zweigt eine Stichstraße nach Dimmuborgir ab. Die »dunklen Burgen« erinnern mit ihren Türmen, Säulen und Höhlen an eine verwunschene Burgruine. Markierte Rundwege (10-60 Min.) führen zu reizvollen Zielen mit Namen wie Gatklettur (»Lochfelsen«) und Kirkjan (»Kirche«). Das Lava-Labyrinth ist ein weiteres Produkt der »Jüngeren Laxá-Lava«, die in einer Senke einen Lavasee bildete. Während die Oberfläche abkühlte und erstarrte, blieb die Lava innen flüssig. Dampf konnte durch Schlote entweichen, die ebenfalls erstarrten. Beim Entleeren des Lavasees brach die Decke ein. Nur die Schlote blieben stehen.

Der Tuffring Hverfjall, das Wahrzeichen der Region, entstand vor 2500 Jahren bei einer heftigen phreatomagmatischen Explosion. Ein Trampelpfad (15 Min.) führt zum Rand des 140 m tiefen Kraters mit 1 km Durchmesser. Beliebt ist die Wanderung von Reykjahlíð zur Grjótagjá (einer mit Wasser gefüllten Dehnungsspalte) und weiter über den Kraterrand des Hverfjall nach Dimmuborgir (3–4 Std.). Von dort gelangt man mit dem Taxi zurück nach Reykjahlíð.

Kochtöpfe des Teufels

Nur einen Steinwurf vom Mývatn verrät der stechende Geruch von faulen Eiern die Lage der Solfataren von Hveraröndd, die blubbernden und brodelnden »Kochtöpfe des Teufels«. Ab und zu werden Schlammfetzen meterhoch empor geschleudert. An anderen Stellen zischt und faucht es. Überall leuchtet die Erde kräftig gelb, orange oder braun. Aus den Hängen des Námafjall (»Grubenberg«) steigt Dampf auf. Über viele Jahre wurde dort im Auftrag des dänischen Königs Schwefel abgebaut, einst ein gefragter Rohstoff für die Schießpulverproduktion. Vom Gipfel bietet sich eine tolle Aussicht über den Mývatn und die Solfataren.

Oben: Die Schlammtöpfe von Hveraröndd brodeln.
Mitte: Am Námafjall wurde einst Schwefel abgebaut und über Húsavík nach Dänemark verschifft.
Unten: Die »Mývatn Nature Baths« sind die nordisländische Antwort auf die »Blaue Lagune«.

Oben: Bei Krafla lohnt sich ein Blick in die dampfende Vulkanspalte.
Mitte: Die Hänge des Leirhnjúkur sind mit qualmenden Solfatarenfeldern geradezu übersät.
Unten: Der Explosionskrater Víti leitete im Jahr 1724 die »Mývatn-Feuer« ein.

Einen Kilometer weiter zweigt die Straße 863 nach Krafla ab. Die Hänge des Zentralvulkans wirken surreal. Kreuz und quer über die kahlen, braunen Berge ziehen sich die Rohre, die aus den Bohrlöchern Dampf in das nahe Geothermalkraftwerk Kröfluvirkjun (60 MW) leiten. Dessen Inbetriebnahme verlief alles andere als geplant: Mitten im Bau erwachte 1975 der nahe Vulkan Krafla zu neuem Leben. Bohrlöcher verstopften oder flogen in die Luft, einmal quoll sogar Lava hervor.

Türkisfarbener Badesee

Die Straße endet beim Explosionskrater Víti (»Hölle«). Ein markierter Weg führt rund um das türkisfarbige Maar (45 Min.), das 1724 entstand. Vom Parkplatz gelangt man zu den Solfataren am Fuß des Leirhnjúkur. Knallgelbe Schwefelausblühungen kontrastieren mit pechschwarzer, junger Lava. Bei der Umrundung des Leirhnjúkur (1,5 Std.) wird die noch dampfende Vulkanspalte der »Krafla-Feuer« überquert. Eine andere, relativ leichte Wanderung führt über den Lavastrom Eldá (von 1729) nach Reykjahlíð (3–4 Std.). Diese lässt sich gut mit einer Busfahrt von Reykjahlíð (SBA, Abfahrt 8 Uhr oder 11.30 Uhr) nach Krafla kombinieren.

Entspannung bietet ein Bad in den »Mývatn Nature Baths« (Jarðböðin). Die Miniaturausgabe der »Blauen Lagune« wurde im Juni 2004 eröffnet. Der 5000 m² große, türkisfarbene Badesee ist zwar kleiner, dafür aber ruhiger als das Pendant auf der Halbinsel Reykjanes. Das mineralhaltige Wasser kommt mit einer Temperatur von 130 °C aus einer Tiefe von 2500 m. Es wird im Wärmetauscher des Geothermalkraftwerks Bjarnarflag abgekühlt und mit einer Temperatur von 36 bis 40 °C in die Lagune geleitet. Der hohe Mineraliengehalt verhindert die Bildung von Bakterien und wirkt heilsam bei Hautkrankheiten wie Psoriasis.

Infos und Adressen

SEHENSWÜRDIGKEITEN

Krafla Visitor Center. Spannender Dokumentationsfilm. Juni–Aug. tgl. 10–18 Uhr, Eintritt frei, Kröfluvirkjun, 660 Mývatn, landsvirkjun@lv.is

ESSEN UND TRINKEN

Gamli bærinn. Der »alte Bauernhof« ist ein gemütliches Café, gutes Essen. Im Sommer regelmäßig Live-Musik. Tgl. 10–23 Uhr, Reykjahlíð, 660 Mývatn, Tel. 464 42 70, www.myvatnhotel.is

Vogafjós. In einem abgetrennten Teil des Kuhstalls genießt man hausgemachte kleinere Gerichte und schaut durch die großen Fenster auf den See oder in den Kuhstall, wo vielleicht gerade die Kühe gemolken werden. Eine Spezialität des Hauses ist roh geräuchertes Lamm. Übernachten kann man nebenan in dem Gästehaus im Blockhausstil. Juni–Aug. tgl. 7.30–23 Uhr, Sept.–Mai tgl. 12–20.30 Uhr, Vogar, 660 Mývatn, Tel. 464 43 03, www.vogafjos.net

Kaffi Borgir. Hier werden mit Blick auf Mývatn und Dimmuborgir lokale Spezialitäten wie *hverabrauð* mit Räucherforelle aufgetischt. Juni–Aug. tgl. 9–22 Uhr, 15.–31. Mai 10–17 Uhr, Sept. 9–18 Uhr, April–Mitte Mai und Okt.–Dez. tgl. 11–14 Uhr, Dimmuborgir, 660 Mývatn, Tel. 464 11 44, www.visitdimmuborgir.is

ÜBERNACHTEN

Hótel Reykjahlíð. Fast alle Zimmer des traumhaft gelegenen, schmucken kleinen Hotels haben Seeblick. Auch das Restaurant ist erstklassig. Reykjahlíð, 660 Mývatn, Tel. 464 41 42, www.myvatnhotel.is

Bunte Berge, bunte Schafe

Spezialität: mit Schafmist geräucherte Forellen

Hótel Reynihlíð**.** Traditionshotel mit gehobenem Standard. Reykjahlíð, 660 Mývatn, Tel. 464 41 70, www.myvatnhotel.is

Lúdent. Sechs Zimmer mit gemeinschaftlich genutztem Bad und Gästeküche, in der Nähe des Schwimmbads. Birkihraun 5–7, Reykjahlíð, 660 Mývatn, Tel. 898 33 28, www.ludent.is

Vogar Guesthouse. Einfache Zimmer, Schlafsackunterkunft und Zeltplatz am Rand der Lava. Gute Pizzeria. Vogar, 660 Mývatn, Tel. 464 43 99, www.vogahraun.is

AKTIVITÄTEN

Mývatn Nature Baths. Naturbäder. Juni–Aug. tgl. 9–24 Uhr, Sept.–Mai tgl. 12–22 Uhr, Eintritt 3200 ISK, Jarðbaðshólar, 660 Mývatn, Tel. 464 44 11, www.jardbodin.is

Mýflug. Rundflüge, z. B. über Mývatn, Askja, Jökulsárgljúfur. Airport Reykjahlíð, 660 Mývatn, Tel. 464 44 00, www.myflug.is

INFORMATION

Mývatn Tourist Information & Visitors Center. Juni–Aug. tgl. 7.30–20.30 Uhr, Mai und Sept. tgl. 9–16 Uhr, übriges Jahr Mo–Fr 9–12 Uhr, Hraunvegur 8, 660 Reykjahlíð, Tel. 464 43 90, www.visitmyvatn.is

31 Jökulsárgljúfur und Dettifoss

Islands Grand Canyon

Über eine Distanz von 25 km zieht sich die tiefe Schlucht Jökulsárgljúfur am Rande des Hochlands durch die Vulkanlandschaft.

Der Canyon Jökulsárgljúfur gehört zu Islands Naturwundern und Top-Attraktionen. Im Schoß der »Schlucht des Gletscherflusses« verbirgt sich der mächtige Wasserfall Dettifoss, der »Niagara Europas«. Ebenso spektakulär ist die »fossile« Schlucht Ásbyrgi. Für Wanderer ist eine Zweitagestour entlang des Jökulsárgljúfur, seit 2008 Teil des Nationalparks Vatnajökull, ein echtes Highlight.

Die Jökulsá á Fjöllum, der »Gletscherfluss aus den Bergen«, schuf am Ende seiner 206 km langen Reise eine 25 km lange, 500 m breite und bis zu 120 m tiefe Schlucht. Einen maßgeblichen Anteil an derer Entstehung hatten postglaziale Vulkanausbrüche, die sich unter dem Vatnajökull ereigneten. Bei den Eruptionen von Kverkfjöll, Grímsvötn und Bárðarbunga kam es mehrmals zu sintflutartigen Gletscherläufen »jökulhlaup« mit Abflussraten von 200 000 m^3/s und gar bis zu 1 Mio. m^3/s, die in kürzester Zeit tiefe Canyons aushobelten.

Hufabdruck von Sleipnir

Über die Entstehung der Schlucht und ihre Geologie, Fauna und Flora informiert eine Ausstellung im Nationalparkzentrum Gljúfrastofa, wo man auch Wanderkarten und -tipps erhält. Erschlossen wurde der Nationalpark durch ein dichtes Netz von Wanderwegen. Ihre Markierungen stehen für den Schwierigkeitsgrad: grün für begehbar für Rollstuhlfahrer, blau für einfach, rot für mäßig schwierig, schwarz für anspruchsvoll.

Der Basaltklotz Eyjan in der »Hufeisenschlucht«

Sehr gut zugänglich ist Ásbyrgi (»Asenburg«), im Norden des Nationalparks. Der Legende nach entstand die »Hufeisenschlucht«, als Odins achtbeiniges Pferd Sleipnir der Erde zu nahe kam, auftrat und einen Hufabdruck hinterließ. Geologen halten die Schlucht für eine ehemalige Fallstufe der Jökulsá á Fjöllum. Sie erhielt ihr heutiges Aussehen vor 2500 Jahren durch einen Gletscherlauf, ausgelöst durch eine Eruption der Bárðarbunga. Innerhalb weniger Tage donnerten 10 km³ Schmelzwasser durch die Schlucht, die zunächst zweigeteilt war. Durch rückschreitende Erosion verschoben sich die Fallkanten beider Wasserfälle nach Süden, bis sie sich schließlich vereinten. Als die Jökulsá á Fjöllum später ihr Flussbett nach Osten verlagerte, wurde Ásbyrgi der Hahn zugedreht.

Eine Wanderung in der Schlucht führt zum Teich Botnstjörn, wo zahlreiche Pfeifenten leben. Vom Zeltplatz im Norden erreicht man den Basaltklotz Eyjan (»Insel«) mit schönem Rundblick über Ásbyrgi (hin und zurück 5 km, 1,5 Std.).

Niagara Europas

Zum Jökulsárgljúfur geht es über die Straße 864 im Osten bzw. über die (z. T. als F-Straße gekennzeichnete) Straße 862 im Westen. Beiderseits zweigen Stichstraßen zu Highlights in der Schlucht ab.

AUTORENTIPP!

WANDERN OHNE GEPÄCK

Das Wandern im Nationalpark ist sehr reizvoll. Aufgrund des Fahrplans der Sommerbuslinie von SBA-Norðurleið empfiehlt es sich, mit dem Bus nach Dettifoss bzw. Vesturdalur zu fahren und von dort nach Vesturdalur bzw. Ásbyrgi zu laufen. Wer mit dem Pkw anreist, kann z. B. nach Vesturdalur fahren, das Auto an der Rangerhütte abstellen und um 11.40 Uhr den Bus nach Dettifoss nehmen. Nachmittags geht es zu Fuß zurück nach Vesturdalur und von dort mit dem Auto nach Ásbyrgi. Am nächsten Tag nimmt man um elf Uhr den Bus von Ásbyrgi nach Vesturdalur und läuft die zweite Etappe.
Man kann auch in Vesturdalur zelten. In diesem Fall sagt man bei der Abfahrt in Ásbyrgi dem Busfahrer, dass das Gepäck in Vesturdalur entladen werden muss, wo man es abends bei den Rangern abholt. Dann geht es per Bus weiter nach Dettifoss, von wo aus man zurückläuft. Am nächsten Tag wird morgens das mit »Verslunin Ásbyrgi« gekennzeichnete Gepäck bei den Rangern abgegeben, das man nach der Wanderung beim Tankstellenimbiss in Ásbyrgi abholen kann.

Verslunin Ásbyrgi. In Ásbyrgi, an der Straße 85. Tgl. 9–22 Uhr, Tel. 465 22 60.
Ranger. Tel. 470 71 00.

Das Besucherzentrum Gljúfrastofa

Der Dettifoss stürtzt in die bis zu 100 m tiefe Schlucht.

AUTORENTIPP!

AUF DEM BIRDING TRAIL

Im Birkenwald von Ásbyrgi sind Rotdrosseln, Birkenzeisige und Zaunkönige zu Hause. Der Eissturmvogel nistet seit 1970 in den Kliffen der »Hufeisenschlucht«. Rotschenkel, Odinshühnchen und diverse Entenarten brüten an Tümpeln und Seen. Kolkraben und Merline ziehen in Kliffen und Felstürmen ihre Brut auf. Auch Steinschmatzer und Schneeammer mögen felsiges Gelände, wo sie in Spalten oder zwischen Steinen nisten. Mit etwas Glück erblickt man ein Exemplar des seltenen Gerfalken. Im 18. Jahrhundert war der als Beizvogel sehr geschätzte *Falco rusticolus* noch ein echter Exportschlager. Allein zwischen 1731 und 1793 gingen fast 5000 Falken an den dänischen Königshof, der diese als diplomatische Geschenke verschickte. Ásbyrgi ist ein Etappenziel des »Birding Trail of Northeast Iceland«.

Birding Trail of Northeast Iceland.
www.birdingtrail.is

Von der Straße 862 führt eine raue Schotterpiste nach Vesturdalur hinunter. Ein Rundweg (5 km, 3 Std.) erschließt das wilde Felslabyrinth der Hljóðaklettar (»Echofelsen«). Die chaotischen, an Trolle erinnernden Basalttürme sind die freigelegten Förderschlote einer Vulkanspalte, die vor ca. 8000 Jahren quer zum Flussbett aufriss. Gletscherläufe schwemmten das Lockermaterial fort, nur die harten Schlotfüllungen blieben erhalten. Die schönen Basaltrosetten erinnern an Kirchenfenster. Ein kurzer Umweg (100 m) führt zu Kirkjan, einer Lavahöhle, in der sogar Trauungen stattfanden.

Größte Attraktion ist der 44 m hohe Dettifoss am Südrand der Schlucht. Im Sommer donnern hier im Schnitt 500 bis 700 m^3 Schmelzwasser hinunter, bei Gletscherläufen die 20- bis 2000-fache Menge. Flussaufwärts gelangt man zum Wasserfall Selfoss, der den Beginn der Schlucht markiert, flussabwärts zum mächtigen Hafragilsfoss.

Zweitägige Traumtour

Die Highlights der Schlucht verbindet ein 30 km langer, markierter Wanderweg. Wer nur mit Tagesrucksack laufen möchte, startet am besten von

Jökulsárgljúfur-Durchquerung

Die Wanderung von Dettifoss nach Ásbyrgi gewährt traumhafte Einblicke in Islands größte Erosionsschlucht und verbindet mächtige Wasserfälle, bizarre Lavaformationen und idyllische Oasen.

An- und Abfahrt: Sommerlinien Akureyri–Ásbyrgi–Dettifoss (Mitte Juni–Aug.), Mývatn–Dettifos (Mitte Juni–Anfang Sept.), Frequenz: 1-mal tgl.

Etappen: Dettifoss–Vesturdalur (18,5 km, 6–8 Std.), Vesturdalur–Ásbyrgi (12,5 km, 4–5 Std.)

Beste Zeit: Mitte Juni–Aug.

Ausrüstung: Feste Schuhe, Regenjacke und -hose, warme Kleidung, Karte und Kompass/GPS, Wasserflasche, Proviant, ggf. Zeltausrüstung

A Dettifoss – Die Fallkante des mächtigen Wasserfalls steht schräg zur Schlucht, da sich der Fluss in parallel zum Mittelatlantischen Rücken verlaufende Schwachzonen eingräbt.

B Hafragilsfoss – Noch vor wenigen Jahren wollte man den 27 m hohen Katarakt für die Stromerzeugung nutzen. Daraus wurde zum Glück nichts.

C Réttarfoss – Der 7 m hohe Wasserfall ist der letzte große Wasserfall der Jökulsá á Fjöllum.

D Hólmatungur – Aufgrund zahlreicher aus der Lava entspringender Quellflüsse hebt sich die Oase deutlich von der sie umgebenden Wüste ab.

Aus Hólmatungurs Felsen entspringen Quellflüsse.

E Karl og Kerling – »Greis und Greisin« sind vom Fluss freigelegte Schlotfüllungen eines Spaltenvulkans.

F Hljóðaklettar – Die »Echofelsen« sind erodierte Überreste einer Vulkanspalte, die quer zum Flussbett aufriss. Dabei kam es zu gewaltigen phreatomagmatischen Explosionen.

G Ásbyrgi – Die Schlucht – 3,5 km lang, 1 km breit, bis 100 m tief – führt heute kein Wasser mehr, da die Jökulsá á Fjöllum ihr Flussbett um 2 km nach Osten verlagert hat.

Oben: Die bizarr geformten Felstürme von Hljóðaklettar sind vom Fluss freigelegte Vulkanschlote.
Mitte: Der Hafragilsfoss gehört zu den imposantesten Wasserfällen Nordislands.
Unten: Karl og Kerling südlich von Vesturdalur

Dettifoss (s. S. 184) aus. Vom Wasserfall folgt man der Schlucht nach Norden, wo sich der Weg nach 30 Minuten gabelt. Die »Normalroute« (rot) führt östlich um die Nebenschlucht Hafragil herum. Das Schild »Hafragilsundirlendi« weist auf die spektakulärere (schwarze) Variante hin, die Schwindelfreiheit und Trittsicherheit voraussetzt. Ein steiler Gerölltrichter ist mithilfe eines Fixseils zu überwinden, einige kurze Passagen sind ausgesetzt. Dafür kommt man dem Hafragilsfoss beeindruckend nah, der 27 m in die Tiefe stürzt. Am Ostufer der Jökulsá erkennt man in der Schluchtwand den Querschnitt eines Förderschlots der Kraterreihe Randarhólar, die vor 8000 Jahren aktiv war. Beide Routen vereinen sich westlich der Schlucht Hafragil wieder.

Vom Ytra-Þórunnarfjall genießt man den Blick auf den Réttarfoss. In Hólmatungur (Parkplatz) weitet sich der Canyon zu einem weiten Tal mit terrassenförmigen Hängen, Quellflüssen und üppiger Vegetation. Eiskalt ist die einfache Furt durch die Stallaá. Nach einer Stunde Weg entdeckt man in der Schlucht die bizarren Felsen Karl og Kerling und erreicht dann das Etappenziel Vesturdalur.

Am nächsten Tag überwindet man zunächst die Hljóðaklettar, streift einen Schlackenkegel der Rauðhólar (»Rote Hügel«) und geht dann an der Schlucht entlang gen Norden weiter. In Kvíar folgt man der Schlucht oder geht direkt auf Ásbyrgi zu. Bei Klappir warten »Hexenkessel« (*skessukatlar*): Die runden Vertiefungen entstanden durch Steine, die unterhalb eines Wasserfalls von Strudeln herumgewirbelt wurden. Die Aussicht über die »Hufeisenschlucht« ist großartig. Auf den letzten Kilometern folgt man der Schluchtkante bis zum Golfplatz von Ásbyrgi oder steigt durch die mit einem Fixseil gesicherte Tófugjá ab und gelangt über Buckelwiesen zum Zeltplatz.

Infos und Adressen

SEHENSWÜRDIGKEITEN

Gljúfrastofa. Besucherzentrum des Nationalparks. 22. Juni–12. Aug. tgl. 9–21 Uhr, 1.–21. Juni, 13.–31. Aug. tgl. 9–19 Uhr, Mai und Sept. tgl. 10–16 Uhr, Eintritt frei, Vatnajökull Nationalpark, Ásbyrgi, 671 Kópasker, Tel. 470 71 00, www.vjp.is

ESSEN UND TRINKEN

Verslunin Ásbyrgi. Einfacher Tankstellenimbiss und Supermarkt. Tgl. 9–22 Uhr, Ásbyrgi, 671 Kópasker, Tel. 465 22 60.

ÜBERNACHTEN

Nationalpark Vatnajökull. Im Nationalpark gibt es drei Zeltplätze verschiedener Kategorien. Der Komfort-Campingplatz in Ásbyrgi (Mitte Mai–Sept.) ist sogar mit Waschmaschinen ausgestattet. In Vesturdalur (7. Juni–Mitte Sept.) gibt es schöne, windgeschützte Ecken, Wassertoiletten und Waschbecken. Der spartanische, für Wanderer reservierte Zeltplatz in Dettifoss hat nur ein Plumpsklo und einen Wasserbehälter zu bieten. Wildes Zelten ist im Nationalpark strikt verboten!

Spätsommer: Beerenernte in Ásbyrgi

Skúlagarður. Brandneues Hotel in einem früheren Internat. Im Restaurant kommt bodenständige Küche auf den Tisch, z.B. Lamm, Fischklöße und geräucherte Forelle. 12 km westlich von Ásbyrgi. 671 Kópasker, Tel. 465 22 80, www.dettifoss.is

Keldunes II. Zwei Hütten mit Bad und sechs Zimmer mit Waschbecken. Der nahe See Skjálftavatn ist für sein Vogelleben bekannt. 11 km westlich von Ásbyrgi. Kelduhverfi, 671 Kópasker, Tel. 465 22 75, www.keldunes.is

Lundur. Zimmer mit Waschbecken und Schlafsackunterkunft in Klassenzimmern der Schule sowie Zeltplatz. Ein Plus ist das nahe Thermalbad (200 m). Richtung Kópasker (7 km). Juni–Aug., Öxarfjörður, 671 Kópasker, Tel. 465 22 80, www.dettifoss.is

Farfuglaheimilið Akurgerði. In der gemütlichen Jugendherberge von Kópasker wird man von Benni herzlich empfangen und schläft mit dem Rauschen der Brandung in den Ohren ein. Mai–Mitte Okt., Akurgerði 7, 670 Kópasker, Tel. 465 23 14, www.hostel.is

INFORMATION

Gljúfrastofa. 22. Juni–12. Aug. tgl. 9–21 Uhr, 1.–21. Juni, 13.–31. Aug. tgl. 9–19 Uhr, Mai und Sept. tgl. 10–16 Uhr, Vatnajökull Nationalpark, Ásbyrgi, 671 Kópasker, Tel. 470 71 00, www.vjp.is

SBA-Norðurleid. Buslinien zum Startpunkt der Wanderung. www.sba.is

Wanderkarten. Sérkort 8: Akureyri–Mývatn–Dettifoss, Maßstab 1:120 000/1:50 000. Sérkort Húsavík–Mývatn, Ferðakort, Maßstab 1:100 000

Wanderführer. Island: Trekking-Klassiker. Von Erik Van de Perre

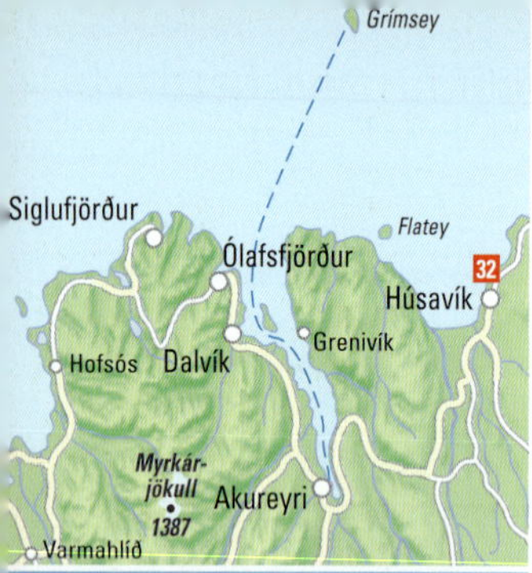

Oben: Von Húsavík fahren in der Saison täglich zahllose Walbeobachtungsschiffe in die Bucht Skjálfandi hinaus, auf der Suche nach Buckelwalen und Delfinen. **Unten:** Im Walmuseum ist auch das Skelett eines gestrandeten Schwertwals ausgestellt.

32 Húsavík

Hochburg des Waltourismus

Walbeobachtung boomt in Húsavík. Jahr für Jahr locken die großen Meeressäuger mehr Besucher an. Auf der Suche nach den Giganten der Ozeane stechen sie mit umgebauten Fischkuttern in See. Wissenswertes über die Cetacea vermittelt das Walmuseum im Hafen. Wie die Menschen im Zeitalter vor dem Whale-Watching lebten, erfährt man im Safnahúsið.

Noch vor wenigen Jahren war Húsavík ein normales Fischerdorf, bis Hörður und Árni Sigurbjarnarson den wahren Reichtum der Bucht Skjálfandi entdeckten: Wale. 1994 veranstalteten die North-Sailing-Gründer mit der »Knörrinn« (1963), einem umgebauten Fischkutter, die erste Beobachtungsfahrt.

»Ein Wal! Da bläst er!«

Eine Erfolgsgeschichte: 2012 buchten 60 000 Menschen eine Tour mit »North Sailing« oder

MAL EHRLICH

IMMER NOCH WALFANG?

Islands Ankündigung der Wiederaufnahme des Walfangs löste weltweit einen Sturm der Entrüstung aus. 2003 hieß es, der Walfang diene wissenschaftlichen Zwecken, 2006 bekannte man sich offen zu kommerziellen Zwecken. Einheimische Naturschützer und die Tourismusbranche protestierten vergeblich. Seither dürfen jährlich bis zu 200 Zwergwale und 150 Finnwale erjagt werden. Ein Teil wird exportiert, der Rest vor Ort verspeist, auch von Touristen, die man gern glauben macht, Walfleisch sei ein traditionelles isländisches Gericht. Ist es aber nicht!

»Gentle Giants«, dem zweiten Anbieter. Die Erfolgsquote ab Húsavík ist unübertroffen: Auf 98,5 % der Touren hört man die Teilnehmer aufgeregt rufen: »Ein Wal! Da bläst er!« Oft sind vom Boot aus Buckelwale, Zwergwale und Weißschnauzendelfine zu sehen, manchmal gar Blau- und Schwertwale, oft sind sie in kleinen Gruppen unterwegs. Die Fahrten dauern drei Stunden und erfordern wind- und wasserfeste Kleidung (an Bord werden zudem warme Overalls verliehen). Die Rückfahrt versüßen heiße Schokolade und Gebäck.

Zur Einstimmung empfiehlt sich das Hvalasafnið, das »Walmuseum« im früheren Schlachthaus. Auf 1600 m² informiert es über Wale und ihren Lebensraum und lässt dabei auch heikle Themen wie Walstrandungen nicht aus. Den blutigen Walfang dokumentiert u. a. ein 30-minütiger Film. Das Skelett eines Pottwals illustriert die Größe der Meeressäuger. Kinder werden in der liebevoll gestalteten Ecke »Yellow Submarine« spielerisch an das Thema herangeführt.

Mensch und Natur

Über dem Hafen thront die elegante Kirche, 1907 aus norwegischem Holz errichtet. Das nahe Safnahúsið zeigt in der Dauerausstellung die Beziehung der Menschen zur Natur. Insbesondere zwischen 1825 und 1950 mussten sich die abgeschiedenen Höfe der Region autark versorgen. Die Abteilung »Seefahrt« beleuchtet das Leben an der Küste. Zum Museum gehört auch das Torfgehöft Grenjaðarstaður, 30 km südlich von Húsavík, dessen älteste Teile im Jahr 1865 gebaut wurden. Es fungierte zeitweise als Pfarr- und Posthaus und wurde erst 1949 verlassen. Innen sind Kuriositäten wie der »Sockenbaum« zu bestaunen, der erfunden wurde, damit die Socken nach der Wäsche nicht eingehen.

Infos und Adressen

SEHENSWÜRDIGKEITEN

Hvalasafnið. Walmuseum. Juni–Aug. tgl. 8–18.30 Uhr, Mai, Sept. tgl. 9–17 Uhr, Okt.–April Mo–Fr 10–15.30 Uhr, Eintritt 1250 ISK, Hafnarstétt 1, 640 Húsavík, Tel. 414 28 00, www.whalemuseum.is

Safnahúsið. Dauerausstellung: Juni–Aug. tgl. 10–18 Uhr, Sept.–Mai Mo–Fr 10–16 Uhr, Eintritt 600 ISK, Stórigarður 17, 640 Húsavík, Tel. 464 18 60, www.husmus.is; Grenjaðarstaður: Juni–Aug. tgl. 10–18 Uhr, Eintritt 500 ISK, 641 Húsavík, Tel. 464 36 88

ESSEN UND TRINKEN

Pallurinn. Perfekt gegrilltes Lamm, frischer Fisch. Juni–Mitte Aug. tgl. 11.30–22 Uhr, Hafnarstétt 7, 640 Húsavík, Tel. 496 14 40, www.pallurinn.is

ÜBERNACHTEN

Húsavík Cape Hotel. In einer umgebauten Salzfischfabrik. Höfði 24, 640 Húsavík, Tel. 463 33 99, www.husavikhotels.com

Kaldbakskot. 19 Ferienhäuser in Fjordlage. Kaldbakur, 640 Húsavík, Tel. 464 15 04, www.cottages.is

AKTIVITÄTEN

Walbeobachtungstouren. Gentle Giants: Mitte April–Mitte Okt., 56 €, Túngata 6, 640 Húsavík, Tel. 464 15 00, www.gentlegiants.is; North Sailing: April–Okt., 58 €, Hafnarstétt 9, 640 Húsavík, Tel. 464 72 72, www.northsailing.is

INFORMATION

Húsavík Tourist Information. Im Walmuseum. Hafnarstétt 1, 640 Húsavík, Tel. 464 43 00, www.visithusavik.com

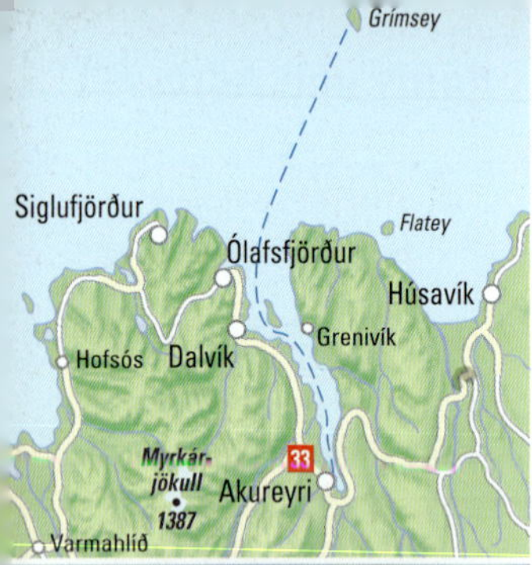

Auch junge Frauen in Akureyri legen zu großen Festtagen gerne die traditionelle Tracht an.

33 Akureyri – Zentrum des Nordens

Metropole am Polarmeer

Akureyri ist die zweitgrößte Stadt des Landes. Sie liegt geschützt tief im Eyjafjörður, dem »Insel-Fjord«. Das Zentrum im Norden hat sich ab dem 19. Jahrhundert zu einer blühenden Stadt entwickelt. Der Standort von Industrie, Fischverarbeitung und Hightech-Firmen hat aber auch kulturell einiges zu bieten. Auch für den Kreuzfahrttourismus ist sie inzwischen ein malerisches Ziel.

Seit einigen Jahren liegt häufig einer der weißen Dampfer in Islands längstem Fjord auf Reede. Weil der Grund des 65 km langen Eyafjörður schnell abfällt, können auch große Schiffe recht nah an der Stadt ankern, direkt neben der kleinen Glerá, die hier in den Fjord mündet. Über viele Jahrtausende häufte der Fluss eine fruchtbare Sandbank *(eyri)* an, die dem ersten Siedlerhof als Acker *(akur)* diente. Helgi Eyvindarson, »der Magere«, siedelte sich im 9. Jh. am Fjord an, einige Kilometer südlich des Ackers. Heute steht er mit seiner Frau Þórunn als Statue auf einem Felsen im Ort.

Ihm folgten andere Bauern und Händler, während die Fischerei bis Ende des 19. Jahrhunderts Nebensache blieb. Doch schon 1602 bot der steile Fjordgrund dänischen Händlerschiffen einen guten Ankerplatz. Jeden Sommer schlugen sie ihre Zelte auf, boten Waren feil und nahmen Wolle und Fleisch wieder mit in die Heimat.

Erst später siedelten Händler auch dauerhaft. Das älteste heute noch erhaltene Haus, das Laxdalshús, entstand 1795: am Rand der frühen Siedlung,

Die Lichter brennen – auch bei tagheller Nacht.

die sehr lange klein blieb. Erst im 19. Jahrhundert wuchs sie stärker an, immer am Fjordhang entlang nach Norden. Heute leben hier rund 18 000 Menschen: Akureyri ist Islands größte Stadt außerhalb der Region Reykjavík.

Grünste Stadt Islands

Am schönsten präsentiert sich Akureyri von dem Aussichtsparkplatz des gegenüberliegenden Fjordhangs: Nach einer Kurve gibt die Straße aus Richtung Osten den Blick auf das langgestreckte Ufer frei, auf die kleinen Häuser und Schiffe tief unten und die bergige Höhen dahinter, teils mit verschneiten Gipfeln. Am Abend spiegelt sich das hell erleuchtete Stadtpanorama im Fjordwasser und es lohnt nochmals ein Abstecher auf diese Fjordseite.

Akureyri heißt auch »Stadt der Dänen«, die sie nicht nur in den Anfängen prägten. Nachdem das Handelsmonopol aufgehoben war, lebten hier weiterhin viele dänische Kaufleute samt Familien. Ihr Sinn für Gemütlichkeit steckte auch die Nachbarn an. Adrette Holzhäuschen und gepflegte Gärten begannen, das Ortsbild zu prägen. Und die Lust am Gärtnern fiel in Akureyri im wahrsten Sinne auf fruchtbaren Boden. Das milde, windgeschützte Klima am Ende des langen Fjords lässt auch für Island ungewöhnliche Pflanzen gedeihen.

AUTORENTIPP!

AUSFLUG ZUM POLARKREIS

Wer in Island den Polarkreis überschreiten will, der muss nach Grímsey. Die »Gríms Insel« ist nach ihrem ersten Siedler benannt: Rund 40 km liegt das 5 km² große, grüne Felseneiland vor der Nordküste. Im 18. Jahrhundert wurde es als »Insel der Schachspieler« bekannt, heute leben mehr als 80 Menschen hier, vorwiegend vom Fischfang. Zahlreiche Seevögel, darunter auch Papageientaucher, nisten im Sommer an den hohen Klippen. Viele Besucher bleiben nur wenige Stunden, übertreten den Polarkreis und bekommen ein Zertifikat. Doch laden auch zwei Gästehäuser zum Übernachten ein und im Sommer ist ein Restaurant geöffnet. Die Fähre braucht ab Dalvík drei Stunden, der Flieger ab Akureyri eine halbe Stunde.

Grímsey. Fähre: 16. Mai–31. Aug.: Mo, Mi, Fr (je 4 Std. Aufenthalt), 1. Sept.–15. Mai: Mo, Mi, Fr (kein Aufenthalt), Tel. 458 89 70, www.saefari.is; Flugzeug: Juni–Mitte Aug. tgl., Mitte Aug.–Mai Di, Fr, So, Tel. 570 38 00, www.airiceland.is; Gistiheimilið Gullsól: Tel. 467 31 90, idajons@simnet.is; Gistiheimilið Básar: Tel. 467 31 03, gagga@simnet.is; www.grimsey.is

AUTORENTIPP!

FLUGSAFN ÍSLANDS: ELDORADO FÜR FLUGZEUGFANS

In einem Hangar am Flughafen dokumentieren Dutzende Flugzeuge die isländische Luftfahrtgeschichte, die auch von Deutschen mitgeprägt wurde: 1928 führte Fritz Simon den ersten Passagier- und Postflug in Island durch. Das älteste Flugzeug hier, eine Klemm L 25 (1934), gelangte 1938 mit einer deutschen Segelflug-Expedition nach Island. Die Fokker F-27 Friendship (1976) von der isländischen Küstenwache ist zugänglich. Die Einsätze des ausgestellten Dauphin Such- und Rettungshubschraubers (1985) der Küstenwache retteten über 250 Menschenleben. In einer Ecke erinnern persönliche Gegenstände, Flugzeugteile und Fotos an den Absturz eines britischen Bombers vom Typ Fairey Battle auf einem Gletscher der Halbinsel Tröllaskagi im Jahr 1941. Das Wrack und die vierköpfige Crew lagen fast 60 Jahre lang in ihrem eisigen Grab, bis sie der Historiker Hörður Geirsson 1999 nach 19 Jahren intensiver Suche fand.

Flugsafn Íslands. Mai–Mitte Sept. tgl. 11–17 Uhr, übriges Jahr Sa 11–15 Uhr, Eintritt 1000 ISK, Akureyri Airport, 600 Akureyri, Tel. 461 44 00 und 895 77 04, www.flugsafn.is

Historische Holzhäuser in der Fußgängerzone

Anders als im Rest des Landes pflanzten die Menschen hier früh Bäume an, was die Stadt heute zu einer der grünsten des Landes macht. Sie setzten auch Kartoffeln, züchteten heimische und eingeführte Pflanzen und sind seit rund zwei Jahrhunderten für ihre Gartenkunst bekannt. Der Lystigarður, der Botanische Garten mitten in der Stadt, ist der wohl nördlichste der Welt und einer der schönsten Parks Islands. Eine Gruppe Hausfrauen gründete ihn 1911, mit Unterstützung des örtlichen Schulrektos und Botanikers. Hier spaziert man durch fast die komplette Pflanzenwelt Islands, inklusive Moosen und Flechten. Zudem sind Tausende Pflanzen aus dem Rest der Welt zu sehen. Der Park bietet auch einen wunderbaren

Stadtrundgang

Auf dem Weg durch Akureyris ältesten Teil wird deutlich, wie klein die Stadt lange war. Die meisten Sehenswürdigkeiten liegen am südlichen Fjordhang und sind gut zu Fuß erreichbar.

A Listasafn – Einstige Molkerei im isländischen Bauhausstil, heute das Museum für moderne Kunst.

B Akureyrarkirkja – Das Wahrzeichen aus hellem Basalt wurde 1940 geweiht und stammt von Guðjón Samúelsson (1887–1950).

C Sigurhæðir – Im Haus »Siegeshöhen« wohnte der Dichter Matthías Jochumsson, der u.a. Islands Nationalhymne geschrieben hat.

D Lystigarður – Der 1912 gegründete Botanische Garten gilt als nördlichster der Welt und beherbergt die Pflanzen Islands sowie Tausende fremdländische Arten.

E Minjasafn – Das Heimatmuseum in einer alten Villa veranschaulicht die Geschichte der Stadt und des Fjords.

F Svalbarðskirkja – Die kleine, dunkle Holzkirche im Heimatmuseum wurde 1846 in Svalbard am anderen Fjordufer gebaut, daher ihr Name.

G Nonnahús – Museum im Haus des Kinderbuchautors Jón Sveinsson, der die Abenteuer des jungen Nonni zu Papier brachte.

H Laxdalshús – Das älteste Gebäude der Stadt, das »Lachstal-Haus« (1795), birgt ein Restaurant.

I Tuliniusarhús & Höepfnerhús – Historische Fertighäuser im Chalet-Stil, Hafnarstræti 18 und 20.

J Brynja – Selbst im tiefsten Winter lieben Isländer Eis! Dieses Familienunternehmen ist für sein leckeres Waffeleis bekannt.

K Samkomuhúsið – Leikfélag Akureyrar – Im Theater von Akureyri spielt erst seit 1973 ein festes Ensemble, in Betrieb ist es aber seit 1917, und zwar im »Gemeinschaftshaus« von 1906.

L »Húni II« – Schon am Pier ist der Kutter eine Augenweide. Die Fjordtouren sind ein Erlebnis.

»Huni II« ist auch am Pier eine Augenweide.

Oben: Wie erleuchtet wirkt die hoch aufragende Akureyrarkirkja bei Sonne.
Mitte: Den Stolz aufs eigene Land tragen auch die Kinder schon im Gesicht.
Unten: Wie im Minjasafn sahen früher die typischen Holzhäuser aus.

Blick auf den Fjord, hierher kommen die Menschen seit 100 Jahren zum Picknicken und setzen sich im Sommer gern in das kleine Café.

Entdeckungen am alten Hafen

Die meisten Besucher kommen über die lange Fjord-Brücke und beginnen die Stadt vom alten Hafen aus zu erkunden. Parallel zum Ufer verläuft die beliebte Einkaufsstraße Hafnarstræti, die heute nicht mehr am Wasser liegt. Am alten Hafen liegt die lange »Húni II« vor Anker, ein mehr als 50 Jahre alter Fischkutter aus Eichenholz. Gelegentlich nimmt er Passagiere mit auf den Fjord hinaus, besonders romantisch sind die Mitternachtsfahrten. Meist aber liefert er den malerischen Vordergrund zum Kulturzentrum, dem großen, runden Menningarhúsið Hof, das eine Konzerthalle, ein Bistro, ein Geschäft für isländisches Design und die Touristeninformation beherbergt.

Von hier aus sind die spannendsten Ziele gut zu Fuß erreichbar, allen voran die Akureyrikirkja, auch »Eiskathedrale« genannt. Sie thront beeindruckend am Kopf einer langen Treppe, die den erhabenen Eindruck der massiven Basalttürme noch verstärkt. Ihr helles, evangelisch-schlichtes Inneres besticht vor allem durch bunte Kirchenfenster. Das 400 Jahre alte Hauptfenster stammt aus der britischen Kathedrale von Coventry, die im Zweiten Weltkrieg zerstört wurde. Auf einigen Fenstern sind Stationen der Christianisierung Islands dargestellt, z. B. der Abschied von alten Götterbildern, von denen einige im entsprechend benannten Goðafoss (»Wasserfall der Götter«) landeten.

Kulturell facettenreich

In Akureyri spielt das einzige professionelle Theaterensemble außerhalb Reykjavíks. Die heutige

Universitätsstadt war auch Heimat einiger isländischer Dichter. Das Sigurhæðir, das Haus des Nationalhymnendichters Matthías Jochumsson, und das Nonnahús von Jón Sveinsson, Autor der Kinderbuchreihe *Nonni*, sind heute Museen. Bekannter sind das »Museum für moderne Kunst« Listasafn und das Heimatmuseum Minjasafn. Das »Industriemuseum« zeigt u. a. Motorräder, und das Safnasafnið jenseits des Fjords stellt Kunst von Außenseitern aus, oft in gewagten Kompositionen.

Weihnachten das ganze Jahr

Wer einige Kilometer nach Süden fährt, gelangt ins Weihnachtsparadies: Zwölf Monate im Jahr ist in dem rotweißen Fantasiehaus Jólugarðurinn, dem »Weihnachtsgarten«, Heiligabend. Neben Weihnachtsdekoration gibt es hier typisch Isländisches zu entdecken wie Trolle, Elfen und das knusprige, traditionelle Weihnachtsgebäck Laufabrauð (»Laubbrot«). Und im Keller zeigt sich den Kindern durch einen Spalt im Fels die hässliche Grýla, die Mutter der 13 Weihnachtstrolle. Der Garten lädt zu einer Picknickpause ein und hat einen Kinderspielplatz.

Musik, Golf und Ski

Im Sommer ist das Klima mild, bis zu 20 °C kann es warm werden und es regnet deutlich seltener als im Süden. Das große Sommer-Kunstfestival »Listasumar« bietet für jeden Geschmack etwas, von klassischer Musik in der Akureyrikirkja bis zu Rock und Pop im Park. Im Juni ist Islands nördlichster Golfplatz Bühne für das internationale Golfturnier »Arctic Open«, mit »open end« ganz ohne Sonnenuntergang. Im Winter wiederum lockt Hliðarfall, das zweitgrößte Skigebiet des Landes, Isländer und Touristen in die schneebedeckten Berge nahe der Stadt.

AUTORENTIPP!

ÖRKIN HANS NÓA: SCHLEMMEN ZWISCHEN KUNST

»Örkin hans Nóa«, die »Arche Noah« von Kristján und Helga, ein großes, mit Kupferplatten verkleidetes Haus, liegt am alten Hafen, wo um 1900 das Herz Akureyris schlug.
Fische und Meeresfrüchte sind die einzigen Tiere dieser Arche: Fangfrisch und hervorragend zubereitet werden sie in der Pfanne serviert. Die Betreiber legen viel Wert auf Qualität und die Herkunft der Zutaten. So stammen der Salzfisch und der Seewolf aus Hauganes, der Kabeljau aus Dalvík, die Regenbogenforelle aus Sigluvík, die Muscheln von der Insel Hrísey und die Kartoffeln vom Eyjafjarðardalur. Durch die Fenster blickt man auf den Eyjafjörður, nebenan sind Designmöbel ausgestellt – das Gebäude wurde als Möbelgeschäft entworfen –, an den Wänden brillieren die Kunstwerke des Besitzers, eines erfolgreichen Malers, der eigentlich Ingenieur ist und nebenbei ein erstklassiges Restaurant und ein Möbelgeschäft betreibt. Ein typischer Isländer eben ...

Örkin hans Nóa. 700 m südlich vom Zentrum. Mai–Aug. tgl. ab 18 Uhr, Hafnarstræti 22, 600 Akureyri, Tel. 461 21 00, www.noa.is

Infos und Adressen

SEHENSWÜRDIGKEITEN

Húni II. Unregelmäßiger Fahrplan. Pósthólf 401, 602 Akureyri, Tel. 848 48 64, www.huni.muna.is

Menningarhúsið Hof. Kulturzentrum. Strandgata 12, 600 Akureyri, Tel. 450 10 00, www.menningarhus.is

Lystigarður Botanischer Garten. Juni–Sept. Mo–Fr 8–22 Uhr, Sa, So 9–22 Uhr, Eintritt frei, Eyrarlandsholt, 600 Akureyri, Tel. 462 74 87, www.lystigardur.akureyri.is

Der schlichte Ofen steht noch heute im Nónnahús.

Akureyrarkirkja. Mo–Do 11–19 Uhr, Fr 10–16 Uhr, So 18–20 Uhr, Eyrarlandsvegur, www.akirkja.is

Nonnahús. Haus von Jón Sveinsson. Juni–Aug. tgl. 10–17 Uhr, übriges Jahr nach Vereinbarung, Eintritt 800 ISK, Aðalstræti 54, Tel. 462 35 55, www.nonni.is

Daviðshús. Haus von Davíð Stefánsson. Juni–Aug. Mo–Fr 13–17 Uhr, übriges Jahr nach Vereinbarung, Eintritt 800 ISK, Bjarkarstígur 6, Tel. 462 41 62, www.skaldhus.akureyri.is

Sigurhæðir. Haus von Matthías Jochumsson. Juni–Aug. Mo–Fr 13–17 Uhr, übriges Jahr nach Vereinbarung, Eintritt 800 ISK, Eyrarlandsvegur 3, Tel. 462 66 49, www.skaldhus.akureyri.is

Listasafn. Kunstmuseum. Di–So 12–18 Uhr, Eintritt frei, Kaupvangsstræti 12, 600 Akureyri, Tel. 461 26 10, www.listasafn.akureyri.is

Minjasafn. Heimatmuseum. Juni–Mitte Sept. tgl. 10–17 Uhr, Mitte Sept.–Mai Do–So 14–16 Uhr, Eintritt 800 ISK, Aðalstræti 58, 600 Akureyri, Tel. 462 41 62, www.akmus.is

Iðnaðarsafn. Industriemuseum. Juni–Mitte Sept. tgl. 10–17 Uhr, Mitte Sept.–Mai Sa 14–16 Uhr, Eintritt 1000 ISK, Krókeyri, 600 Akureyri, Tel. 462 36 00, www.idnadarsafnid.is

Safnasafn Museum für Volkskunst. 19. Mai–19. Aug. 10–17 Uhr, 20. Aug.–2. Sept. 14–16 Uhr, Eintritt 1000 ISK, Svalbarðsströnd, 601 Akureyri, Tel. 461 40 66, www.safnasafnid.is.

Jólagarðurinn. Weihnachtsgarten. Juni–Aug. 10–22 Uhr, Sept.–Dez. 14–22 Uhr, Jan.–Mai 14–18 Uhr, Eintritt frei, Route 821, Tel. 463 14 33, jolagard@simnet.is

ESSEN UND TRINKEN

RUB23. Große Auswahl an Fisch, raffiniert zubereitet und frei kombinierbar. Es gibt aber auch Fleisch und Sushi auf hohem Niveau. Bier- und Whiskybar im Keller. Tgl. 17.30–22 Uhr, Mo–Fr auch 11.30–14 Uhr. Kaupvangsstræti 6, 600 Akureyri, Tel. 462 22 23, www.rub23.is

Örkin hans Nóa. Die »Arche Noah« serviert am alten Hafen Frisches aus dem Meer. Nur auf Reservierung, oft von Gruppen besucht. Hafnarstræti 22, 600 Akureyri, Tel. 461 21 00, www.noa.is

Strikið. Gehobene und pfiffige isländische Küche, im Sommer wird auf der Terrasse serviert. Toller

Fjordblick aus dem 5. Stock. Tgl. ab 11.30 Uhr, Skipagata 14, 600 Akureyri, Tel. 461 71 00, www.strikid.is

Tasca Rincón Canario im Laxdalshús. Seit Ende 2012 gibt es hier statt altisländischer spanisch-kanarische Küche mit Tapas-Bar. Di–Do 11–21 Uhr, Fr–So 11–22 Uhr, Hafnarstræti 11, 600 Akureyri, Tel. 461 29 00, rinconcanario-akureyri@hotmail.com

Silva. Beste vegetarische Küche aus Biozutaten mitten im Grünen, 16 km südlich von Akureyri im Fjordtal. Juni–Sept. 11–21 Uhr und auf Anfrage, Syðra-Laugalandi, 601 Akureyri, Tel. 851 13 60, www.silva.is

Brinja. Man sollte unbedingt das köstliche Eis probieren, auch bei Schnee und Kälte! Tgl. 9–23.30 Uhr, Aðalstræti 3, 600 Akureyri, Tel. 462 44 87.

ÜBERNACHTEN

Hotel Kea**.** Traditionsreiches Haus mit hohem Standard und edler Ausstattung, teilweise sind die Zimmer etwas klein. Das günstigere Schwesterhotel Harpa liegt nebenan. Hafnarstræti 87–89, 600 Akureyri, Tel. 460 20 00, www.keahotels.is

Icelandair Hotel Akureyri*.** Zentrumsnah auf einem Hügel, 2011 eröffnet. Große, moderne Zimmer mit Blick über Stadt und Fjord. Mit Vinothek und Bar am Kamin. Þingvallastræti 23, 600 Akureyri, Tel. 518 10 00, www.icelandairhotels.com

Sæluhús. Statt rustikalem Ambiente bietet die »Schutzhütte« geräumige Apartments und schicke Ferienhäuser in Zentrumsnähe. Sunnutröð 2, 600 Akureyri, Tel. 412 08 00, www.saeluhus.is

AUSGEHEN

Die Universitätsstadt Akureyri bietet ihren Besuchern ein lebhaftes Nachtleben, die meisten Bars sind in der Altstadt.

Leikfélag Akureyrar. Theater. Für Nicht-Isländer sind hier vor allem Tanz, Oper oder Musicals interessant. Saison Sept.–Juni, Hafnarstræti 57, 600 Akureyri, Tel. 462 02 00, www.leikfelag.is

Die Apartments im Sæluhús bieten besten Ausblick.

Götubarinn. Beliebte altmodische »Straßenbar« mit Klavier für spontane Livemusik.
So–Do 17–1 Uhr, Fr, Sa 17–4 Uhr, Hafnarstræti 95, 600 Akureyri, Tel. 462 47 47.

Brugghúsbarinn. Gemütliche »Brauhausbar«, zentral gelegener Ausschank der jungen Kleinbrauerei Kaldi. Spezialbiere zu besonderen Anlässen. So–Do 18–1 Uhr, Fr, Sa 18–3 Uhr, Kaupvangsstræti 23, 600 Akureyri, Tel. 662 70 11, www.bruggsmidjan.is

VERANSTALTUNGEN

Listasumar. »Kunstsommer«, Musik und mehr. Mitte Juni–Aug., Tel. 466 26 09, www.listagil.akureyri.is

AKTIVITÄTEN

Hliðarfjall. Wintersportgebiet mit Skistation auf 1000 m Höhe, vom Zentrum per Stadtbus in zehn Minuten zu erreichen. www.hlidarfjall.is

INFORMATION

Akureyrarstofa. Mitte Juni–Aug. tgl. 8–19 Uhr, Sept. und Mai–Mitte Juni Mo–Fr 8–17 Uhr, Sa, So 10–14 Uhr, übriges Jahr Mo–Fr 8–16 Uhr. Im Kulturzentrum Hof, Strandgata 10, 600 Akureyri, Tel. 450 10 50, www.visitakureyri.is

Oben: Der mächtige Goðafoss wurde schon mehrfach von wagemutigen Wildwasserpaddlern befahren. **Unten:** Auf dem Reiterhof in Grýtubakki sind auch die Pferde bestens gelaunt.

34 Von Grenivík bis Goðafoss

Leeres Land, wuchtiges Wasser

Nach Grenivík verirren sich nicht viele, nach Fjörður noch weniger. Dabei ist die menschenleere Halbinsel zwischen Eyjafjörður und Skjálfandi ein erstklassiges Revier für Wanderer und Reiter. Liebhaber traditioneller Architektur finden in Laufás eines der besterhaltenen Torfgehöfte Islands, und der Goðafoss gehört zu den Highlights der isländischen Natur.

Im Fischerdorf Grenivík endet die Straße. Hinter den letzten Häusern beginnt die Halbinsel Fjörður, ein Naturparadies mit steilen Klippen, vergletscherten Bergen, gurgelnden Bächen und vielen Ruinen. Vorbei sind die Tage des Haifischfangs von Látrar aus, an der Nordküste wird kein Treibholz mehr gesammelt. Heute bevölkern 4000 Schafe die Halbinsel. Und Elfen, Trolle, Geister.

Elfenritte in den Bergen

Für Reiter führt kein Weg am Hof »Pólar Hestar« in Grýtubakki vorbei. Auf ihren über 100 Islandpferden bieten Stefán und seine deutsche Frau Juliane Reitausflüge an, von kurzen Ausritten für Anfänger bis zu einwöchigen Touren für erfahrene Reiter. Beim »Elfenritt«, einer einwöchigen Tour mittleren Schwierigkeitsgrads, erlebt man die wilde Natur der Halbinsel Fjörður. Eine echte Herausforderung für Profis ist die Tour »Faszinierender Norden«: acht Tage im Sattel, Highlights en masse, wie Goðafoss, Aldeyjarfoss und die Mývatn-Region. Dabei wird, wie in Island üblich, eine freilaufende Herde mitgeführt, damit auf den langen Tagesetappen die Pferde gewechselt werden können.

Torfhof und Götterwasserfall

Der ehemalige Pfarrhof Laufás schmiegt sich 10 km südlich von Grýtubakki an die steilen Berge. Er wurde zwischen 1840 und 1870 gebaut und war bis 1936 bewohnt. Mit seinen fünf weißen Giebeln gilt er als Musterbeispiel eines früheren isländischen Gehöfts. Die Innenräume veranschaulichen das Leben im 19. Jh. Damals wohnten oft zwischen 20 und 30 Menschen auf einem Hof, da für Heuernte, Fischfang und das Sammeln von Eiderdaunen sehr viele Knechte gebraucht wurden.

Auf dem Weg nach Húsavík oder Mývatn lohnt der Zwischenstopp am Goðafoss, dem »Wasserfall der Götter«. Er ist zwar »nur« 12 m hoch, gehört aber dennoch zu den imposantesten im Lande. Der Gletscherfluss Skjálfandafljót frisst sich hier durch den Lavastrom Bárðardalshraun, der sich vor mehr als 7000 Jahren aus dem 100 km entfernten Schildvulkan Trölladyngja ergoss. Seinen Namen erhielt der Wasserfall im Jahr 1000, als der Gode und Gesetzessprecher Þorgeir Þorkelsson nach seiner Konvertierung zum Christentum in Þingvellir seine Götzenbilder in die tosenden Fluten warf.

Liebhaber origineller Souvenirs sollten den Shop an der Brücke besuchen. Den großen Laden mit den Stoffpapageientauchern und Plastikwikingern einfach durchqueren – die wahren Schätze verbergen sich dahinter: Im »Goðafossmarkaður« verkauft der Verein Handverkskonur milli heiða (»Handwerksfrauen zwischen den Heiden«) seit 1992 in Eigenregie eigene Kreationen. Die etwa 100 Frauen aus der Region verwenden Naturprodukte wie Horn, Knochen, Lava, Holz und Wolle, oft vom eigenen Hof. Das Sortiment reicht vom handgestrickten *lopapeysa* »Pullover« über Schuhe aus Lammleder bis zu Schmuck, Küchengeräten und heilsamen Bergkräutern wie Islandmoos.

Infos und Adressen

SEHENSWÜRDIGKEITEN

Laufás. Torfgehöft. Juni–Aug. tgl. 9–17 Uhr, Eintritt 850 ISK, 601 Akureyri, Tel. 463 31 96 und 895 31 72, laufas@minjasafnid.is

ÜBERNACHTEN

Country Hotel*.** Komfortables Landhotel in schöner Fjordlage zwischen Grenivík und Akureyri. Sveinbjarnargerði 2, 601 Akureyri, Tel. 462 45 00, www.countryhotel.is

Fosshóll. Das Gästehaus in der früheren Post- und Telefonrelaisstation bietet Zimmer unterschiedlichen Standards, Hausgeist inklusive. Restaurant (nur Hauptsaison, tgl. 7.30–22 Uhr). 500 m vom Goðafoss. Mitte Mai–Mitte Sept., Fosshóll, 641 Húsavík, Tel. 464 31 08, www.godafoss.is

AKTIVITÄTEN

Pólar Hestar. In Grýtubakki bieten Stefán und Juliane seit über 25 Jahren Reittouren mit deutschsprachiger Begleitung. Auf dem Hof übernachtet man in Zwei- und Vierbettzimmern. Grýtubakki 2, 601 Akureyri, Tel. 463 31 79, www.polarhestar.is

EINKAUFEN

Goðafossmarkaður. Juni–20. Sept. tgl. 8–21 Uhr, übriges Jahr tgl. 9–13 Uhr. Fosshóll, 641 Húsavík, Tel. 464 33 23, hmh@mi.is

INFORMATION

Tourist Information Centre. Mitte Juni–Aug. tgl. 8–19 Uhr, Mai–Mitte Juni Mo–Fr 8–17 Uhr, Sa 8–16 Uhr, Sept. Mo–Fr 8–17 Uhr, Sa, So 10–14 Uhr, übriges Jahr Mo–Fr 8–16 Uhr. Im Kulturzentrum Hof, Strandgata 12, 600 Akureyri, Tel. 450 10 50, www.visitakureyri.is

Der ehemalige Pfarrhof Laufás gehört zu den schönsten Torfgehöften Islands.

Oben: Gemütlich schmiegt sich der kleine Ort an die steilen Fjordhänge. **Unten:** Das dritte Museumsgebäude wurde um diese Fischerboote herumgebaut.

35 Siglufjörður
Historischer Fischerhafen

Rund 1400 Menschen leben in Islands nördlichster Stadt. Vor etwa 60 Jahren waren es fast zehnmal so viele: Dank der Heringsschwärme im Polarmeer war Siglufjörður einer der größten Umschlagplätze für Pökelfisch und Fischmehl. Bis diese Ära Ende der 1960er-Jahre abrupt endete. Die Heringe blieben aus, weil auch die Laichgründe überfischt waren.

Siglufjörður heißt »Fjord der Schiffsmasten«, und in den 1940er- und 1950er-Jahren war im Hafen tatsächlich kaum Platz: Kleine Fischerboote drängten sich an der Mole, um ihre silbrig schimmernde Ladung an Land zu bringen, große Schiffe luden Tausende Heringsfässer und andere Ladung für den Export an Bord. Damals brachten riesige Fischschwärme im Nordmeer der gesamten Nordküste Wohlstand. Vor allem Frauen säuberten im Akkord die Fische, bevor sie eingesalzen in Holzfässer oder Dosen kamen. Ein zweiter Verwertungszweig waren die Mühlen und Pressen, mit denen das »Silber der See« zu den begehrten Rohstoffen Fischöl und Fischmehl verarbeitet wurde.

Impressionen aus der Heringsära

Den Heringsboom erweckt heute ein preisgekröntes Museum wieder zum Leben, das Síldarminjasafnið: In einem original erhaltenen Gebäude kann man sich die Büros der Verwalter und die Arbeitsräume der Heringsputzerinnen ansehen. Alles wirkt unverändert, bis hin zu den vielen verschiedenen Schriftschablonen, mit denen die Fässer jeweils ihr Ziel aufgestempelt bekamen. Unter dem Dach in den Wohn- und Schlafräumen der

Arbeiterinnen stehen noch Töpfe auf dem Herd. Im Nachbargebäude demonstrieren Maschinen in einer Verarbeitungsstraße, wie die Heringe Schritt für Schritt zu Öl und Mehl verarbeitet wurden. Das dritte Museumsgebäude, um einen der alten Fischkutter herum gebaut, beherbergt kleinere Boote sowie Materialschuppen und Werkstätten. Filme und Audioinstallationen lassen Besucher in die alte Zeit eintauchen.

Traditionen und Feste

Bis heute zehrt ganz Siglufjörður von der Heringsära. Drei bunte Schuppen am Hafen bergen ein Restaurant, ein Bistro und eine Galerie. Künftig soll hier auch der traditionelle Bootsbau wieder aufleben. Zudem bewahrt Siglufjörður seine musikalischen Traditionen: Das Volksmusikzentrum Þjóðlagasetur erinnert an die Volkslieder Islands, das Erbe Bjarni Þorsteinssons (1861–1938). Der Pfarrer des Ortes war Musiker und sammelte über 25 Jahre isländische Liedertexte und Melodien. Im Museum zeigen Filme Gesänge von Sagas, alten Zwiegesängen und Kinderliedern. Jeden Juli feiert das Þjóðlagahátíð alte und neue Musik.

Sehr beliebt sind die Samstage im Juli, wenn Schauspieler in Tracht das Fischen, Einsalzen und das anschließende Feiern vorführen. Im großen Stil wird beim Heringsfestival Síldaraevintýri im August gefeiert mit Musik- und Kulturevents.

Noch viel Potenzial

Bislang gibt es in »Siglo« nur Pensionen, doch ein 4-Sterne-Hotel soll entstehen. Denn auch in der Umgebung ziehen exzellente Wanderwege und Angelplätze sowie im Winter ein gutes Skigebiet Touristen an. Einer der schönsten Wanderpfade der Insel führt über die Berge nach Fljótavík.

Infos und Adressen

SEHENSWÜRDIGKEITEN

Síldarminjasafnið. Museum der Heringsära. Die kleine Touristeninformation hier hat Broschüren und Karten. Juni–Aug. tgl. 10–18 Uhr, Mai, Sept. tgl. 13–17 Uhr, übriges Jahr auf Anfrage, Eintritt 1400 ISK, Snorragata 15, Tel. 467 16 04, www.sild.is

Þjóðlagasetur. Volksmusikzentrum. Juni–Aug. tgl. 12–18 Uhr, Sept.–Mai mit Voranmeldung (Tel. 615 20 86), Eintritt 800 ISK, Norðurgata 1, 580 Siglufjörður, Tel. 467 23 00, www.folkmusik.is

Bláa húsið. Im blauen Hafenschuppen werden lokale Künstler und Kunsthandwerker gezeigt. Suðurgata 10, 580 Siglufjörður, www.raudka.is

ESSEN UND TRINKEN

Hannes Boy Café & Kaffi Rauðka. Im gelben und roten Bootsschuppen am Hafen gibt es gute Küche aus regionalen Zutaten sowie Snacks und Drinks. Gelegentlich Live-Musik. Hannes Boy: Fr, Sa 18–22 Uhr, Kaffi Rauðka: Fr, Sa 12–1 Uhr, So–Do 12–18 Uhr, Suðurgata 10, 580 Siglufjörður, Tel. 467 15 50, www.raudka.is

ÜBERNACHTEN

Gistiheimilið Tröllaskagi. Pension mit angenehmer Atmosphäre. Lækjargata 10, 580 Siglufjörður, Tel. 467 21 00, www.northhotels.is

The Herring Guesthouse. Vier Zimmer, Terrasse, Bergblick. Hávegur 5, 580 Siglufjörður, Tel. 868 42 00, www.theherringhouse.com

INFORMATION

Touristeninformation. Gránugata 4, 580 Siglufjörður, Tel. 464 91 00, www.fjallabyggd.is.

Oben: Beim isländischen »Almabtrieb« kommen im Herbst die Schafe oder wie hier die Pferde aus den Bergen.
Unten: Die Reiter bringen die ungestümen Jungtiere mit geschickten Hakenschlägen immer wieder in die richtige Richtung.

36 Skagafjörður

Von Rössern, Sagas und Bischöfen

Das größte Tal Islands setzt sich in einem der größten Fjorde fort, dem 40 km langen und noch breiteren Skagafjörður. Seine Ufer, die sich zwischen den großen Halbinseln Skagi und Tröllaskagi Richtung Norden ins Polarmeer ziehen, lockten schon früh die ersten Siedler an. Seitdem entwickelte sich die Region zwischen sehenswerter Natur zum Hort der Geschichte und einem Mekka für Pferdezüchter.

Der größte Ort am Fjord ist Sauðárkrókur. In seiner Mitte steht ein Pferd auf einem Podest. Die Skulptur eines Islandpferdes veranschaulicht die Bedeutung dieser Tiere für die Region, denn rund um den Fjord werden Islandpferde gezüchtet. Die robusten, relativ kleinen Rösser waren seit der Landnahmezeit wichtige und treue Begleiter der Isländer auf der großen, rauen Insel, als Reitpferde ebenso wie als Trag- und Zugtiere. Erst im 20. Jahrhundert lösten Maschinen das Arbeitspferd ab. Doch nach wie vor ist das Islandpferd als Reittier beliebt. Im Süden des Landes werden bis heute auch Pferde wegen ihres von vielen gern gegessenen Fleisches gezüchtet, rund um Skagafjörður hingegen züchtet man für den Reitsport.

Zahlreiche bedeutende und sehr alte Gestüte sind in der Gegend angesiedelt. In Hólar liegt das Sögusetur íslenska hestsins, das »Zentrum zur Geschichte des Islandpferdes«, samt Museum der Geschichte und einer Fachhochschule für Pferdezucht. In dem Isländischen Pferdezentrum hat man die Besonderheiten der Islandpferde besonders im Blick: Sie entwickelten sich über die

Im Tal angekommen, treffen die Pferde wieder auf ihre Besitzer.

Jahrhunderte zu einer eigenen vielseitigen Art mit besonders dichtem Winterfell, stabilem Körperbau und besonderen Gangarten für die langen Strecken, die sie einst zurücklegen mussten. Um ihre besondere Pferderasse zu feiern, treffen sich jeden Sommer Züchter, Reiter und Pferdefans im Norden Islands zur Pferdemesse und -show »Landsmót«, wo sie eine Woche lang intensiv ihre Passion ausleben.

Auf- und Abtrieb der Schafe

Auch kleine Hofbesitzer und Hobbybauern im ganzen Land züchten aus alter Tradition oft ein paar Schafe und halten Pferde. Die Schafe verbringen den Sommer meist freilaufend und allein auf den Hängen der Berge. Was bedeutet, dass sie im Frühjahr gesammelt hinauf- und im Herbst wieder hinabgetrieben werden müssen. Dieses *rettir* ist ein Ereignis für das ganze Dorf und die ganze Familie. Es lockt auch einige schaulustige Touristen an. Seit Jahrhunderten spielen die stämmigen Islandpferde dabei eine wichtige Rolle. Wenn auch inzwischen einige Bauern zu Fuß und auf Motorquads unterwegs sind, treiben die meisten die Schafe immer noch hoch zu Ross ins Tal, um sie dort ihren Besitzern zuzuordnen, die ihren

AUTORENTIPP!

LEDER AUS DEM OZEAN

Schuhe aus Fischhaut waren in Island über Jahrhunderte verbreitet, oft in schlechter Qualität. Doch das hat sich geändert. Als das Geschäft mit Rinds- und Schafsleder immer mehr zurückging, kamen die Eigentümer einer innovativen Gerberei in Sauðárkrókur auf die Idee, eine neue Rohstoffquelle zu erschließen: Fischleder. Zunächst mit mäßigem Erfolg. Alles, was beim Gerben herauskam, war Fischsuppe. Tausende Liter. Doch dann der Durchbruch, es gelang. Heute ist Fischleder ein beliebter Rohstoff für Schuhe, Handtaschen, Geldbörsen und Gürtel, nicht zuletzt wegen der verschiedenen Muster: Wolfsfisch ist fleckig, Barsch hat eine raue Oberfläche, Lachs ist dünn und gut formbar. Zu den Abnehmern gehören auch Prada, Gucci, Dior und Nike. Eine Führung durch die Fischleder-Gerberei »Gestastofa Sútarans« zeigt die Arbeitsabläufe, vom Häuten der Fische über den Einsatz der Gerbstoffe bis zum Trocknen der Häute.

Gestastofa Sútarans. Juni–Mitte Sept. Mo–Fr 11–17 Uhr, Sa 11–15 Uhr, Führung Mo–Fr 14 Uhr, Teilnahme 1000 ISK, Borgarmýri 5, 550 Sauðárkrókur, Tel. 512 80 25, www.sutarinn.is

AUTORENTIPP!

PROMI-HOTEL MIT HOT POT

Marlene Dietrich und der amtierende isländische Präsident haben etwas gemeinsam: Beide übernachteten im »Hótel Tindastóll«, dem ältesten Hotel Islands. Das ehemalige Lagerhaus kam im frühen 19. Jahrhundert als Bausatz aus Norwegen und stand zunächst in Hofsós, bevor es über den Fjord nach Sauðárkrókur verschifft wurde. Seit 1884 ist es dort als Hotel in Betrieb.
Die zehn Zimmer mit knarrenden Dielen sind nach prominenten Isländern benannt. Zur Grundausstattung gehören jeweils ein Doppelbett, ein Schrank, antike Möbel und ein Bad. »Deluxe-Zimmer« verfügen auch über einen DVD-Player und eine Sitzecke. Zum Angebot gehören zwei Sommerhäuser, ideal für Familien. In der gemütliche Bar »Jarlstofa« (»Grafenstube«) mit massiven Holzbalken, Steinen vom Strand, Kamin und Schwarzweißfotos kann man sich bei einem Drink entspannen. Dort wird auch das Frühstück serviert. Ein Hot Pot (39° C), der aus Steinen vom Ufer des Skagafjörður gebaut wurde, lädt im Innenhof zum Relaxen ein.

Hótel Tindastóll. Lindargata 3, 550 Sauðárkrókur, Tel. 453 50 02, www.hoteltindastoll.com

Drangey liegt wie ein großer Steinblock vor dem Horizont.

Gesundheitszustand prüfen und sich um sie kümmern.

Sauðárkrókur, kulturelles Herz der Region

Das weitläufige Umland des Skagafjörður konzentriert sich in der Stadt Sauðárkrókur, mit rund 3000 Einwohnern offizielles Zentrum und zugleich kulturelles Herz der Region. Wörtlich übersetzt bedeutet ihr Name »Schafshaken«, allerdings bezieht er sich auf den kleinen Fluss Sauðá, der an dieser Stelle in einem »Haken« in den Fjord mündet. Viele sprechen ohnehin nur von »Krókur«. Die Stadt lebt vor allem vom Fischfang und vom Handel, vom Tourismus und ein wenig von der Industrie. Im alten Ortskern stehen einige gut erhaltene Holzgebäude. Sehenswert ist auch die Kirche von 1892. Und das Heimatmuseum Minjahús gibt anschaulich Auskunft über vergangene Lebensart und altes Handwerk. Unter anderem steht hier Islands erste Nähmaschine, 1857 importiert. Besonders interessant aber ist Sauðárkrókur als Ausgangspunkt für Touren in alle Richtungen: per Auto, in Wanderschuhen oder per Schiff auf die Fjordinseln.

Federvieh und Sagas

Drangey heißt die bekannteste der Vogelinseln im Skagafjörður. Das Tuffstein-Eiland ist nur 20 ha groß, ragt aber steil rund 180 m aus dem Wasser auf und ist nur an einer Ecke gut zu erklimmen. Doch das genügte den Menschen der Region, die den Felsen jahrhundertelang als Nahrungsquelle nutzten: Zahlreiche Vogelarten – von Lummen, Tordalken und Papageientauchern bis zu Möwen und Seeschwalben – brüten ab Frühjahr an den Klippen. Früher bedienten sich Vogelfänger regelmäßig an diesem reichen Vorrat an frischen Eiern und Geflügel. Um an die Nester zu kommen, schwangen sie sich an Seilen über den Klippenrand und sammelnd an der Wand entlang, ähnlich wie an den Vogelfelsen der Westmännerinseln und Látrabjargs.

Landesweit bekannt ist Drangey als Schauplatz der Sagas: Grettir Ásmundsson der Starke, den man geächtet hatte, flüchtete sich 1028 mit Bruder und einem Sklaven für drei Jahre auf die Insel, heißt es. Nur um schließlich doch im Kampf zu sterben. Heute kommen Besucher mit dem Boot, um den Felsen näher zu erkunden. Vielleicht ist er tatsächlich die versteinerte Kuh großer Trolle, die wieder einmal nicht rechtzeitig vor Sonnenaufgang ihre Höhle erreicht hatten. Ein aufragender Felsturm südlich von Drangey ist laut Legende die glücklose Trollfrau. Málmey weiter östlich ist eine zweite für Touren interessante Insel im Fjord. Hier soll einst Islands erster Leuchtturm gestanden haben. Heute tummelt sich auch hier die Vogelwelt.

Unter alten Dächern

Obwohl Sauðárkrókur selbst erst im 19. Jahrhundert entstanden ist, war das Hinterland des Fjords schon seit der Landnahmezeit besiedelt. Hier ent-

Oben: Gut isoliert ließ es sich in den Torfgehöften von Glaumbær einwandfrei überwintern.
Mitte: In großen Fässern lagerten auch gepökelte und gesäuerte Lebensmittel.
Unten: Selbst modernere Haustypen in Glaumbær tragen grüne Dächer.

Oben: Von außen ist die Torfkirche Víðimýrarkirkja durch Grabsteine als Gotteshaus erkennbar.
Mitte: Das Museum in Hofsós bringt den Alltag früherer Zeiten nahe.
Unten: Beeindruckende Altäre überraschen in isländischen Kirchen immer wieder.

schieden sich auch einige blutige Schlachten der Sturlungar-Ära im 12. und 13. Jahrhundert. Wie aber der Alltag der Bewohner aussah, lässt sich wohl am besten im nahegelegenen Freilichtmuseum Glaumbær nachvollziehen. Es gilt als das schönste der isländischen Museen, die traditionelle Torf- und Grassodenhäuser mit original eingerichteten Räumen zeigen. Das Gelände macht auch die Veränderungen der Baustile im Verlauf der Zeit anschaulich: von den Langhäusern der Wikinger bis zu Holzhäusern des 19. Jahrhunderts. In Glaumbær soll einst auch die frühe Abenteurerin Guðriður Þorbjarnardóttir gelebt haben, nachdem sie bis nach Nordamerika gesegelt war und dort das erste europäische Kind des Kontinents geboren hatte.

Bischofssitz und andere Ziele

Rund 100 Jahre später, 1106, wurde der Ort Hólar bis 1801 zum Zentrum der Region. Als Bischofssitz für Nordisland war er über Jahrhunderte ein Zentrum der Bildung und der Buchkunst und eine beachtliche Kathedrale entstand. Weil der damalige Nordbischof Jón Arason sich nach der Reformation weigerte zu konvertieren, wurde er schließlich im Süden enthauptet.

Sehenswert in der Region ist auch die kleine Víðimýrarkirkja bei Varmahlíð, eine der letzten erhaltenen Torfkirchen Islands. Eine mystische Wanderung führt zum Tindastóll, auf dessen Gipfel in einem Teich besondere Wunschsteine zu finden sein sollen, insbesondere zur Mittsommernacht. Und nicht nur Besucher aus der »Neuen Welt« lockt in Hofsós das Isländische Emigrationszentrum Vesturfarasetrið. Es erzählt die Geschichten der Auswanderer, die es aus Not im vorigen Jahrhundert aus der Heimat fortgezogen hatte. Ohne Pferde.

Infos und Adressen

SEHENSWÜRDIGKEITEN

Sögusetur íslenska hestsins. Zentrum zur Geschichte des Islandpferdes. Im Sommer tgl. 10–18 Uhr, geführte Touren durch die Ställe Fr 14 Uhr, Sa–So 10.30 Uhr, Eintritt 900 ISK, Hólar í Hjaltadal, 551 Sauðárkrókur, Tel. 455 63 45, www.sogusetur.is

Kirche des Bischofssitzes mit bewegter Geschichte

Minjahús. Heimatmuseum. 10. Juni–Aug. tgl. 13–19 Uhr, übriges Jahr nach Vereinbarung, Eintritt 700 ISK, Aðalgata 16b, Sauðárkrókur, Tel. 453 61 73, www.visitskagafjordur.is

Glaumbær. Freilichtmuseum. Juni–10. Sept. tgl. 9–18 Uhr, übriges Jahr nach Vereinbarung, Eintritt 900 ISK, Glaumbær, 551 Sauðárkrókur, Tel. 453 61 73, www.glaumbaer.is

Víðimýrarkirkja. Torfkirche. Víðimýri, 560 Varmahlíð, Tel. 453 50 95, Juni–Aug. tgl. 9–18 Uhr, übriges Jahr nach Vereinbarung, Eintritt 400 ISK, Tel. 849 56 74 oder 899 20 53.

Vesturfarasetrið. Isländisches Emigrationszentrum. Juni–Aug. tgl. 11–18 Uhr, übriges Jahr nach Vereinbarung, Eintritt 1000 ISK, Suðurbraut 8, 565 Hofsós, Tel. 453 79 35, www.hofsos.is

ESSEN UND TRINKEN

Áskaffi. Café wie bei Oma. Juni–Aug. tgl. 9–18 Uhr, Freilichtmuseum Glaumbær, Tel. 453 88 55, www.askaffi.is

Lónkot. Exzellentes Gourmetrestaurant mitten im Nichts bei Hofsós. Küche mit frischen, regionalen Zutaten, abends Reservierung empfohlen. Juni–Aug. 8–24 Uhr, Lónkot bei Hofsós, Tel. 453 74 32, www.lonkot.com

ÜBERNACHTEN

Gistiheimilið Mikligarður. Zentral gelegene Pension in Sauðárkrókur. Kirkjutorgi 3, 550 Sauðárkrókur, Tel: 453 68 80, www.mikligardur.is

INFORMATION

Touristeninformation Varmahlíð. Juni–Aug. tgl. 13–21 Uhr, übriges Jahr kürzer, Varmahlíð an der Ringstraße, Tel. 455 61 61, www.visitskagafjordur.is

Beim Pferdeabtrieb hat die ganze Region ihren Spaß.

37 Blönduós

Lachse, Meereis und Textilien

Nur die Bucht Húnaflói trennt Blönduós von den Westfjorden. Jahrhundertelang lebten die Bewohner von der Lachsfischerei, ihre Textilien fertigten sie von Hand. All dies dokumentieren die Museen des Ortes sehr anschaulich. Und seit 2011 wird hier ein kolossaler Wandteppich über die Vatnsdæla Saga angefertigt, an dem jeder mitwirken kann.

Oben: Die Kirche von Auðkúla (1894), die sich am Ufer des Svínavatn erhebt, sticht hervor durch ihre achteckige Form.
Unten: Hier entsteht nach dem Vorbild von Bayeux ein aufwendig bestickter Teppich über die Vatnsdæla Saga.

Blönduós bedeutet »Mündung der Blanda«. Der 125 km lange Gletscherfluss, der unter dem Hofsjökull entspringt, gehört nicht nur zu den längsten Flüssen des Landes, sondern auch zu den besten Lachsgewässern: Jährlich werden beinahe 3000 Lachse aus seinem Wasser gezogen. Das Laxasetur Íslands, das »Isländische Lachszentrum«, beleuchtet seit 2012 mit einer kurzweiligen Präsentation die Lachsfischerei. Die Biologie der Fische und ihre Lebensräume werden dabei ebenso erläutert wie die Geschichte der Lachsfischerei und die Bedeutung des Lachses im Alltag.

In der »Eisbärenbucht«

Das Lachszentrum liegt nördlich der Blanda, nur einen Steinwurf von der modernen Blönduóskirkja entfernt, die 1993 geweiht wurde. Der kühne Betonklotz, der die Natur symbolisieren soll, kontrastiert mit der »Altstadt« des 900-Seelen-Orts, die sich mit bunten Häusern und kleinen Blumengärten an das Südufer der Blanda schmiegt. Neben der schmucken, alten Kirche von 1894 (1993 entweiht) sticht das Hillebrandtshús hervor. Das feuerrote Holzhaus, das älteste Haus von Blönduós, wurde vermutlich 1733 gebaut. 1877 ließ der

Kaufmann Hillebrandt aus Skagaströnd es hierher bringen. Heute birgt es das Museum »Hafíssetur«.

Das Hafíssetur thematisiert die Entstehung von Meereis und seine Einflüsse auf das Leben der Küstenbewohner. Vor allem die Nordküste wurde oft viele Monate von Treibeis blockiert, mit verheerenden Folgen für Schifffahrt, Fischerei und Landwirtschaft. In schlimmen Jahren drohten gar Hungersnöte. Mit dem Eis gelangten hin und wieder sogar Eisbären (ein ausgestopftes Exemplar ist ausgestellt) an die Nordküste. So erklärt sich auch der Name der Bucht Húnaflói – »Eisbärenbucht«.

Ein Wandteppich zur Saga

In einem Neubau am Nordufer der Blanda zeigt das Textilmuseum »Heimilisiðnaðarsafnið« kunstvoll gefertigte Stick- und Strickarbeiten und Geräte wie Spinnräder, Webstühle und Stricknadeln. Zu sehen sind auch *leppar*, gestrickte Einlagen, die man einst in die Schuhe aus Fischhaut legte, und Trachten aus dem 19. Jh. Sonderausstellungen zeigen Arbeiten namhafter Textilkünstler. Der Raum »Halldórustofa« ist Halldóra Bjarnadóttir (1873–1981) gewidmet, die 108 Jahre alt wurde und bisher als älteste Einwohnerin des Landes gilt.

Seit dem Sommer 2011 arbeitet das »Textilsetur Íslands« in der früheren Hauswirtschaftsschule an einem Mammutprojekt, das wohl mindestens zehn Jahre dauern wird. Inspiriert durch den berühmten Teppich von Bayeux reifte bei der Direktorin Jóhanna E. Pálmadóttir die Idee, einen Wandteppich zu fertigen, der die stürmische Geschichte der Vatnsdæla Saga erzählt, die sich zwischen 840 und 1040 n. Chr. zugetragen hat. Die Vorlage für den Schmuck des 46,2 m langen Teppichs lieferten Studenten der Isländischen Kunsthochschule in Reykjavík. Mitsticken darf jeder – unter Anleitung.

Infos und Adressen

SEHENSWÜRDIGKEITEN

Hafíssetur. Juni–Aug. tgl. 11–17 Uhr, Eintritt 1000 ISK, Blöndubyggð 2, 540 Blönduós, Tel. 452 48 48 (Saison) und 455 47 00, www.blonduos.is/hafis

Laxasetur Íslands. Juni–Aug. tgl. 10–18 Uhr, Eintritt 900 ISK, Efstabraut 1, 540 Blönduós, Tel. 452 29 00, www.laxasetur.is

Heimilisiðnaðarsafnið. Juni–Aug. tgl. 10–17 Uhr, Eintritt 1000 ISK, Árbraut 29, 540 Blönduós, Tel. 452 40 67, www.textile.is

Textilsetur Íslands. Mitte Juni–Mitte Aug. Di, Mi, Fr–So 13–17 Uhr, Sticken Vatnsdæla Saga: 2000 ISK/Std., Árbraut 31, 540 Blönduós, Tel. 452 43 00 und 898 42 90, www.textilsetur.com

ESSEN UND TRINKEN

Potturinn. Mit Ausstellung über den Outlaw Fjalla-Eyvindur. Tgl. 11–22 Uhr, Norðurlandsvegur 4, 540 Blönduós, Tel. 453 50 60, www.pot.is

ÜBERNACHTEN

Glaðheimar. Campingplatz mit 20 Ferienhäuschen (3–8 Pers.), teils mit Hot Pot und Sauna. Mitte Mai–Okt., Brautarhvammur, 540 Blönduós, Tel. 820 13 00, www.gladheimar.is

Húnavellir. Schlichte Zimmer mit Waschbecken. Freibad, Hot Pot. Juni–Mitte Aug., 18 km südöstlich, 541 Blönduós, Tel. 453 56 00, www.hotelhunavellir.is

INFORMATION

Blönduós Tourist Information. Tgl. 8–17 Uhr. Am Zeltplatz. 540 Blönduós, Tel. 452 45 20, www.northwest.is

Oben: Ein typischer Pferch für den Herbstabtrieb: Alle Tiere werden in die Mitte getrieben und dort von ihren Besitzern in die Seitenkammern sortiert.
Unten: Die Seehunde nutzen selbst den kleinsten Felsen, um in der Sonne zu baden.

38 Halbinsel Vatnsnes

Unterschätztes Naturparadies

Die am meisten unterschätzte Region Islands liegt auf halber Strecke zwischen Reykjavík und Akureyri. Viele Reisende kommen hier gar nicht erst vorbei, weil sie die Westfjorde ansteuern oder im Osten über Akureyri nicht hinauskommen. Oder sie stoppen nur kurz bei Hvammstangi zum Tanken. Dabei bietet die Vatnsnes-Halbinsel große Seehundkolonien, beste Wanderwege und sagenhafte Aussichten.

Vatnsnes, die »Wassernase«, ist im Vergleich zu den Westfjorden links und den drei großen Landzungen Nordislands rechts nur wenig herausragend. Das gilt allerdings nur geografisch: Vatnsnes gleicht einem kurzen Daumen neben langen Fingern und ragt in die große Bucht Húnaflói, die direkt ans Polarmeer anschließt. Touristisch hingegen hat die Halbinsel, über deren Mitte sich der

MAL EHRLICH

IM ZWEIFEL FÜR DIE SEEHUNDE

Die Seehundkolonie von Hindisvík, einst die größte des Landes, war jahrzehntelang bekannt und beliebt. Zu beliebt, denn irgendwann begann die Anzahl der Tiere von Jahr zu Jahr zurückzugehen. Die genaue Ursache ist nicht bekannt, doch vermutlich spielten der wachsende Druck durch die Besucher und deren unangemessenes Verhalten eine Rolle. Seit dem Sommer 2008 ist der Zutritt zu der Seehundkolonie in Hindisvík nun verboten. Möglichkeiten, die Tiere zu beobachten, gibt es aber: bei Ósar im Osten und bei Illugastaðir im Westen (dort nicht zwischen 1. Mai und 20. Juni, zur Brutzeit der Eiderente).

basaltene Bergrücken Þrælsfell zieht, mit bis zu 895 m hohen Graten und besten Ausblicken bis hin zu Staðirs fernen Küsten jede Menge zu bieten. Viele Moore und kleine Seen liegen in den Tundraflächen, die im Frühling zum Blütenmeer erwachen.

Angeln, wandern, staunen

Die Bucht im Osten, der Húnafjörður, reichte einst deutlich weiter nach Süden. Er ist verlandet und beherbergt Hóp, die größte Salzwasserlagune Islands, die je nach Tide von 20 auf 44 km² anschwellen kann. An der Küste leben scharenweise Seehunde und Meeresvögel, von Möwen über Eiderenten bis zu Austernfischern. Im Hinterland, jenseits der Ringstraße, liegen fruchtbare Täler und karges Hochland mit Seen, Schluchten und Wasserfällen, ein Paradies für Angler, Wanderer und Allradfahrer. Rund um Vatnsnes lebte einst auch Grettir der Starke: Gefeiert wird er vor allem während des »Grettir-Festivals« im August in seinem Geburtsort Bjarg. Die ungeteerte Route 711 lädt zu einer lohnenswerten Rundfahrt einmal um die Küste herum ein.

Im Land der Seehunde und Robben

Schaf- und Pferdezucht, Fischerei und die Jagd auf Vögel und Robben bestimmten seit jeher das Leben der Menschen hier. Sie trotzten dem stürmischen Klima des Polarmeers, bei Nordwind gelangt oft Treibeis aus Grönland in die Bucht. Gelegentlich auch mit »blinden Passagieren«, was den Namen Húnaflói, die »Bucht des jungen Eisbären«, erklärt.

Am bekanntesten ist die große Seehundkolonie vor Hindisvík, einer winzigen Bucht an der Spitze

AUTORENTIPP!

GISTIHEIMILI HANNA SIGGA: WALE VOR DEM FENSTER

Bei Jóhanna Sigríður (aka »Hanna Sigga«) und Ólafur Helgi, an einer ruhigen Straße im höchsten Teil des Dorfes, fühlt man sich sofort zuhause. Die sechs Zimmer mit Waschbecken sind gemütlich, extra Komfort bieten die gut ausgestattete Küche und das große Wohnzimmer mit Sitzecke, TV, Büchern und Spielen. Eine Waschmaschine kann gemietet werden. Zum reichhaltigen, liebevoll zubereiteten Frühstück (Abendessen auf Bestellung) gehören *rúgbrauð*, Bananenbrot und originelle Marmeladen (z. B. Apfelsine-Tomate und Apfelsine-Rhabarber), alles selbstgemacht. Vom Frühstücksraum auf der Veranda sieht man im Sommer die Seehunde und Zwergwale im Fjord. Ein Fernrohr erleichtert die Beobachtung. Ab und zu treiben Eisberge aus Grönland in den Fjord. Entspannen kann man im Hot Pot auf der Terrasse und im Garten, der 2001 mit dem Umweltpreis der Kommune Húnaþing vestra ausgezeichnet wurde.

Gistiheimili Hanna Sigga. Ausgeschildert ab Hvammstangi. Garðavegur 26, 530 Hvammstangi, Tel. 451 24 07 und 861 22 07, www.simnet.is/gistihs

Exponat des Selasetur Íslands

Oben: Bei Ebbe bezaubert der Hvítserkur mit überaus pittoresken Spiegelungen.
Unten: Mit Booten wie diesem im Selasetur gingen auch Seehundjäger aufs Meer.

von Vatnsnes. Ein Pfarrer scheiterte einst daran, in der scheinbar idealen Hafenbucht Fischer anzusiedeln. Doch er ließ auch die Seehundjagd verbieten. So spielen dort heute Tausende Gemeine Seehunde, Ringelrobben und Kegelrobben in den Wellen oder sonnen sich auf dunklen Basaltfelsen.

Wer mehr über Seehunde und ihre Bedeutung für Island lernen will, wo immerhin die Hälfte aller Seehunde weltweit leben, ist im Seehundzentrum »Seals & Sagas« in Hvammstangi richtig. Der Hauptort der Region nahe der Ringstraße entwickelte sich seit 1895 dank der Garnelenfischerei. Weil hier auch die größte Wollfabrik des Landes liegt, sind rundum die typischen Islandpullover günstig zu finden. Vor allem aber dient Hvammstangi als Ausgangspunkt für Wanderungen, Reitausflüge oder auch Bootstouren zu den Seehundkolonien. Rund 13 km sind es von hier aus auf den Þrælsfell hinauf.

Saurier oder Troll

Wer von Hindisvík aus Richtung Osten fährt, streift Ósar mit einer eigenen beachtlichen Seehundkolonie und trifft auf den skurrilen, fast zweidimensionalen Basaltfelsen Hvítserkur. Rund 15 m ragt er aus dem Meer heraus, hat Löcher zwischen »Beinen« und einem schrundigen Buckel, der über und über mit weißem Vogelkot bedeckt ist. Manche sehen ihn als versteinerten Saurier, andere als jenen in der Morgensonne erstarrten Troll, der einst das Kloster von Þingeyrar zerstören wollte, jenseits der Salzlagune von Hóp, wo heute noch eine kleine schwarze Kirche steht. Noch näher an der Ringstraße ragt Borgarvirki auf, ein natürlicher Basaltring auf einer Anhöhe, der einst als Trutzburg gedient haben könnte. Verstärkte Mauern und Reste zweier Langhäuser sind erhalten und er bietet einen herrlichen Ausblick.

Infos und Adressen

SEHENSWÜRDIGKEITEN

Selasetur Íslands. Seehundzentrum. Mitte Juni–Mitte Sept. tgl. 9–19 Uhr, Mai–Mitte Juni und Mitte–Ende Sept. 9–16 Uhr, übriges Jahr nach Vereinbarung, Eintritt 900 ISK, Brekkugata 2, 530 Hvammstangi, Tel. 451 23 45, www.selasetur.is

Verslunarminjasafnið Bardúsa. Handelsmuseum und Kunstgewerbegalerie. Neben lokaler Historie auch hochwertiges Handwerk und Souvenirs. Sommer Mo–Fr 10–18 Uhr, Sa, So 11–17 Uhr, Brekkugata 4, 530 Hvammstangi, Tel. 869 63 27.

ESSEN UND TRINKEN

Illugastaðir. Café mit bester Aussicht im Seehundparadies. 20. Juni–20. Aug. tgl. 14.30–18 Uhr, Vatnsnes, 531 Hvammstangi, Tel. 894 06 95, gummijo@simnet.is

Þinghús Bar & Café. Bodenständiges Restaurant und Pub der Einheimischen. Juni–Aug. Mo–Do 9.30–21 Uhr, Fr–So 11–21 Uhr. Norðurbraut 1, Hvammstangi, Tel. 451 26 30.

ÜBERNACHTEN

Staðarflöt oder Staðarskáli***. Größeres Landhotel mit guter Ausstattung, 34 km von Hvammstangi. Hrútafjörður, 500 Staður, Tel. 451 11 90, www.stadarskali.is

Brekkulækur. Traditionsreicher Reiterhof, helle Zimmer. Lange Ausritte. Brekkulækur, 531 Hvammstangi, Tel. 451 29 38, www.abbi-island.is

Sveitasetrið Gauksmýri. Familiäres Gästehaus im Grünen, mit Pferden und einem Rabenmuseum. Línakradal, 531 Hvammstangi, Tel. 451 29 27, www.gauksmyri.is

VERANSTALTUNGEN

Grettistak SES. Grettir-Festival. www.grettistak.is

INFORMATION

Tourist Information Center. Im Seehundzentrum. Mitte Juni–Mitte Sept. tgl. 9–19 Uhr, Mai–Mitte Juni und Mitte–Ende Sept. 9–16 Uhr, Brekkugata 2, 530 Hvammstangi, Tel. 451 23 45, www.visithunathing.is

Die Seehunde von Vatnsnes sind von den Felsen am Strand kaum zu unterscheiden.

DIE WESTFJORDE

39 Hólmavík und die Hexen von Strandir

Das magische Erbe des Nordwestens

Der Nordosten der Westfjorde ist Strandir, die »Strände« direkt am Polarmeer. An Strandirs Südende liegt Hólmavík, der größte Ort der Gegend, gastfreundlich und so etwas wie das Einfallstor nach Strandir. Wo dem Volksmund nach in rauer, mystischer Natur seit jeher die größten Magier und Hexen Islands leben sollen. Deshalb gibt es in Hólmavík ein Hexenmuseum, nicht weit vom Schafmuseum.

Auf dem Hügel, mit Blick auf den lang gestreckten 400-Seelen-Ort, steht die kleine, geometrisch nach oben strebende weiße Hólmavíkurkirkja: die »Kirche an der Inselbucht«, vor sich die Arme des kleinen Hafenbeckens, die schützend in die Wasser des Steingrímsfjörður hineinragen. Am anderen Ufer des breiten Fjords erblickt man in der Ferne die Gestade von Strandir. Erst seit rund 120 Jahren gibt es Hólmavík, das sich zum Fischer-, Verwaltungs- und Handelsort von Strandabyggð entwickelt hat, dem letzten Bezirk vor Strandir.

Doch auch schon früher dürften Reisende auf dem Hügel gestanden und leicht schaudernd in diese Richtung geblickt haben. Drüben, wo oft seltsam geformte Wolken über dem Land hängen, soll es geheimnisvoll bis unheimlich zugehen. Druiden, Schamanen und andere Hexenkünstler aus der Wikingerzeit sollen sich dort aufgehalten haben, der landesweiten Christianisierung im Jahr 1000 zum Trotz. Geächtete und Verbrecher flüchteten sich an die zerklüftete Küste mit Bergen aus Treibholz, möglichst weit weg von anderen Menschen.

S. 116/117: Krachend schlagen die Wellen am Dýrafjörður gegen die Steilküste.
Oben: Gruselig bis ins Detail sind einige der lebensechten Szenen im Galdrasafn – etwa der Tote, der durch Zauberei erweckt aus seinem Grab steigt.

Wesentlich friedlicher wirkt der kleine Hafen von Hólmavík.

Hexerei bei den Wikingern

Die spannende Geschichte der Magie und des Aberglaubens in Island und in Strandir lernen Besucher im Galdrasafn, dem »Museum für Zauberei & Hexenkunst« kennen. In lebensgroßen Szenen zeigt das Museum, wie Zauberer Geister abwehren, ein Geisterskelett aus dem Grab wiedererwecken und erfahren so manches über Elfen, Trolle und die milchstehlenden Tilberi. Es widmet sich auch der Figur des Gelehrten Jón Guðmundsson, der im 17. Jahrhundert als Schüler von Paracelsus die Obrigkeit gegen sich aufbrachte und der Hexerei beschuldigt wurde. Überhaupt waren die meisten Menschen, die ab der Zeit der Reformation in Island verurteilt und hingerichtet wurden, Männer. Meist hüteten sie alte Runen und Kultgegenstände der Wikingertradition. Die wohl bekanntesten Museumsstücke sind »der unsichtbare Junge« und die »Totenhosen«: die Haut eines verstorbenen Mannes, die mit dessen Einwilligung zu tragen war und – dank einiger Münzen an zentraler Stelle – ein Leben lang für Reichtum sorgte.

Wer nach dem Museumsbesuch noch nicht genug hat, findet auf der Fahrt an der Strandir-Küste entlang Außenstellen des Museums: In Klúka am

AUTORENTIPP!

MIT DEM SEEKAJAK ZU DEN SEEHUNDEN

Meist zieht es die Leute von den Westfjorden nach Reykjavík. Nicht so Stella Guðmundsdóttir und ihren Sohn Gísli Pálmason: Sie übernahmen einen einsamen Hof in einem Seitental des Mjóifjörður und verwandelten ihn in ein gemütliches Hotel. Das Übernachtungsangebot umfasst neun Zimmer im ehemaligen Kuhstall und zwei Ferienhäuser (5–10 Pers.). Aus der Scheune wurde ein rustikales Restaurant mit Fjordblick. Papagei Jakob begrüßt die Gäste mit einem kräftigen *»Góðan daginn!«*. Auf den Tisch kommen saftiges Lamm und Lachs oder Forelle aus lokalen Gewässern. Das Haus bietet zudem ein warmes Schwimmbad in ungewöhnlicher Lage: mitten im Gewächshaus.
In der Umgebung kann man wandern, reiten, angeln. Empfehlenswert sind auch die von Gísli begleiteten Seekajaktouren auf dem Ísafjarðardjúp, bei denen man den Seehunden nahekommt, die sich bei Ebbe auf den Felsen sonnen. Und nicht erschrecken, wenn neben dem Boot ein Zwergwal auftaucht!

Heydalur. 401 Ísafjörður,
Tel. 456 48 24, www.heydalur.is

Oben: Nur 12 m tief, aber in breiter Schönheit fallen die Wasser Goðafoss zu Tal.
Unten: Wer eine solche »Totenhose« trug, hier ein Exemplar im Museum, soll immer genug Geld gehabt haben. Nur sterben durfte er nicht in ihr.

Bjarnarfjörður steht Kotbýli kuklarans, die »Hütte des Hexers«. Ganz in der Nähe stürzt Goðafoss, der »Wasserfall der alten Götter«, zu Tal und in Svanshóll soll der Zauberer Svanur gewirkt haben, der auch in der Njáls-Saga erwähnt wird.

Eine Landpartie

Weniger schaurig, aber auch unterhaltsam ist die Sauðfjársetur á Ströndum, die »Schafausstellung von Strandir«. Sie veranschaulicht lebendig, wie die Tiere Islands Geschichte geprägt haben, besonders in dieser Region. So manches Geheimnis wird gelüftet, etwa, dass Lammbraten an der Küste in kargen Zeiten schon mal einen Hauch von Sushi-Aroma hat: Wenn das Gras fehlt, wird mit Algen gefüttert. Kinder dürfen Lämmer füttern oder Trecker fahren, während die Eltern im kleinen Café pausieren und vielleicht eine Partie Schach spielen, auf Island ein beliebter Zeitvertreib.

Einige der vielen Fischerboote, von denen Hólmavík heute lebt, nehmen Gäste mit auf den nächsten Fischzug. Das älteste Haus stammt von 1897, als sich der Händler Richard Riis hier ansiedelte. Heute beherbergt es ein Kulturcafé. Und wer auf der Weiterreise nach Strandir oder Ìsafjörður ist, füllt in Hólmavík seine Vorräte auf. Im Umland führen Wandertouren auch für Ungeübte in die Berge, besonders auf den Hausberg Kálfanesborgir.

Infos und Adressen

SEHENSWÜRDIGKEITEN

Galdrasafn. Auch Galdrasýning genannt, Museum für Hexerei und Magie. Im Sommer erwecken Schauspieler und der Museumsrabe alte Zeiten zum Leben oder lesen Geschichten vor. Tgl. 9–18 Uhr, Eintritt 800 ISK, Höfðagata 8–10, 510 Hólmavík, Tel. 897 65 25, www.galdrasyning.is

Kotbýli kuklarans. Hütte des Hexers. Ab Mitte Juni tgl. 12–18 Uhr, Juli –Aug. tgl. 10–18 Uhr, An der 643 in Klúka am Bjárnarfjord, Tel. 897 65 25, www.galdrasyning.is

Sauðfjársetur á Ströndum. Schafmuseum. Juni–Aug. tgl. 10–18 Uhr, Sævangi, rund 12 km südlich von 510 Hólmavík, Tel. 451 33 24, www.strandir.is/saudfjarsetur

ESSEN UND TRINKEN

Café Riis. Kulturzentrum und Café, Restaurant und Bar. Mit Live-Musik am Wochenende und häufigem Theaterspiel. Juni–Aug. So–Do 11.30–23 Uhr, Sa, So 11.30–3 Uhr, Hafnarsbraut 39, 510 Hólmavík, Tel. 451 35 67.

Galdrasafn. Das kleine Restaurant des Hexenmuseums serviert das ganze Jahr über vor allem

Hütte und Landschaft verschmelzen.

Hier soll der Hexer von Klúka seine Tränke gebraut haben.

frische Miesmuscheln aus dem Fjord. Tgl. 9–18 Uhr, Höfðagata 8–10, 510 Hólmavík, Tel. 897 65 25, www.galdrasyning.is

ÜBERNACHTEN

Borgarbraut. Pension mit einfachen, freundlich wirkenden Räume zu günstigen Preisen, Selbstfahrerküche. Borgarbraut 4, 510 Holmavik, Tel. 451 31 36, borgabraut@simnet.is

Steinhusið 1911. Pension mit geräumigen und gemütlichen Zimmer und einigen Familienapartments in einem historischen Haus mit neuem Nebengebäude. Höfðagata 1, 510 Hólmavík, Tel. 856 19 11.

INFORMATION

Tourist Information Center Strandir. 10. Juni–Aug. tgl. 8–17 Uhr, Höfðagata 8, 510 Hólmavík, Tel. 451 31 11, www.touristinfo.webnode.com

Fast immer an der Küste entlang führt die Straße durch die Region Strandir – die namensgebenden Strände sind kaum zum Baden geeignet, aber dank Treibholz und Robben dennoch sehenswert.

40 Strandir – einsame Küstenstraße

Raue Natur für Ruhesuchende

Strandir gehört definitiv zu den einsamsten und abseitigsten Regionen des Landes. Das ist ein Pluspunkt für Besucher, denn wer hier nicht dauerhaft leben muss, genießt mit Sicherheit die Ruhe und die meist dramatisch schöne, rare Natur, fernab vom hektischen Alltag. Isolierter als die Ostküste der Westfjorde ist nur noch die unzugängliche Wildnis nördlich davon: Hornstrandir.

Viele Touristen, die die Ringstraße verlassen, besuchen die Westküste der großen Halbinsel Vestfirðir, etwa Ìsafjörður oder den Vogelfelsen Látrabjarg. An die Ostküste hingegen verschlägt es weitaus weniger Besucher. Dabei bietet sie besonders spektakuläre Küstenlandschaften. Diese noch rauere und ungeschütztere Region liegt direkt am arktischen Nordmeer. An den Stränden fallen die vielen ausgeblichenen Baumstämme auf. Sie gelangen über Meeresströmungen aus Sibirien ins Polarmeer. Manche Hölzer treiben jahrelang auf hoher See, bevor sie dank Wind und Strömungen an Islands Ostküste stranden. Noch im späten Frühjahr ist letztes Packeis zu sehen, das an manchem schwarzen Kieselstrand für reizvolle Kontraste sorgt.

Zugangsstraße im Winter gesperrt

Die Straße entlang diesem Gestade ist Wind und Wetter ausgesetzt, besonders wo sie über karge, moorige Hochebenen führt: Beim ersten Schnee wird sie oft geschlossen. Nach dem harten Winter

Wo Strandir endet, beginnt Hornstrandir – nur ohne Touristen.

ist sie meist erst im Frühjahr wieder befahrbar. Dennoch ist Strandir der letzte Küstenstrich, der noch ohne Allradfahrzeug zu erreichen ist. Direkt im Norden schließt sich das Naturschutzgebiet Hornstrandir an. Es lässt sich am besten auf Wanderungen erkunden oder per Boot. Strandir hat noch kleine Siedlungen und eine Schotterstraße zwischen den Fjorden Bjarnafjörður im Süden und Ingólfsjörður im Norden.

Wer von der Ringstraße kommt, nähert sich über Hólmavík, dem letzten großen Ort vor der Einsamkeit. Von Westen aus, ab Ìsafjörður, geht es zwischen Wasserfällen und kleinen Seen über die Hochebene Steingrimsfjarðarheiði. Kurz vor der Abzweigung zur Küste lohnt ein Zwischenstopp an der kleinen Holzkirche von Staður, deren Kanzel aus dem 18. Jahrhundert stammt. Dann geht es am Nordrand des Steingrimsfjörður entlang Richtung Meer.

Idyllisches Drangsnes

Der kleine Fischerort Drangsnes (»Klippennase«) liegt an der Mündung. Von hier starten mehrere Wanderwege, einer davon auf den Gipfel des Bæjarfell. Von dort bietet sich ein weiter Blick über Fjord und Küste: In der Ferne ist die Halbinsel

AUTORENTIPP!

ÜBERNACHTEN IN EINER EHEMALIGEN HERINGSFABRIK

Beim Anblick der verfallenen Fischfabrik und der bunten Häuser glaubt man kaum, dass in Djúpavík (»tiefe Bucht«) nur noch zwei Menschen leben. Während des Heringbooms in den 1930er-Jahren waren es mehrere Hundert. Die 1934 gebaute Fabrik war damals Islands größtes Betongebäude. Doch in den 1950er-Jahren verschwanden mit den Heringsschwärmen auch die meisten Menschen. Djúpavík wurde zur Geisterstadt.
Eva Sigurbjörnsdóttir und ihr Mann Ásbjörn Þorgilsson kauften die Fabrik 1984. Sie renovierten das rote, mit Wellblech verkleidete Haus, in dem einst die Arbeiterinnen schliefen, und eröffneten dort ein kleines Hotel. Oben gibt es zehn gemütliche Zimmer mit Bad auf dem Flur, unten ein rustikales Restaurant mit maritimem Ambiente. Auf Wunsch werden Führungen durch die alte Heringsfabrik angeboten, wo Fotos und Texte im Maschinenraum an die Geschichte erinnern. Ein Teil der Fabrik wird heute für Ausstellungen und Konzerte genutzt. Auch die isländische Band »Sigur Rós« trat hier schon auf.

Djúpavík. 524 Árneshreppur, Tel. 451 40 37, www.djupavik.com

Oben: In Djúpavík trocknet gegenüber der alten Heringsfabrik auch heute noch manchmal frischer Fisch.
Unten: Fischerboote gehen auch im Norðurfjörður auf Tour.

Skagi der Nordküste zu sehen, ganz nah die vorgelagerte Insel Grímsey. Ebenso wie ihre gleichnamige Schwester am Polarkreis lockt sie scharenweise Papageientaucher an. Im Sommer ist die Kolonie ein beliebtes Ziel für Bootstouren.

Nicht weit entfernt ragt der Felsen Kerling schroff aus dem Wasser: der Legende nach ein böses Trollweib, das einst die Westfjorde von Island abgraben wollte und bei Sonnenaufgang versteinert wurde. Erholsam ist ein Bummel am Kieselstrand Malarhorn. Gegenüber der Kirche am Dorfrand quillt heißes Wasser in natürliche Becken, ein Geheimtipp zum Baden und Entspannen.

Bis die Straße endet

Weiter geht es an der malerisch zerklüfteten Küste entlang, vorbei an kleinen Fjorden und Buchten, wo zwischen bleichem Treibholz oft Seehunde und Kegelrobben spielen. Nach rund 60 km folgt die Straße dem tiefen Reykjarfjörður, an dessen Kopf der kleine Ort Djúpavík liegt.

Kurvenreich führt die Straße weiter nach Norden, bevor sie nach knapp anderthalb Stunden auf einer Landspitze im Nichts endet. Vorher aber erreicht man die Siedlung Árnes mit ihrem überraschenden Kirchenpaar: die eine hölzern traditionell, die andere steinern weiß futuristisch. In Árnes kleinem Museum »Kört« zeigt ein Künstler im Sommer Kunst aus Strandgut.

Kurze Zeit später folgt in Norðurfjörður die letzte Tankstelle der Straße. Und bevor das Ende erreicht ist und der Rückweg ansteht, lockt noch der dampfend blaue Pool von Krossnes: ein von einer heißen Quelle gespeistes, blau gekacheltes Badebecken, direkt an einem schwarzen Kieselstrand mit tollem Blick über das Meer.

Infos und Adressen

SEHENSWÜRDIGKEITEN

Kört. Kunst und Handwerkshaus. Im Sommer tgl. 10–18 Uhr, übriges Jahr auf Anfrage. Árnes, Trékyllisvík, 524 Árneshreppur, Tel. 451 40 25, kort@trekyllisvik.is

ESSEN UND TRINKEN

Kaffi Norðurfjörður. Kleines Café und Restaurant mit familiärem Ambiente am Hafen von Norðurfjörður. Traditionelle Gerichte, frisch zubereitet aus regionalen Zutaten. Im Sommer tgl, Norðurfjörður, 524 Árneshreppur, Tel. 696 13 97, www.nordurfjordur.is

ÜBERNACHTEN

Laugarholl. Auf halber Strecke nach Djúpavík liegt die charmante Pension am Bjarnafjörður, rund 25 km nördlich von Hólmavík. Das Haus hat ansprechende Zimmer und einen großen Pool mit Fjord-Blick. Auch ein für Familien geeignetes Restaurant für den Zwischenstopp findet sich hier. Route 645 am Bjarnarfjörður, 510 Hólmavík, Tel. 451 33 80, www.laugarholl.is

Malarhorn. Diese Pension empfängt ihre Gäste in einem neuen, schlichten Holzhaus direkt am Strand, unterhalb eines Schwesterhauses. Café und Restaurant servieren heimische Spezialitäten.

Kleiner Pool in Krossness bietet großes Panorama.

Hübsches Porzellan im familiären Hotel Djúpavík

Ein hoteleigener Kutter bringt Urlauber nach Grímsey. Grundargata 17, 520 Drangsnes, Tel. 451 32 37, www.malarhorn.is

Die Ruine einer Heringsfabrik

AKTIVITÄTEN

Aufstieg auf den Lambatindur. Einen der schönsten Überblicke über die Strandir-Küste bietet der Gipfel des 854 m hohen Lambatindur, südlich von Djupavík. Ein 4 km langer Pfad führt von der an Treibholz reichen Bucht Kaldbaksvík durch das raue Gelände des Kaldbaksdalur auf den Berg.

INFORMATION

Tourist Information Center Strandir. 10. Juni–31. Aug. tgl. 8–17 Uhr, Höfðagata 8, 510 Hólmavík, Tel. 451 31 11, www.touristinfo.webnode.com

Das Rot mancher Schiffe liefert prima Kontraste zum blauen Wasser des Ísafjarðardjúp.

41 Ísafjörður
Metropole der Westfjorde

Die westlichste Stadt ganz Europas war schon zuzeiten der Hanse im 16. Jahrhundert das wichtigste Zentrum der Region. Die eleganten Häuserfassaden in der kleinen Altstadt zeugen noch immer vom Reichtum der damals hier residierenden Handelspatrone. Heute ist Ísafjörður mit 3000 Einwohnern Wirtschafts- und Verwaltungszentrum der Westfjorde und auch für Touristen der Ort, an dem alle Fäden zusammenlaufen.

Wenn man Ísafjörður nach einiger Zeit in den einsamen Westfjorden erreicht, fühlt man sich angesichts dieser Häuser, Menschen und dem lebhaften Gewimmel tatsächlich wie in einer großen Stadt. Allerdings einer mit Charme, hübschen alten Holzhäusern und zahlreichen Cafés und Restaurants, die zum Pausieren, Entspannen und Beobachten einladen.

Ísafjörður ragt auf einer Landzunge in den engen Seitenfjord Skutulsfjörður hinein, zu allen anderen Seiten ragen hohe Bergwände auf. Jahrhundertelang war die Stadt auf dem Landweg nur schwer erreichbar: Im Osten zeichnen kurvige Schotterpisten die malerischen Fjordbuchten nach, in den Süden führen unwegsame Bergstraßen, die in der Winterzeit oft viele Monate lange nicht befahrbar sind. Seit dem Jahr 1991 führt ein Tunnel unter den Bergen hindurch und bindet auch die bis dahin äußerst isolierten Küstendörfer Suðureyri und Flateyri an. Wer die kurze Wanderung zur Naustahvilft-Kuppe oberhalb des Flughafens bewältigt, wird mit einer fantastischen Aussicht über Ort und Fjord belohnt.

Gebäude des Seefahrts- und Heimatmuseums

Guter Handelsplatz

Auf der Landspitze, wo heute die Altstadt liegt, soll schon im 9. Jahrhundert ein erster einsamer Hof gestanden haben. Doch erst 1569 siedelten sich Kaufleute an: Neben Isländern und Norwegern errichtete auch die Hanse hier 1569 einen Handelsposten. Für Schiffe war die isolierte Lage kein Problem. Als Seefahrervolk waren die Isländer ohnehin mehr der Küste zugeneigt, die meisten Orte liegen noch heute am Meer. Ísafjörður blühte besonders unter dem dänischen Handelsmonopol ab 1602 auf, im Hafen der Westfjorde lagen stets viele große Schiffe. Auch norwegische Walfänger machten regelmäßig Station.

Fischer, Walfänger und Seefahrer

Vom einstigen Reichtum zeugen noch viele Häuser aus dem 18. Jahrhundert, etwa das Edinborgarhús von 1781 am Hafen, das heute die Touristeninformation beherbergt. Eines der ältesten Fertighäuser Islands, damals komplett aus Norwegen eingeführt, ist das nahe Faktorhúsið. Auch am Hafen, nicht weit vom Seefahrer-Standbild und dem Walknochen-Bogen im kleinen Park, verteilt sich das Seefahrts- und Heimatmuseum Byggðasafn i

AUTORENTIPP!

FISCHEREIMUSEUM IN BOLUNGARVÍK

Schon die Lage am Kiesstrand beflügelt die Fantasie: Die aus Basaltblöcken, Treibholz und Grassoden errichtete Fischerhütte, das Salzhaus und die Trockenhütte, in der Dorsche und Haifische hängen, machen glauben, die Fischer könnten jeden Moment hereinkommen. Auch das Ruderboot »Ölver« von 1941 scheint nur darauf zu warten, in See zu stechen. Die rekonstruierte Fischereistation erinnert an eine Zeit, als die Fischer in solchen offenen Ruderbooten zu den nahen Fanggründen in der Mündung des Ísafjarðardjúp aufbrachen. Die Station von Ósvör war in der Zeit zwischen 1905 und 1925 permanent bewohnt. Der Fisch wurde auf den Felsen ausgebreitet und eingesalzen – so entstand Klippfisch – oder an Holzgestellen zum Trocknen aufgehängt. Fischer in traditioneller, mit Fischöl imprägnierter Kleidung aus Schafshaut führen die Besucher durch die Station.

Ósvör Sjóminjasafn. Hinter dem Tunnel rechts abbiegen. Juni–Mitte Aug. Mo–Fr 9–17 Uhr, Sa, So 10–17 Uhr, Eintritt 950 ISK, 415 Bolungarvík, Tel. 456 70 05 und 897 84 86, www.osvor.is

Oben: Die Windmühle von Vigur ist klein.
Mitte: Den Bootsausflug nach Vigur begleiten kenntnisreiche Guides, die gerne Geschichten erzählen.
Unten: Frisch getrockneter Klippfisch steht im Seefahrts- und Heimatmuseum auf der Speisekarte.

Nedstikaupstaður auf mehrere historische Gebäude. Das dämmrige Turnhús birgt zahlreiche originale Fischer-, Schiffer- und Walfänger-Exponate. Schwarzweißfotos zeugen vom Leben in der alten Zeit. Im Tjöruhús laden ein Café und Restaurant zu einer Pause ein. Besonders lebhaft geht es viermal im Jahr zu, wenn das Salzfischfest gefeiert wird. Sehenswert ist auch die moderne Ísafjarðarkirkja – ein beeindruckender Schwarm aus Tonvögeln schmückt die Wand hinter dem Altar.

Ausflüge in die Umgebung

Auch für Naturfreunde gibt es rund um Isafjörður viel zu erleben. Zahlreiche Wanderpfade starten in die 20 Mio. Jahre alte Umgebung. Die Westfjorde sind eine der geologisch ältesten Regionen Islands. Beliebt sind Touren mit dem Mountainbike oder Kajak und im Sommer sind die Freizeitangebote zahlreich.

Zu einem Tagesausflug verlockt die kleine Insel Vígur. Mitten im Fjord entdeckt man hier Islands älteste Windmühle, einen kleinen Bauernhof mit Café und winzigem Postamt sowie Tausende von Seehunden, Eiderenten, und Meeresvögeln. Im Sommer nisten auch zahlreiche Papageientaucher an der Klippe. Die Küstenseeschwalben können allerdings recht aggressiv sein.

Zahlreiche weitere Bootstouren starten im Hafen. Die weitesten führen bis nach Hornstrandir, dem einsamen Nordende der Westfjorde. Im Winter mutieren die einst gefürchteten Berge heute zum Skizirkus der Region und sind täglich mit dem Flugzeug ab Reykjavík zu erreichen. Seit rund 80 Jahren steigt der Langlauf-Marathon »Fossavátn«. Und in der Woche nach Ostern beschließen ein Skifestival und ein renommiertes Popmusik-Festival die Saison.

Infos und Adressen

SEHENSWÜRDIGKEITEN

Byggðasafn i Neðstikaupstaður. Mitte Ma i–Mitte Sept. tgl. 9–18 Uhr, Neðstikaupstaður 7, 400 Ísafjörður, Tel. 456 32 91, www.nedsti.is

Ísafjarðarkirkja. Tgl. 10–16 Uhr, Sonntagsmesse 11 Uhr, Sólgata, 400 Ísafjörður, www.kirkjan.is/isafjardarkirkja

Sjóferðir und Vesturferðir. Fähren und Touren, auch nach Vígur, Tel. 456 38 79 (Sjóferðir) und 456 51 11 (Vesturferðir), www.sjoferdir.is, www.westtours.is

ESSEN UND TRINKEN

Tjöruhúsið. Die Spezialität dieses Hause ist der Salzfisch, der noch wie in alten Zeiten zubereitet wird. Doch auch andere frische Fischgerichte passen in das urige Ambiente im Heimatmuseum. Mitte Mai–Mitte Sept. tgl. 9–18 Uhr, Neðstikaupstaður, 400 Ísafjörður, Tel. 456 44 19, www.nedsti.is

Altes Lieferauto der »Gamla bakaríið«

Stolzes Erbe im Museum

Gamla bakaríið. Die »alte Bäckerei« serviert einige der besten Kuchen und Leckereien Islands sowie diverse Brotsorten. Mo–Fr 8–17 Uhr, Sa 7–16 Uhr, Aðalstræti 24, Isafjörður, Tel. 456 32 26.

ÜBERNACHTEN

Hótel Isafjörður. Skandinavisch hell und modern, mit unverstelltem Blick auf den Fjord. Im Haus befinden sich das gehobene Restaurant »Við Pollinn« sowie Konferenz- und Hochzeitszimmer. Rollstuhlgeeignet. Silfurtorgi 2, 400 Ísafjörður, Tel. 456 41 11, www.hotelisafjordur.is

Gamla Gistihúsið. Das »alte Gasthaus«, ein ehemaliges Krankenhaus, bietet freundliche, helle Zimmer mit Gemeinschaftsbädern. Rollstuhlgeeignet. Mánagata 5, Ísafjörður, Tel. 456 41 46, www.gistihus.is

INFORMATION

Isafjörður Tourist Information Centre. Juni–Aug. tgl. 8.15–18 Uhr, Sa, So 11–14 Uhr, Sept.–Mai tgl. 11–14 Uhr, Aðalstræti 7, Isafjörður, Tel. 450 80 60, www.isafjordur.is

Am Vogelberg Hornbjarg fällt die Steilküste über 500 m senkrecht in den Ozean ab.

42 Hornstrandir
Unberührte Wildnis am Eismeer

Einsame Strände voller Treibholz, riesige Kliffe mit Tausenden von Seevögeln, steinige Hochebenen mit umherstreunenden Polarfüchsen und sattgrüne Täler mit überwucherten Ruinen – Hornstrandir ist Wildnis pur! Seit dem Rückzug der letzten Bewohner Mitte des 20. Jahrhunderts hat sich die Natur die Halbinsel am Rand des Polarkreises zurückerobert. Ein Traumrevier für Trekker und Naturliebhaber!

Noch vor einem Jahrhundert war fast jede Bucht bewohnt, man lebte von Landwirtschaft und Fischfang. Im Frühjahr sammelten die Menschen am Vogelfelsen Eier, im Spätsommer jagten sie Vögel, um sie für den Winter einzupökeln. Häuser und Boote baute man aus Treibholz. Lediglich ein paar Pfade schlängelten sich zwischen den einzelnen Buchten und Fjorden über die Berge.

Das Leben war hart, doch der Zusammenhalt groß. Als die Boote motorisiert wurden, hatte die Bevölkerung das Nachsehen, denn Hornstrandir verfügte nicht über die erforderlichen Kaianlagen. Das Ausbleiben der Heringsschwärme 1939 verschlimmerte die Lage noch. Im Mai 1940 besetzten die Briten Island. Der Bau von Häusern, Radarstationen und Flugplätzen für die Besatzer bedeutete gut bezahlte Arbeit für die Einheimischen. Viele zogen deshalb weg aus Hornstrandir. Für die Zurückgebliebenen, oft ältere Leute und Familien mit Kindern, wurde das Überleben immer schwieriger. 1946 erreichte die Landflucht ihren Höhepunkt, sechs Jahre später verließen die letzten Einwohner Hesteyri. Die menschenleere Halbinsel ist seit 1975 ein 580 km^2 großes Naturschutzgebiet.

Trekking mit Tücken

Für erfahrene Trekker ist Hornstrandir ein Traum, das Gelände ist jedoch eine Herausforderung: Altschneefelder, Geröll, Buckelwiesen, Sümpfe und Furten drosseln das Tempo. Oft fehlen Wege und Markierungen, anderswo kommt man nur bei Ebbe weiter (Gezeiten erfragen!). Das Wetter - Schnee, Nebel und Sturm sind jederzeit möglich - stellt Wanderer und Ausrüstung auf eine harte Probe. Neben einem sturmfesten Zelt sind robuste Wanderschuhe, wind- und wasserdichte Kleidung, ein warmer Schlafsack und eine Schlafmatte unverzichtbar. Man braucht Verpflegung für die ganze Tour und das Durchwaten von Flüssen erfordert Watschuhe und Trekkingstöcke. Trittsicherheit und Schwindelfreiheit, Kondition und Erfahrung im Umgang mit Karte und Kompass/GPS sind Voraussetzung. Die Anreise erfolgt per Boot von Ísafjörður oder Bolungarvík. Gute Ausgangspunkte für Touren sind Hesteyri im Süden, Aðalvík im Westen und Hornvík im Norden der Halbinsel.

Wandern in der Mitternachtssonne

Eine schöne Viertagestour führt von Hesteyri nach Hornvík, mit Etappen von 10 bis 12 km (4–6 Std.). Der Ausgangspunkt Hesteyri, heute eine Sommersiedlung, war im frühen 19. Jahrhundert eine Walfangstation, deren imposante Ruinen (2 km nördlich) noch zu sehen sind. Die Route beinhaltet etliche steile Anstiege und mehrere Furten. Von Hornvík aus kann man eine zusätzliche Etappe zum Hornbjarg (17 km, 7 Std.) anschließen. Das 534 m hohe Kliff, Islands höchste Steilküste, gehört wie der nahe Hælavíkurbjarg zu den größten Vogelbergen der Vulkaninsel. Am schönsten ist Hornbjarg im Licht der Mitternachtssonne. Wenn die Sonne exakt im Norden steht, taucht sie die Klippen in sanftrotes Licht.

Infos und Adressen

ANREISE

West Tours. Geführte Touren und Fährüberfahrten von Ísafjörður nach Hornstrandir (u. a. Aðalvík, Hesteyri, Hornvík). Mitte Juni–Mitte Aug., Aðalstræti 7, 400 Ísafjörður, Tel. 456 51 11, www.westtours.is

Bjarnarnes. Bootstouren von Bolungarvík nach Hornstrandir (u. a. Aðalvík, Hesteyri). Mitte Juni–Aug., Tel. 696 65 65, www.bjarnarnes.is

ESSEN UND TRINKEN

Læknishúsið. Das Café im »Haus des Dorfarztes« (1901) serviert leckere Kuchen und Pfannkuchen. Legendär ist Birnas Fischsuppe. Über dem Café gibt es eine Schlafsackunterkunft. 10. Juni–22. Aug., Hesteyri, Tel. 899 76 61 (Saison) und 456 71 83, www.hesteyri.net

ÜBERNACHTEN

Hornbjargsviti. Schlafsackunterkunft im ehemaligen Haus des Leuchtturmwärters. Ende Juni–Anf. Aug., Látravík, Tel. 568 25 33, www.fi.is

Reykjarfjörður. Schlafsackunterkunft und Zeltplatz. Im Geothermalbad (1938) lernten einst Kinder schwimmen. Mitte Juni–Aug., Reykjarfjörður, Tel. 456 75 45 und 853 16 15, www.reykjarfjordur.is

INFORMATION

Westfjords Tourist Information Center. Juni–Mitte Sept. Mo–Fr 8–18 Uhr, Sa 9.30–14 Uhr, So 11–14 Uhr, Mitte Sept.–Mai Mo–Fr 8–16 Uhr, Aðalstræti 7, 400 Ísafjörður, Tel. 450 80 60, www.westfjords.is

Wanderkarte. Sérkort Hornstrandir. Maßstab 1:100 000.

43 Flateyri, Þingeyri und Bíldudalur

Fischerorte im Nordwesten

Die Westfjorde sind malerisch, und das gilt auch für die Straße entlang ihrer westlichen Küste. Sie windet sich über die kürzeste, befahrbare Strecke zwischen den langen Landnasen und den unwegsamen Bergen von Fjord zu Fjord. Nach wie vor abseits der touristischen Pfade liegen viele kleine Fischerdörfer, die alle ihren eigenen Charme haben und einen Besuch lohnen.

Die Stadt Ìsafjörður im Norden und der Vogelfelsen Látrabjarg im Süden sind die beliebtesten Ziele an der nordwestlichsten Küste Islands. Wer sie beide besuchen möchte, ist auf der Straße Nr. 60 richtig. Die Route nach Süden ist beinahe das ganze Jahr über befahrbar, seit ihr wohl gefährlichster Abschnitt durch den Vestfjarðargöng, Islands längsten Tunnel, entschärft wurde. Er macht die Fahrt über die steilen Wege und Serpentinen der bergigen Breiðadalsheiði bei Ísafjörður überflüssig. Wer allerdings genügend Zeit mitbringt, sollte im Sommer durchaus auch die Bergstrecke testen und sich so in alte Zeiten zurückversetzen.

Geschützt am Fjord

Kurz nach dem Tunnelausgang führt eine Abzweigung Richtung Nordwesten nach Flateyri, dem »Dorf auf einer flachen Sandbank«, die sich bei der Entstehung des Fjords am Fuß des 660 m hohen Eyrarfjall anhäufte. Dank der geschützten Lage entstand an dem dennoch gut vom Meer aus zugänglichen Ort 1792 ein neuer Handelsplatz, um Þingeyri, einen Fjord weiter südlich, zu entlasten. Mit der Zeit entwickelte er sich auch zu einer

Oben: Auf Meereshöhe verläuft die Küstenstraße zwischen Hrafnseyri und Þingeyri immer am Wasser entlang.
Unten: Wer quer übers Land von einem Ort zum anderen will, muss die »Westfjordalpen« überqueren.

Blick vom Hafen von Þingeyri aufs gegenüberliegende Ufer.

Station für norwegische Walfänger und zu einem Fischerort, der sich auf den Grönlandhai spezialisierte, der zum traditionellen Hákarl bzw. »Gammelhai« verarbeitet wird (s. S. 249).

Das Ráðherrabústað, der Sitz eines reichen Norwegers aus dem 19. Jahrhundert, war Flateyris ältestes Haus. Es wurde abtransportiert und in Reykjavík wieder aufgebaut. Sehenswert sind die modernen, bunten Fenster der kleinen Kirche. Doch die meisten Besucher kommen nach Flateyri, um an Angel- oder Paddeltouren teilzunehmen oder in die Fjordhänge zu wandern. Ein Denkmal am Ortsrand erinnert an die 20 Opfer des Lawinenunglücks von 1995. Für sie kam der Tunnel zu spät, der zwar schon vier Jahre im Bau war, aber erst 1996 eröffnet wurde. Nachdem enorme Schneemassen vom steilen Eyrarfjall zahlreiche Häuser zerstört hatten, mussten die Menschen vor Ort tagelang auf Hilfe von außen warten.

Þingeyri am Kaldbakur

Über die nächsten Berge Richtung Süden führt die Straße nach Þingeyri am Dýrafjörður. Der älteste Handelsposten der Westfjorde liegt ebenfalls auf einer Sandbank. Hier dürfte, das deutet der

AUTORENTIPP!

SKRÍMSLASETRIÐ: DEN SEEMONSTERN AUF DER SPUR

Im Arnarfjörður, einem der einsamsten Fjorde Islands, soll es vor Seemonstern nur so wimmeln. Den unheilvollen Wesen widmet sich das »Seemonstermuseum«, untergebracht in einer früheren Konservenfabrik, die ehemalige Einwohner von Bíldudalur ehrenamtlich renoviert haben. Modernste Technologie – Seemonsterartefakte sind bekanntlich rar – stellt das Thema »Seemonster« (*skrímsli*) spannend dar: Man begegnet den vier gängigsten Arten von Seeungeheuern, hört wissenschaftliche Sichtweisen und Augenzeugenberichte von Begegnungen mit Seemonstern. Ein Multimediatisch mit Landkarte zeigt, wo sich die einzelnen Episoden zugetragen haben.

Skrímslasetrið. 1. Juni–10. Sept. tgl. 11–18 Uhr, Eintritt 800 ISK, Strandgata 7, 465 Bíldudalur, Tel. 456 66 66, www.skrimsli.is

AUTORENTIPP!

VÍKINGASIGLING: WIKINGER FÜR EINEN TAG

Seit 2003 gedenkt Þingeyri während der Dýrafjarðardagar (1. Juli-Wochenende) mit einem zünftigen Wikingerfestival der Gísla-Saga, die in der Region spielte. Nur eines fehlte zunächst: ein Wikingerboot. Valdimar »Valdi« Elíasson beschloss, eins zu bauen, und pünktlich zum Festival 2004 konnten die Segel der »Vésteinn« gehisst werden. Das 12 m lange Boot aus Eichen- und Lärchenholz ist die exakte Kopie eines 1000 Jahre alten Wikingerschiffs, jedoch nur halb so lang. Auch außerhalb des Festivals fährt Valdi gern mit interessierten »Wikingern« auf den Dýrafjörður hinaus. Bis zu 18 Personen finden Platz auf dem Schiff, eine Mindestteilnehmerzahl gibt es nicht. Wer mag, kann sich aktiv am Steuern, Segeln und Rudern beteiligen.

Víkingasigling. Dauer 1–1,5 Std. Ende Mai–Ende Sept. tgl. nach Vereinbarung, Preis 4200 ISK, Tel. 456 82 67 und 861 32 67, valdie@snerpa.is

Steiler Felsen am Ufer des Dýrafjörður

Name an, schon in der Saga-Ära ein Þingplatz gelegen haben. Einige hundert Jahre später begegneten sich hier französische Walfänger und nordamerikanische Fischer, das älteste Lagerhaus stammt von 1734.

In Þingeyri steht die älteste Maschinenfabrik Islands, die bis heute in Betrieb ist, die Gamla Smiðjan oder »alte Schmiede«, in der erstmals 1913 gearbeitet wurde. Der Ort hat einen weiteren Superlativ zu verzeichnen: In seinem Rücken liegt der vulkanische Gipfel Kaldbakur, mit 998 m der höchste Berg der Westfjorde. Von seiner Spitze aus reicht der Blick bei gutem Wetter bis weit in den Süden zur Küste von Snæfellsnes. Um die Zeit der Gründer zu feiern, steigt jedes Jahr im Juli das Festival »Víkingar á Vestfjörðum«.

Die Landschaft der Gísla-Saga

Bevor die Straße den nächsten Fjord erreicht, passiert sie den Pfarrhof Hrafnseyri, »Raben-Sandbank«, den auch die Isländer gern besuchen. Denn hier erblickte 1811 Jón Sigurðsson das Licht der Welt: der führende Kopf von Islands Unabhängigkeitsbewegung, die das Land letztendlich von Dänemarks Vorherrschaft befreite. Sigurðssons Geburtstag am 17. Juni ist heute Islands Nationalfeiertag. Auf dem Hof seiner Kindheit erweckt ein Museum die damalige Zeit unter der Fremdherrschaft zum Leben.

Ähnlich bekannt wie Jón Sigurðsson ist die Gísla-Saga, die in der kargen Moorebene Dynjandisheiði spielt. Einen halben Fjord, einige Kilometer und zahlreiche Kurven weiter steht in einer fruchtbaren grünen Bucht ein Denkmal für den Geächteten Gísli, der hier erschlagen worden sein soll. Die meisten Besucher halten aber wegen des spektakulären Wasserfalls Dynjandisfoss oder Fjallfoss. Er stürzt als einer der schönsten des Landes rund 100 m in die Tiefe, aufgefächert in sieben Kaskaden. Wer etwas wagemutiger und passend gekleidet ist, kann an einer der Stufen hinter dem fallenden Wasser entlang laufen.

Während sich Gísli zu Fuß oder zu Pferd durch die Dynjandisheiði bewegte, können Besucher die Heidelandschaft heute mit dem Auto durchqueren. Die Straße führt an zahlreichen Seen vorbei durch die nur spärlich bewachsene Landschaft bis zum Aussichtspunkt am kleinen Fjord Geirþjófsfjörður, der in der Gísli-Saga eine Rolle spielt.

Bílduðalur und Selárdalur

Der »Vestfjarðarvegur« führt zwar noch rund 250 km weiter bis zur Ringstraße, doch der Vogelfelsen Látrabjarg erfordert einen Abstecher nach Westen und so gilt es, von der Hauptstraße Nr. 60 abzubiegen. Ein Halt bietet sich in dem kleinen Bílduðalur an. Der im 17. Jahrhundert entstandene dänische Handelsposten liegt am Südufer des breiten Árnarfjörður. Seine Häuser mit roten oder blauen Dächern wirken in der kleinen Bucht wie auf den schmalen grünen Küstenstreifen gewürfelt. Direkt dahinter ragen verwitterte, dunkle Hänge schroff in die Höhe. Hier steuerten zu Be-

Oben: Morgens braucht die Sonne recht lang, bis sie hoch genug steht, um auch die tieferen Lagen des Dýrafjörður zu beleuchten.
Unten: Am Dynjandifoss ist wieder das Wasser der Star, das in dichten Schleiern über die Felskanten stürzt.

In die Ferne schweifend: Skulptur von Jónsson

ginn des 19. Jahrhunderts die einflussreichsten Kaufmänner Islands die Geschicke des Ortes. Viele Häuser von damals sind erhalten und prägen heute die Atmosphäre. Die Kirche mit dem roten, runden Spitzdach und der historischen Inneneinrichtung stammt allerdings aus dem Nachbartal: 1906 wurde sie aus dem Otradalur hierher transportiert.

Die kleine Bucht bietet auch Skurriles: Ein Seemonstermuseum etwa (s. S. 233) und das private Popmusik-Museum »Melodiur Minninganna«. Hier legt der Sammler, ein Popstar aus den 1960er-Jahren, manchmal auch höchstpersönlich seine Lieblingsplatten auf. Und wer der Küste noch 25 km weiter nach Westen folgt, stößt kurz vor dem Kap mit dem Leuchtturm Kópur auf ein weiteres schrulliges Highlight: ein Park aus kuriosen Betonskulpturen im Flecken Selárdalur. Der Bauer und Autodidakt Samúel Jónsson stellte sie auf. Im naiven Stil schuf er seine eigenen Versionen großer Kunst- und Bauwerke, selbst eine eigene kleine Kirche erbaute er. Nachdem der Pfarrer der Ortskirche sein skurriles Altarbild abgelehnt hatte, sorgte er selbst für den würdigen Rahmen. Vielleicht gar kein so ungewöhnlicher Einfall für einen Isländer während eines langen Winters in einem abgelegenen Fischerdorf …

Oben: Wer sich mit dem Auto über diesen Küstenstreifen am Arnarfjörður wagt, sollte definitiv Allradantrieb haben.
Unten: Die kleine Kirche von Selárdalur erlebt heute deutlich mehr Touristen als Einwohner.

Infos und Adressen

SEHENSWÜRDIGKEITEN

Gamla Smiðjan. Alte Schmiede, heute Teil der Firma G. J. Sigurðssonar VBK. Mo–Fr 8–17 Uhr, Hafnarstræti 14, 470 Þingeyri, Tel. 456 83 31, www.notendur.snerpa.is

Wikingerfestival. Im Juli, Þingeyri, www.westvikings.info

Jón Sigurðsson Safn. Museumshof zu Ehren des Anführers von Islands Unabhängigkeitsbewegung. Juni–Aug. tgl. 10–19 Uhr, Eintritt 900 ISK, Hrafnseyri, 401 Árnarfjörður, Tel. 456 82 60, www.hrafnseyri.is

Melodiur Minninganna Tonlistarsafn. Musikmuseum. Juni–Sept. Mo–Fr 14–18 Uhr, Sa, So auf Anfrage, Eintritt 500 ISK, Tjarnarbraut 5, 465 Bilduðalur, Tel. 456 21 86, www.westfjords.is

Listasáfn Samúels. Skulpturenpark frei zugänglich, Kirche Juli–Aug., Spende erbeten, Selárdalur, Tel. 698 75 33, www.sogumidlun.is

ESSEN UND TRINKEN

Gistihús Sandafell. Restaurant und große Zimmer im historischen Eckhaus am Hafen. 20. Mai–20. Sept., Hafnarstræti 7, 470 Þingeyri, Tel. 456 16 00, www.hotelsandafell.com

Tierische Betonskulpturen von Samúel Jónsson

Eine typisch isländische Küstenlandschaft

ÜBERNACHTEN

Kirkjubjól in Bjarnardalur. Am Fjordufer gegenüber Flateyri bietet ein umgewandelter Bauernhof behagliche Räume. Juni–7. Sept., Kirkjuból, 425 Bjarnardalur, Tel. 456 76 79, www.kirkjubol.is

Við Fjörðinn. Helle Zimmer und Appartments, untergebracht in einem Gasthaus mit Fjordblick. Aðalstræti 26, 470 Þingeyri, Tel. 847 02 85, www.vidfjordinn.is

Bilduðalur Apartments. Schlicht und geräumig, für Selbstversorger. Gilsbakki 2–4, 465 Bilduðalur, Tel. 894 16 84, www.bildudalur.is

INFORMATION

Isafjörður Tourist Information Centre. Juni–Aug. tgl. 8.15–18 Uhr, Sa, So 11–14 Uhr, Sept.–Mai tgl. 11–14 Uhr, Aðalstræti 7, 400 Isafjörður, Tel. 450 80 60, www.isafjordur.is, www.westfjords.is

44 Látrabjarg

Paradies für Seevögel und Schiffsfriedhof

Látrabjarg ist die größte Attraktion der Westfjorde. Die 14 km lange Steilküste markiert den äußersten Westzipfel Europas und gehört zu den größten Vogelbergen der Welt. In Hnjótur lernt man das frühere Leben der Küstenbewohner und das Schicksal des Trawlers »Dhoon« kennen, der 1947 vor Látrabjarg strandete.

Die Fahrt von Patreksfjörður nach Látrabjarg gleicht einer Reise ans Ende der Welt. Erst begegnet man dem Wrack der »Garðar«, 1912 in Norwegen gebaut und das erste Stahlschiff der Region. Es folgen Ruinen und der Flughafen von Patreksfjörður. Ironie des Schicksals: Als die Landebahn endlich geteert war, wurde der Betrieb eingestellt. Endzeitstimmung! Doch in Hnjótur befindet sich eines der spannendsten Museen des Landes.

Im Alltag erfinderisch

Die Sammlungen des Minjasafn Egils Ólafssonar stellte der Museumsgründer Egill Ólafsson (1925–

Oben: Nur behutsam sollte man sich in Látrabjarg an die Papageientaucher herantrauen, die am Klifrand ihre Bruthöhlen ausgraben. **Unten:** Im Minjasafn Egils Ólafssonar erfährt man alles über den Existenzkampf der früheren Küstenbewohner.

MAL EHRLICH

VORSICHT, ABSTURZGEFAHR!

Wenn sich die Küstenbewohner früher im Frühsommer zum Eiersammeln an langen Tauen in den Felsen abseilten, kam es oft zu tödlichen Unfällen. Doch auch Spaziergänge entlang der Steilküste sind nicht ungefährlich. Da das Erdreich von Bruthöhlen der Papageientaucher oft unterhöhlt ist, kann man leicht einbrechen und abstürzen. Halten Sie deshalb stets einen respektablen Abstand zur Kliffkante!

1999) zunächst in seinem Haus aus. Das Museum besteht seit 1983. Es bringt seinen Besuchern anschaulich nahe, was das Leben der Menschen in den südlichen Westfjorden bis vor einem Jahrhundert prägte – vom Haifischfang bis zum Vogeleiersammeln und der Eisproduktion. Auf jeden Fall waren sie überaus einfallsreich. Davon zeugen z.B. die Wollhandschuhe mit zwei Daumen für die Fischer. Hatte ein Daumen ein Loch, brauchte man den Handschuh nur umzudrehen. Mangels echter Bäume wurden Weihnachtsbäume aus Treibholz improvisiert. Ein ganzer Saal ist der Rettung von Schiffbrüchigen in den 1940er-Jahren gewidmet.

Nebenan geht es um Luftfahrtgeschichte. Die große Halle beherbergt ein russisches Frachtflugzeug vom Typ »Antonov AN-2«, das 1992 im Kollafjörður notlanden musste. Der Rumpf eines alten Flugzeugs der US-Navy erinnert an die 2006 aufgelöste NATO-Basis in Keflavík. Kurios ist der winzige »Terminal«, gefertigt aus dem Steuerhaus eines Kutters.

Der größte Vogelberg

Am Ende des Tals schwingt sich die Schotterstraße über die Berge nach Hvallátur. Der malerische Fischerort am Anfang eines schönen, weißen Sandstrands ist nur noch im Sommer bewohnt. Am Kap Bjargtangar ist Schluss: Der weiße Leuchtturm markiert Islands äußerste Westspitze und den Beginn der Steilküste von Látrabjarg, die sich auf einer Länge von 14 km nach Osten zieht. Am größten Vogelberg Islands brüten Papageientaucher, Trottellummen, Tordalken und Dreizehenmöwen.

Da die Tiere hier nicht mehr gejagt werden – früher gehörten Vögel und Eier fest zum Speiseplan –, sind sie am Látrabjarg zutraulicher als an anderen Orten. Das merkt man auch bei der Wanderung entlang der Steilküste, die nach Osten hin immer höher

AUTORENTIPP!

RAUÐASANDUR: ARKTISCHER TRAUMSTRAND

Der »Rote Strand«, östlich von Látrabjarg, gehört zu den bestgehüteten Geheimnissen Islands. Bei Ebbe lädt der 10 km lange Strand aus feinem Muschelsand, der in der Sonne gelbrot leuchtet, zu ausgedehnten Spaziergängen ein. Fast immer sieht man Seehunde, die sich auf den Sandbänken sonnen.
Ein weiterer Spaziergang führt von Melanes nach Sjöundá (30 Min.), vorbei an einer kleinen Kolonie Krähenscharben, nach denen Gunnar Gunnarsson seinen Krimi *Schwarze Vögel* nannte. Er handelt von einem grausamen Verbrechen im 19. Jahrhundert. Ein ehebrecherisches Paar wird zum Tode verurteilt, nachdem es die jeweiligen Ehegatten aus dem Weg geräumt hatte. Vermutlicher Tatort war der seit 1924 verwaiste Hof Sjöundá.
Erholung von Spaziergängen und Schauergeschichten bietet die herrliche Terrasse des Cafés »Kirkjuhvammur«, wo man bei Waffeln mit heißer Schokolade die Seele baumeln lassen kann.

Kirkjuhvammur. Vor der Kirche von Saurbær. 17. Juni–15. Aug. tgl. 13–18 Uhr, Rauðasandur, 451 Patreksfjörður, Tel. 866 81 29.

wird und bei Heiðnakinn, dem »Heidenkliff« (hin und zurück 4–5 Std.), den höchsten Punkt (441 m) erreicht. Unterwegs kommt man aus dem Staunen kaum heraus. In Barð streiten sich auf einer 80 m hohen, 60 m langen und stellenweise nur 20 cm breiten Felswand 15 000 Seevögel um die besten Plätze! Stórurð, etwas weiter östlich, gehört der weltweit größten Brutkolonie des Tordalks. Doch die Stars sind die Papageientaucher, die überall vor ihren Bruthöhlen hocken. Am besten lassen sich die geselligen Vögel abends beobachten, tagsüber sind sie oft auf See. Ab August verschwinden die Vögel nach und nach aus den Klippen.

Tragische Rettungsaktion

Eng verbunden mit Latrabjarg ist das Schicksal des britischen Trawlers »Dhoon«, der am 12. Dezember 1947 im Sturm bei Flaugarnef strandete. Die Lage schien aussichtslos, eine Rettung über die 200 m hohe Steilwand unmöglich. Drei Seeleute waren bereits ertrunken, als Fischer und Bauern aus Hvallátur eintrafen. An den Tauen, die sonst beim Eiersammeln und Vogelfang zum Einsatz kamen, seilten sie sich über das Kliff ab und holten die Überlebenden mit der Hosenboje an den Strand. Beim Aufseilen wurden sie jedoch von der Flut überrascht. Ein Teil der Männer musste eine eisige Nacht in der Steilwand verbringen, während die anderen am Strand ausharrten – durchgefroren, erschöpft, voller Furcht vor den heranrollenden Brechern. Erst nach drei Tagen erreichten alle wohlbehalten die bewohnte Welt. Ein Jahr später war ein Filmteam unterwegs, um die Rettung nachzustellen. Zur gleichen Zeit erlitt im Patreksfjörður ein anderer britischer Trawler Schiffbruch. Erneut seilten sich die Küstenbewohner ab, diesmal, um die Crew der »Sargon« zu bergen. Dabei wurde live gefilmt. Das Museum in Hnjótur zeigt Ausschnitte aus der Doku *Die Rettungstat von Látrabjarg*.

Oben: Der Leuchtturm auf Kap Bjargtangar markiert den westlichsten Punkt Europas.
Unten: Die Papageientaucher, die früher am Látrabjarg mit großen Keschern gejagt wurden, nahmen auf dem Speiseplan der Küstenbewohner einen festen Platz ein.

Infos und Adressen

SEHENSWÜRDIGKEITEN

Minjasafn Egils Ólafssonar. 1. Mai–31. Aug. tgl. 10–18 Uhr, Eintritt 1000 ISK, Hnjótur, 451 Patreksfjörður, Tel. 456 15 11, www.hnjotur.is

ESSEN UND TRINKEN

Gott í Kroppin. Im Museumscafé werden Suppen, belegte Brote, Waffeln und Kuchen angeboten. 1. Mai–31. Aug. tgl. 10–18 Uhr, Hnjótur, 451 Patreksfjörður, Tel. 456 15 11, www.hnjotur.is.

Sjóræningjahúsið. Im »Piratenhaus«, einem Themencafé mit Piratenausstellung in einer umgebauten Schmiede (ca. 1900) am Fjord, gibt es leichte Mahlzeiten mit regionalem Touch und abends Fisch. Am Wochenende finden oft Livekonzerte statt. Ende Mai–Aug. tgl. 11–23 Uhr, Vatneyri, 450 Patreksfjörður, Tel. 456 11 33, www.sjoraeningjahusid.is

ÜBERNACHTEN

Breiðavík. Traumhaft gelegene Anlage mit Hotelzimmern, Schlafsackunterkunft und einem Zeltplatz. Ein weiterer Pluspunkt ist die relative Nähe zu den Vogelfelsen. Mai–Sept., Breiðavík, 451 Patreksfjörður, Tel. 456 15 75, www.breidavik.is

Das 1981 gestrandete Fischerboot »Garðar«

Hnjótur Guesthouse. Kleines Gästehaus mit einfachen Zimmern für Selbstversorger, betrieben vom Sohn des Museumsgründers. Hnjótur, 451 Patreksfjörður, Tel. 456 15 96, www.breidavik.is

Fosshótel Vestfirðir*.** Brandneues Hotel am Fjord, im umgebauten Schlachthaus von Patreksfjörður. Aðalstræti 100, 450 Patreksfjörður, Tel. 562 40 00, www.fosshotel.is

LITERATUR

Schwarze Vögel. Gunnar Gunnarsson, 2009. Historischer Island-Krimi, basierend auf dem schaurigen Doppelmord, der sich im frühen 19. Jh. bei Rauðasandur ereignete.

Das Museum in Hnjótur war das Lebenswerk von Egill Ólafsson.

Auf Flatey scheint die Zeit stehen geblieben zu sein.

45 Flatey

Zeitreise in ein anderes Jahrhundert

Einst war Flatey das wichtigste Handelszentrum Westislands. Heute leben auf der kleinen Insel im Breiðafjörður im Winter nur wenige Menschen. Im Sommer aber erwacht das »schönste Dorf Islands«: Die ehemaligen Inselbewohner und ihre Nachfahren bevölkern die bunten, alten Häuser, Tausende Seevögel kommen zum Nisten.

Wer die Insel betritt, wird ein Jahrhundert zurückversetzt. Autos sind unerwünscht: Man geht zu Fuß, die Wege sind kurz. Und wenn man an den Häusern vorbeischlendert und die Schafe dazwischen betrachtet, verspürt man eine tiefe innere Ruhe.

Die genaue Zahl der Inseln im Breiðafjörður (»Breiter Fjord«) ist nicht bekannt. Mindestens 2500 sollen es sein. Viele haben ihre eigene Geschichte: Auf Öxney lebte zeitweise der spätere Grönlandfahrer Erik der Rote, von den Bjarneyjar ruderten 1703 Hunderte Fischer auf den Fjord hinaus, Hrappsey bekam 1773 Islands erste Druckerei.

Die flache Insel

Keine Insel erreicht jedoch die Bedeutung der »Flachen Insel«, auf der 1172 sogar ein Augustinerkloster gegründet wurde. Eng verbunden mit Flatey ist auch das *Flateyjarbók*, eine der schönsten und umfangreichsten mittelalterlichen Handschriftensammlungen überhaupt. Das Sammelwerk wurde zwar nicht auf Flatey geschrieben, befand sich dort aber bis 1647 in Privatbesitz, bevor es als Geschenk für den dänischen König Frederik III. nach Kopenhagen gelangte. Seit der Rückgabe an Island 1971 ist das Manuskript im Þjóðmenningarhús in Reykjavík ausgestellt. Im 18. Jahrhundert entwickelte sich Flatey dank des gut geschützten Hafens zum Hauptumschlagplatz für Westisland. Segelschiffe brachten Güter aus Europa, die gegen Fisch und Seehundfelle eingetauscht wurden. Auch die deutsche Hanse betrieb hier einen Handelsposten. 1777 erhielt Flatey sogar Stadtrechte. Heute wohnen nur noch zwei Bauernfamilien ganzjährig auf der Insel. Wie ihre Vorfahren leben sie von Viehzucht und Fischerei, sammeln im Frühjahr Vogeleier und Eiderdaunen und jagen im Spätsommer Seevögel auf den Nachbarinseln.

Ein Dorf wie aus dem Bilderbuch

Der Ort verströmt Nostalgie. Die Fassaden der Häuser aus dem 19. und frühen 20. Jahrhundert leuchten rot, grün und blau. Die schneeweiß leuchtende Kirche (1926) überrascht innen mit einem monumentalen Fresko des isländisch-spanischen Malers Baltasar Samper. Die öffentliche Bibliothek (1864), die älteste im Land, besitzt eine Reproduktion des *Flateyjarbók*. Wen wundert es, dass die Insel viele Autoren und Künstler inspirierte, von Halldór Laxness bis Viktor Arnar Ingólfsson (*Das Rätsel von Flatey*).

Vögel bei Sonnenuntergang

Bei einem Rundgang (1,5–2 Std.) entdeckt man Flateys reiches Vogelleben. 20 Arten brüten auf Flatey, darunter Schnepfenvögel, Eiderenten und Küstenseeschwalben. Am Himmel kreisen Seeadler. In der Brutzeit (Mai–Mitte Juli) ist der unter Naturschutz stehende Ostzipfel gesperrt. Der Sonnenuntergang über dem Breiðafjörður ist einmalig: Vom Snæfellsjökull schweift der Blick zu den dunklen Kliffen der Westfjorde. Dazu passend: das Kreischen der Küstenseeschwalben. Vorsicht, Flatey macht süchtig!

Infos und Adressen

ANREISE

Seatours. Die Fähre »Baldur« verkehrt im Sommer (7. Juni–25. Aug.) 2-mal tgl. von Stykkishólmur (1.30 Std.) und Brjánslækur (1 Std.) nach Flatey. Achtung: Autos können nicht auf die Insel mitgenommen werden! Preis, z. B. Stykkishólmur–Flatey 3042 ISK, Smiðjustígur 3, 340 Stykkishólmur, Tel. 433 22 54, www.seatours.is

ÜBERNACHTEN

Hótel Flatey. Am Marktplatz von Flatey. Die 11 urtümlich eingerichteten Zimmer und das Restaurant befinden sich in umgebauten Warenhäusern. Im Untergeschoss des Restaurants, früher Salzlager und Gerberei für Schaffelle, trifft man sich heute in der »Salz-Bar«. Juni–Ende Aug., 345 Flatey, Tel. 555 77 88, www.hotelflatey.is

Krákuvör. 400 m vom Fähranleger bietet dieser Bauernhof ein Apartment mit Küche (4 Pers.), ein Ferienhaus (6–8 Pers.) und einen Zeltplatz mit einfacher Ausstattung (WC, Kaltwasser), aber toller Lage am Meer. 345 Flatey, Tel. 438 14 15.

LITERATUR

Das Rätsel von Flatey. Viktor Arnar Ingólfsson. In dem Island-Krimi erfährt man vieles über das Inselleben auf Flatey in den 1960er-Jahren und über das Flateyjarbók.

INFORMATION

Stykkishólmur Tourist Information Centre. Mitte Mai–Aug. tgl. 8–22 Uhr, Aðalgata 29, 340 Stykkishólmur, Tel. 433 81 20, www.west.is

SNÆFELLSNES UND DER WESTEN

46 Búðardalur und die Entdeckung von Amerika

Startpunkt in die Neue Welt

Das kleine Búðardalur und seine Umgebung streifen viele Touristen nur, ohne es wirklich wahrzunehmen. Auf dem Weg zu den Westfjorden fahren sie hindurch, auf dem Rückweg von Snæfellsnes dicht daran vorbei. Dabei stammt Leifur Eiríksson, der Entdecker Nordamerikas, aus der Region, und neben Geschichte gibt es hier reizvolle Natur zu entdecken, insbesondere die malerische Felsenküste Skarðsströnd.

Im Juni 2000 blickte die Welt auf Búðardalur am Hvammsfjörður: Ein Wikingerschiff, bis ins Detail seinen Vorbildern nachgebaut, setzte im Hafen Segel, um 1000 Jahre alten Spuren über den Atlantik zu folgen. Am Steuerruder der »Íslendingur« stand ein Blutsverwandter von Leifur Eiríksson. Im Jahr 1000 hatte der Isländer mit einem solchen Schiff erfolgreich die Küste Nordamerikas angesteuert und als wohl erster Europäer seinen Fuß auf diesen Boden gesetzt – fast 500 Jahre vor Kolumbus. Heute steht die »Islendigur« im Museum Víkingaheimar bei Keflavík (s. S. 59).

Die Kindheit eines Wikingers

Was die großen Sagas beschreiben, haben Archäologen längst nachgewiesen: An Neufundlands Küste gab es tatsächlich eine Wikingersiedlung und Leifur Eiríkssons Familie hat im Tal Haukadalur bei Búðardalur gelebt. Im Freiluftmuseum Eiríksstaðir stehen heute Nachbauten von Gebäuden, die Leifur in seiner Kindheit vertraut waren, etwa ein Langhaus mit Wänden aus Grassoden. Hier soll Leifur im Jahr 975 das Licht der Welt erblickt haben,

S. 244/245: Islandpferde auf der Wiese bei Grundarfjörður
Oben: Könnte zu Zeiten Leifur Eiríkssons gewesen sein – im Freiluftmuseum Eiríksstaðir.
Unten: Ein Blick in die kleine Kirche von Skarð mit ihrem wertvollen Altarschmuck.

als Sohn Eiríkur Rauðurs, »Erik des Roten«, der später die erste Wikingersiedlung auf Grönland gründete. Das Museum bringt den Besuchern Leifurs Leben und Abenteuer nahe. Jeden Sommer schlüpfen hier Schauspieler in historische Kleidung, und es wird nach historischen Rezepten gekocht. Im Juli steigt das Wikingerfestival »Leifshátíð«.

Reich an Fisch und Käse

Im Haukadalur standen einst dichte Wälder. Heute ist davon nicht mehr viel übrig, aber der lachs- und forellenreiche Haukadalsá fließt nach wie vor aus einem langen See ins Meer. Im Nachbartal verrät der Fluss Laxá (»Lachs«) schon mit dem Namen seine Schätze. Wohl auch seinetwegen war die Region seit der Landnahme durchgehend besiedelt. Sie spielt ihre große Rolle in der Laxdæla-Saga, einer Familienchronik aus dem 13. Jahrhundert. Dort wird auch Búðardalur benannt, das »Tal der Läden«, die damals eher Händlerbuden oder -zelte waren. Die »Leifsbúð« am Hafen ist ein weiteres kleines Museum über Eiríksson. Ansonsten ist der 200-Seelen-Ort direkt am Fjord in Island eher für seine innovative Meierei und preisgekrönten Käse bekannt.

Natur und sakrale Schätze

Ein Abstecher am Hvammsfjörður entlang und um die Landspitze am großen Breiðafjörður führt an die malerische Felsenküste Skarðsströnd. Ein Highlight hier ist die hübsche private Kirche von Skarð, die innen einer kleinen Schatzkammer gleicht: Ein Triptychon aus dem 15. Jahrhundert, ein Predigtstuhl aus dem 17. Jahrhundert, Platinkelche und alte Gewänder sind der ganze Stolz des benachbarten Hofs. Der älteste durchgehend bewirtschaftete Hof von Island ist seit 27 Generationen in Familienbesitz.

Infos und Adressen

SEHENSWÜRDIGKEITEN

Eiríksstaðir. Freiluftmuseum zu Leifur Eiríksson. Juni–Aug. tgl. 9–18 Uhr, übriges Jahr nur für Gruppen und nur nach Vereinbarung, Eintritt 700 ISK, Eiríksstaðir, Straße 586, 371 Haukadal, Tel. 434 11 18 und 434 12 21 (außerhalb der Saison), www.leif.is

ESSEN UND TRINKEN

Kaffihúsið í Leifsbúð. Das kleine, urige Café am Hafen ist im Sommer nachmittags geöffnet, genau wie seine museale Ausstellung. Miðbraut 1, 370 Búðardalur, Tel. 869 64 63 und 434 14 41, leifsbud@dalir.is

ÜBERNACHTEN

Vogur Country Lodge. Der aufwendig umgebaute Bauernhof gehört zu Búðardalur, liegt aber rund 50 km nordwestlich, mitten im Nichts, und bietet Blick auf den Breiðafjörður. Das Restaurant serviert regionale Spezialitäten. Vogur, Fellsströnd, 371 Búðardalur, Tel. 894 43 96, www.vogur.org

Edda Laugar i Sælingsdal. Das Sommerhotel liegt 16 km nördlich. 7. Juni–27. Aug., Laugar, 371 Búðardalur, Tel. 444 49 30, www.hoteledda.is

INFORMATION

Info Centre Budardalur. Juni–Aug. tgl 10.30–21.30 Uhr, Leifsbúð, Vesturbraut 12c, 370 Búðardalur, Tel. 434 14 10, www.touristlink.com

Sagatrail-Karte. Die Karte verzeichnet zahlreiche Saga-Stätten in ganz Island. Die Touristenzentren verkaufen sie als Papierversion, zum Download gibt es sie auf www.sagatrail.is

Das lichtstarke rote Leuchtfeuer auf Súgandisey führt Skipper auch bei Schlechtwetter zum Hafenbecken von Stykkishólmur.

47 Stykkishólmur, das Tor zum Breiðafjörður

Leuchtturm in der Schärenwelt

Wo das vulkanische Rückgrat von Snæfellsnes in die von Gletschern geprägte Wasserwelt des Breiðafjörður übergeht, liegt Stykkishólmur: an der Spitze einer zerklüfteten Landzunge, die sich in einer Schärenlandschaft voller Inseln und Inselchen nach Norden fortsetzt. Der größte Ort der Halbinsel bietet nicht nur Kultur und Zivilisation, sondern auch einen direkten Zugang zur Natur.

Stykkishólmur ist auf dem Landweg ebenso zugänglich wie über das Meer. Viele Besucher kommen aus dem Norden: Erst erkunden sie die Westfjorde und dann nehmen sie die Autofähre über den Fjord und erreichen – mit einem Zwischenstopp auf der Insel Flatey (s. S. 242) – vom Seewind durchgepustet den Naturhafen der Stadt. So genießen sie einen der schönsten Ausblicke auf Stykkishólmur: Steil ragen die Basaltfelsen hinter den vor allem im Sommer zahlreichen Booten auf und an das Hafenbecken schließt sich der alte Stadtkern aus bunt getünchten Holzhäusern von Ende des 18. Jahrhunderts an. Dahinter schweift der Blick zum Haushügel Helgafell und der breiten Gipfelkette von Snæfellsnes empor.

Dänische Vorfahren

Die entspannte Atmosphäre der 1100-Einwohner-Stadt ist schon beim Bummel rund um den Hafen spürbar. Stykkishólmur ist 1550 als Handelsstützpunkt norddeutscher Kaufleute in der geschützten Bucht entstanden. Mit dem Handelsmonopol folgten Dänen für rund 100 Jahre, bevor wieder islän-

Schneebedeckte Gipfelketten erheben sich hinter dem Ort.

dische Händler die Geschicke bestimmten und der Ort aufblühte. Ihre dänische Vergangenheit feiert die Stadt trotzdem, jedes Jahr im August mit dem Festival »Danskir Dagar«.

Das älteste Haus der Stadt, das Norska Húsið, ließ 1832 der reiche Kaufmann Árni Þorlacius aus Bíldudalur (s. S. 235) bauen: Mit Holzbalken aus Norwegen wurde hier das erste zweistöckige Haus Islands errichtet. Heute birgt es das Heimatmuseum, im Obergeschoss ist eine original restaurierte Wohnung der besser situierten Gesellschaft der 1870er-Jahre erhalten. Sehenswert ist auch die Skólastigur, die »alte Schulstraße«: Hier stammt beinahe jedes Haus noch aus der Zeit um 1900. Zudem bietet sich ein Spaziergang zum Basaltfelsen Súgandisey an, Standort des knallroten Leuchtfeuers, das den Hafeneingang signalisiert, und Ausguck über die Sandbänke und Schären.

Fjordleben oder drei freie Wünsche

Im Breiðafjörður, dem »Breiten Fjord«, soll die Hälfte aller Vögel Islands leben. Bei einer Bootstour hinaus zu den Eilanden und Klippen bekommt man Papageientaucher ebenso wie Eissturmvögel und Trottellummen zu sehen. Die

AUTORENTIPP!

FERMENTIERTER HAI, EINE ISLÄNDISCHE DELIKATESSE

In Bjarnarhöfn widmet sich Hildibrandur Bjarnason der Produktion von *hákarl* (fermentiertem Hai). Jährlich werden etwa 100 Grönlandhaie verarbeitet, die den Fischern als Beifang in die Netze geraten. Zum Haifischfang fährt heute niemand mehr hinaus. Das war früher anders, wie das Boot »Sildin« (1860) im angrenzenden Museum zeigt, mit dem Hildibrandurs Vater noch Haie fing. Diverse Geräte illustrieren, wie die Raubfische, deren Leberöl einst in Europa als Brennstoff für Straßenlaternen gefragt war, gefangen und verarbeitet wurden. Heute werden Haie nur noch gegessen. Bevor das Fleisch genießbar ist, lagert es bis zu zwei Monate in Holzkisten (früher wurde es im Sand vergraben), sodass die im Blut angereicherten Harnstoffe in Ammoniak umgewandelt werden. Nach der Fermentation hängen die Fleischstücke drei bis vier Monate in der Trockenhütte hinter dem Hof. Wer eine Führung macht, muss kosten!

Bjarnarhöfn. Ausgeschildert ab der Straße 54. Tgl. 9–18 Uhr, Eintritt 800 ISK, 340 Stykkishólmur, Tel. 438 15 81, www.bjarnarhofn.is

Oben: Kühn geschwungen ragt der Glockenturm der Stykkishólmskirkja in den blauen Himmel, auch mit Beton lässt sich sehenswert bauen. **Unten:** Die schwarzgraue Krähenscharbe aus der Familie der Kormorane interessiert sich mehr für das Geschehen im Meer.

vielen Eiderenten waren mit ihren Daunen vor Jahrhunderten noch ein wichtiger Wirtschaftsfaktor. Und auch Seehunde räkeln sich vor der Küste, gut genährt vom reichhaltigen Buffet des Fjords. Manche Rundfahrt endet mit einem Netz frisch gefischter Muscheln, die sich die Gäste schmecken lassen.

Andere fahren zur Angeltour weiter hinaus, versuchen sich im Whale-Watching oder entdecken per Paddelboot eigenständig die vielen Facetten der Wasserwelt. An Land lockt eine Kurzwanderung auf den Gipfel des nur 73 Meter hohen Helgafell, der eine blendende Aussicht bietet, bei gutem Wetter bis hin zu den Westfjorden. Wer von der kleinen Kirche zu seinen Füßen aus hinaufsteigt, ohne zu sprechen und sich umzudrehen, soll drei Wünsche frei haben.

Modern inspiriertes Sightseeing

Stykkishólmur hat eine futuristische Kirche. Die Stykkishólmskirkja ersetzt seit 1990 ihre graue Vorgängerin in der Nähe. Strahlend weiß schwingt sich die Betonstruktur in den Himmel, wie ein übergroßer Walwirbel, dessen Spitze die Glocke hält. Nachmittags ist die Kirche zu besichtigen, im Sommer finden hier klassische Konzerte statt.

In der ehemaligen Bücherei am Hafen sorgt das Kunstwerk Vatnasafn, die »Wasserbibliothek« für Aufmerksamkeit: 24 lichtdurchflutete Säulen halten Wasser aus Islands Gletschern und laden schimmernd zum Entspannen ein. Wer etwas lernen will, geht ins frühere Kino, wo das Vulkanmuseum »Eldfjallasafn« dokumentarisch und künstlerisch Hintergrundwissen zu Islands brodelndem Untergrund vermittelt. Die Vulkanologen führen auch geologische Tagestouren in die Berge der Umgebung.

Infos und Adressen

SEHENSWÜRDIGKEITEN

Norska Husið. Tgl. 11–17 Uhr, Eintritt 800 ISK, Hafnargata 5, 340 Stykkishólmur, Tel. 433 81 14, www.norskahusid.is

Eldfjallasafn. Vulkanmuseum. Mai–Sept. 11–17 Uhr, Eintritt 800 ISK, Aðalgata 8, 340 Stykkishólmur, Tel. 433 81 54, www.eldfjallasafn.is

Vatnasafn. Wasserbibliothek. Juni–Aug. tgl. 13–18 Uhr, Sept. Sa, So 13–17 Uhr, Eintritt frei, Bókhlöðustígur 17, 340 Stykkishólmur, Tel. 857 12 21, www.vatnasafn.wordpress.com

Gemütlichkeit in der Narfeyrarstofa

ESSEN UND TRINKEN

Narfeyrarstofa. Restaurant und Café mit historischem Flair, delikate Speisen auf Töpferware. Mo–Fr Mittagstisch, Do–So auch abends. Aðalgata 3, 340 Stykkishólmur, Tel. 438 11 19, www.narfeyrarstofa.is

Der Direktor des Vulkanmuseums Eldfjallasafn

Sjávarpakkhúsið. Im »Alten Fischpackerhaus«, berühmt für seine Fischsuppe. Tgl. 12–15 Uhr, So bis 17 Uhr, Fr auch 18–3 Uhr, Hafnargata 2, 340 Stykkishólmur, Tel. 438 18 00, www.oceansafari.is

ÜBERNACHTEN

Hringhótel Stykkishólmur*.** Stilvoll renoviert, Fjordblick, tolles Restaurant. Borgarbraut 8, 340 Stykkishólmur, Tel. 430 21 00, www.hringhotels.is

Höfðagata-Gisting. Charmantes Bed & Breakfast. Höfðagata 11, 340 StykkishólmiTel. 694 65 69, www.hofdagata.is

Egilsen.** Boutique-Hotel in historischem Lagerhaus, Restaurant mit toller isländischer Küche. Aðalgata 2, 340 Stykkishólmur, Tel. 554 77 00, www.egilsen.is

AKTIVITÄTEN

OceanSafari. Touren im Breiðafjörður. Tel. 820 03 50, www.oceansafari.is

Seatours. Touren im Breiðafjörður. Tel. 433 22 54, www.seatours.is

INFORMATION

Stykkishólmur Information Centre. Mitte Mai–Aug. tgl. 8–22 Uhr, am Golfclub, Aðalgata 29, 340 Stykkishólmur, Tel. 433 81 20, www.stykkisholmur.is

Oben: Kirche von Ingjaldshóll. Angeblich erkundigte sich hier einst der Seefahrer Kolumbus nach den Schifffahrtswegen der Wikinger. **Unten:** Unter Anglern erfreut sich das seenreiche Moorland Mýrar großer Beliebtheit.

48 Snæfellsnes

Im Bann des Snæfellsjökull

Der gewaltige Kegel des Gletschervulkans Snæfellsjökull krönt die schroffe Gebirgskette, die das Rückgrat der Halbinsel bildet. Moorgebiete, einsame Strände und sattgrüne Wiesen prägen den Süden von Snæfellsnes, tief eingeschnittene Fjorde und kleine Fischerhäfen den Norden. Die verlassene, von Lavafeldern dominierte Westspitze bildet heute den Nationalpark Snæfellsjökull.

Zwischen Breiðafjörður und Faxaflói ragt die zwischen 10 und 30 km breite Halbinsel etwa 80 km weit in den Atlantik hinein. Ursprünglich gehörte Snæfellsnes zur aktiven Vulkanzone, bis sich die Riftzone vor 6–7 Mio. Jahren sprunghaft nach Osten verlagerte. Vor 2 Mio. Jahren flammte der Vulkanismus jedoch erneut auf, zuletzt während der Besiedlung.

MAL EHRLICH

VORSICHT, SPALTEN!

Am einfachsten ist der Aufstieg zum Snæfellsjökull von der Hütte des Touristikunternehmens »Snjófell« aus (hin und zurück 4–6 Std.). Sie liegt an der Jeeppiste 570, die in 700–800 m Höhe am Gletscher vorbeiführt. Am besten folgt man den Spuren der Schneemobile. Aufgrund der Gletscherspalten ist der Aufstieg nicht ganz ungefährlich. Im Spätsommer ist eine Besteigung nur mit alpiner Ausrüstung und entsprechender Erfahrung möglich! Erkundigen Sie sich unbedingt vorher im Nationalparkzentrum nach den aktuellen Bedingungen und ob ein Aufstieg ratsam ist. Es werden auch geführte Touren angeboten.

Für die Rundreise von Borgarnes im Südosten nach Stykkishólmur im Norden braucht man vor allem Zeit. Am Wegesrand warten viele kleine Highlights: Krater, Brandungshöhlen, Fjorde, Vogelberge, Leuchttürme, Ruinen verlassener Fischersiedlungen ... Aufgrund der niedrigen Verkehrsdichte und der geringen Höhenunterschiede eignet sich die Route auch gut für Radfahrer (von Stykkishólmur fahren Busse nach Borgarnes, das Rad kann man als Gepäck mitnehmen).

Jules Vernes lässt grüßen

Von Borgarnes führt die Straße 54 durch das seenreiche Moorland Mýrar. Bald weicht es einer wilden Vulkanlandschaft, die der vor über 5000 Jahren entstandene Lavaring Eldborg (»Feuerburg«) beherrscht. Vom Hof Snorrastaðir führt ein markierter Weg zum Krater hoch, der seine Umgebung um 50 m überragt (hin und zurück 5 km, 2 Std.). Die Aussicht vom Kraterrand ist beeindruckend.

Hinter der Brücke über die Haffjarðará lockt ein Abstecher nach Gerðuberg, wo eine imposante Mauer mit bis zu 15 m hohen Basaltsäulen emporragt. Kaum ist der Berg Hafursfell (759 m) umrundet, ändert sich die Szenerie erneut: Dunkle Berge säumen nun die grüne Küstenebene, die am Meer in die ausgedehnten Strände der Löngufjörur übergeht, ein Eldorado für Reiter.

Kurz vor Búðir verlässt man die Straße 54 – sie führt nach Ólafsvík an der Nordküste – und folgt nun der Straße 574. In Búðir (von *verbúðir*), »Fischerhütten«, das jahrhundertelang ein wichtiger Handelsort war, stehen heute nur noch eine malerische, schwarze Holzkirche (1850) und ein romantisches Hotel. Es wirbt mit einer Traumlage im Schatten des Snæfellsjökull.

AUTORENTIPP!

LÝSUHÓLL: IM TÖLT AN DEN STRAND

Abgesehen vom Wiehern der Pferde, dem Gurgeln des Bachs und dem Ruf des Goldregenpfeifers ist es in Lýsuhóll sehr ruhig. Mitten im Grünen, am Fuß einer dunklen Gebirgskette, betreiben Jóhanna und Agnar einen Reiterhof mit 110 Pferden. Für Ausritte bieten die nahen Strände, Wattgebiete und Lavafelder viele Möglichkeiten, von wenigen Stunden für Anfänger bis hin zu anspruchsvollen einwöchigen Touren (mit Übernachtung in Lýsuhóll) über das Watt der Löngufjörur, bei denen man täglich bis zu sechs Stunden im Sattel sitzt. Relaxen kann man in dem hauseigenen Hot Pot auf der Wiese, gespeist mit warmem Mineralwasser aus der Erde. Beliebt sind auch die abendlichen Ausflüge zur nahen Kegelrobbenkolonie.
Übernachtungsgästen stehen zwei große Holzhütten mit je vier Zimmern (1–4 Pers.), zwei Bädern, Wohnraum mit Küche und Waschmaschine zur Verfügung. Die drei Sommerhäuser (2–4 Pers.) mit Kochnische und Bad sind für Selbstversorger ideal. Frühstück oder Halbpension ist dabei.

Lýsuhóll. Ganzjährig. 356 Snæfellsbær, Tel. 435 67 16, www.lysuholl.is

Oben: Die kleine Kirche von Hellnar besticht durch ihre herrliche Lage über der Bucht Faxaflói.
Mitte: In den Felsen bei Arnarstapi nisten viele Dreizehenmöwen.
Unten: Im Sommer brechen noch immer etliche Fischer von Arnarstapi zum Fischfang auf.

Ein markierter Pfad führt über die 5000 Jahre alte Lava Búðahraun zum Krater Búðaklettur (88 m). Die Pflanzenvielfalt in der Lava ist einmalig, über 130 Gefäßpflanzen wurden gezählt. Der Überlieferung nach verbindet ein mit Goldstaub bedeckter Gang die nahe, 382 m lange Höhle Búðahellir mit der Höhle Surtshellir, nördlich des Langjökull. Eine Landarbeiterin, die sich in der Höhle verirrte, kam angeblich 200 km weiter wieder ans Tageslicht. Jules Vernes lässt grüßen!

Ein Serienkiller, Fischerdörfer und Halbtrolle

Am Fuß des Bergs Axlarhyrna (433 m) liegt der Hof Öxl. Im 16. Jahrhundert wohnte dort der Serienkiller Axlar-Björn. 18 Menschen hat er auf dem Gewissen, meist Reisende, die er zunächst gastfreundlich bewirtete und schließlich in einem Teich versenkte.

Arnarstapi, während des dänischen Handelsmonopols ein wichtiger Hafen, zählt nur noch wenige dauerhafte Bewohner. Im Sommer blüht das kleine Fischerdorf auf, wenn die Küstenseeschwalben auf den Wiesen nisten und die Saisonfischer aus dem malerischen Hafen zum Kabeljaufang aufbrechen. In den nahen Kliffen und Brandungshöhlen brüten viele Dreizehenmöwen. Eine natürliche Lavabrücke überspannt die bekannteste Höhle, genannt Gatklettur »Lochfelsen«. Ein schöner Küstenpfad führt zum Nachbarort Hellnar (hin und zurück 5 km, 2 Std.).

Unterwegs begegnet man Bárður Snæfellsás. Der isländische Künstler Ragnar Kjartansson schuf die riesige Steinfigur zur Erinnerung an Trausti Jónsson, der 1928 auf dem Gletscher starb. Der Halbtroll Bárður lebte angeblich mit seinen Töchtern auf einem nahen Hof. Eines Tages spielten die

Autorundfahrt

Die 240 km lange Rundreise führt von Borgarnes nach Stykkishólmur und dabei zu Einblicken in die geologische Vielfalt von Snæfellsnes und in das Leben der Fischer. Unterwegs ständig im Blick: der Snæfellsjökull, der »isländische Fuji«.

Ⓐ **Eldborg** – Die »Feuerburg« ist ein klassisches Beispiel für einen Lavaring, einen kleinen Schildvulkan, der gekrönt wird von einer schüsselförmigen Erhebung aus Schweißschlacken.

Ⓑ **Gerðuberg** – Solche meist hexagonal geformte Basaltsäulen bilden sich beim Zusammenziehen von Lava in einem sich langsam abkühlenden Lavastrom, immer senkrecht zur Fließrichtung.

Ⓒ **Búðir** – In diesem schon zur Landnahmezeit bekannten Handelsort betrieb die Bremer Hanse im 16. Jahrhundert einen Stützpunkt.

Ⓓ **Arnarstapi** – Hauptattraktion sind die Brandungshöhlen. Bei Sturm schießt das Wasser aus dem Gatklettur (»Lochfelsen«).

Ⓔ **Hellnar** – Im frühen 18. Jahrhundert lebten hier 200 Menschen, heute sind es nur noch neun.

Ⓕ **Lóndrangar** – Die beiden Felsnadeln sind die Ruinen eines erodierten Vulkanschlots.

Ⓖ **Vatnshellir** – Früher tränkten die Bauern von Malarrif ihre Kühe in der »Wasserhöhle«, die bis in den Sommer mit Schmelzwasser gefüllt war.

Ⓗ **Djúpalónssandur** – Vier »Kraftprobesteine« am Strand zeigen, ob man das Zeug zum Fischer hätte.

Ⓘ **Hellissandur** – Im 18. Jahrhundert war der Ort ein wichtiger Fischereihafen. Als die Schiffe zu groß wurden, wurde der Hafen 1950 nach Rif verlagert.

Ⓙ **Ólafsvík** – Vom größten Ort im Westen von Snæfellsnes kann man im Sommer zu einer Walsafari auf dem Breiðafjörður aufbrechen.

Ⓚ **Grundarfjörður** – Der Fischereihafen gehört zu den zehn größten des Landes. Heute werden vor allem Kammuscheln und Garnelen angelandet.

AUTORENTIPP!

HÓTEL HELLNAR: SCHLEMMEN UND WALE BEOBACHTEN

Die Lage an der Südspitze der Halbinsel, auf der Schwelle zwischen Gletscher und Meer, ist nicht zu toppen. Auch in Sachen Nachhaltigkeit hat das Hótel Hellnar die Nase vorn. 2002 bekam es das Green-Globe-Zertifikat, zweimal wurde es mit dem Umweltpreis der isländischen Tourismusbehörde ausgezeichnet. Hotelmanager Maríus Sverrisson, der in Hamburg als Schauspieler und Sänger im Musical »Titanic« brillierte, ist darauf stolz und zieht die grüne Linie auch in der Küche durch, wo hochwertige, regionale Produkte, oft aus organischem Anbau, verarbeitet werden: geräucherte Forelle aus Akranes, Salzfisch aus Grundarfjörður, Eis aus Erpsstaðir, Bio-Bier etc. In der geschmackvoll eingerichteten Lobby erinnern große Gemälde mit Fischereimotiven an die maritime Vergangenheit. Ein Großteil der hellen, komfortablen Zimmer bietet Meerblick, ebenso wie das Restaurant. Beim Schlemmen von Fisch, Lamm oder Vegetarischem kann es vorkommen, dass sich alle Augen auf einmal zum Meer richten – nämlich, weil gerade Orcas vorbeischwimmen.

Hótel Hellnar. 1. Mai–15. Okt., Hellnar, 356 Snæfellsbær, Tel. 435 68 20, www.hellnar.is

Mädchen mit ihren Neffen Rauðfeldur und Sölvi, als Rauðfeldur die älteste Tochter Helga auf eine Eisscholle schob, auf der sie bis nach Grönland trieb. Helga blieb unverletzt, doch Bárður tobte. Er stieß Rauðfeldur in die Schlucht Rauðfeldargjá und Sölvi vom Kliff Sölvahamar.

Auch in Hellnar gibt es schöne Brandungshöhlen. Die interessanteste ist die Baðstofa. Bei Hochwasser schimmert das Wasser in herrlichen Blautönen. Im lokalen Besucherzentrum des Nationalparks Snæfellsjökull sind Broschüren, Informationen und Karten zur Umgebung erhältlich. Eine Ausstellung informiert über Geologie, Fauna und Flora und das Leben der Fischer am Fuß des Snæfellsjökull (1446 m).

Im Nationalpark des Gletschervulkans

Majestätisch erhebt sich der Gletschervulkan Snæfellsjökull im Westen der Halbinsel. Er gilt als einer der schönsten Feuerberge Islands und als Dauerbrenner. Seit 800 000 Jahren bricht er immer wieder aus, zuletzt vor 1800 Jahren. Trotz der langen Ruhephase gilt er auch heute nicht als erloschen. Den Gipfel bedeckt eine 11 km² große Eiskappe, die jedoch rasch zusammenschmilzt. Um 1900 war sie noch doppelt so groß. An der Anziehungskraft des Berges ändert das aber nichts. Immer wieder inspirierte er Künstler und Autoren: Jules Verne schickte seine Helden durch den Schlund des Snoeffelsjökull auf die *Reise zum Mittelpunkt der Erde*. Halldór Laxness verewigte den Vulkan in seinem Roman *Am Gletscher*.

Hinter Hellnar beginnt der 2001 eröffnete Nationalpark Snæfellsjökull (170 km²). Kilometerlang schlängelt sich die Straße zwischen Kratern und Lavaströmen, die sich wie erstarrte Schlangen zum

Meer hinunter winden. Die schroffe Küste gehört heute nur Seevögeln und Kegelrobben. Menschen spielen auf dieser urwüchsigen Bühne keine Rolle. Seit Reisende hier von Axlar-Björn begrüßt wurden und im Teich endeten, hat sich die Infrastruktur dennoch erheblich verbessert. Zahlreiche markierte Wanderwege führen durch den Nationalpark. Anregungen liefert die Broschüre *Wanderwege im Snæfellsjökull-Nationalpark.*

Auf dem Vogelberg Svalþúfa konnte der Poet Kolbeinn angeblich einen Dichterwettstreit mit dem Teufel zu seinen Gunsten entscheiden. In den Tuffsteinkliffen tummeln sich Dreizehenmöwen, Tordalken, Trottellummen, Gryllteisten und Krähenscharben. Nebenan wachsen die beiden markanten Felsnadeln der Lóndrangar (75 m und 61 m) empor.

Hinter der Abzweigung zum Leuchtturm Malarrif lockt ein Besuch der Lavahöhle Vatnshellir im Lavafeld Purkhólahraun. Eine Besichtigung der über 200 m langen und 32 m tiefen Höhle ist nur mit einer Führung möglich. Die Temperatur in der Höhle beträgt stets um die 4 °C. Warme Kleidung und Wanderschuhe sind unverzichtbar. Helme und Lampen werden gestellt.

Eignungstest für Fischer

Schwere Brecher prügeln pausenlos auf den schwarzen Kiesstrand von Djúpalónssandur ein. Zwischen den Steinen erkennt man die verstreuten Wrackteile des englischen Trawlers »Epine«, der am 13. März 1948 strandete. Die vier »Kraftprobesteine«, mit denen die Eignung angehender Fischer getestet wurde, liegen noch immer an ihrem Platz: »Fullsterker« (sehr stark, 154 kg), »Hálfsterkur« (recht stark, 100 kg), »Hálfdrættingur« (mittelmäßig, 54 kg) und »Amlóði« (schwach,

Oben: Seit 1946 wacht der 31 m hohe Leuchtturm in Malarrif über den Schiffsverkehr vor der gefährlichen Südküste.
Unten: Vatnshellir bedeutet »Wasserhöhle«: Früher tränkten Bauern aus der Region im Hochsommer hier ihre Kühe.

Oben: Der formschöne Kirkjufell gilt als der »Hausberg« von Grundarfjörður.
Unten: Mit ihrer typischen Fischform erinnert die moderne Kirche von Ólafsvík an die Quelle des lokalen Wohlstands.

23 kg). Nur wer mindestens den drittschwersten Stein hochwuchtete, konnte auf einem der 40 bis 60 offenen Boote anheuern, mit denen Hunderte Fischer von der nahen Bucht Dritvík aufs Meer hinausruderten. Bis ins 19. Jahrhundert befand sich dort einer der größten Fischereistützpunkte des Landes. Ein Küstenpfad verbindet Djúpalónssandur mit Dritvík (hin und zurück 2 km, 45 Min.).

Über die Straße 579 (Schotterpiste) erreicht man in Öndverðarnes die äußerste Westspitze der Halbinsel, wo ein einsamer Leuchtturm neben den Ruinen eines längst vergessenen Hofs wacht. Ein Ort zum Träumen, vor allem wenn die untergehende Sonne das Eis des nahen Snæfellsjökull in sanfte Violettfarben eintaucht, während ein steter Strom von Seevögeln auf dem Weg zu den Kliffen von Svörtuloft an der Küste entlangzieht.

In Hellissandur zeigt das Seefahrtmuseum Sjómannagarðurinn das älteste auf Island erhaltene Ruderboot »Bliki« (1826). Eine rekonstruierte Hütte veranschaulicht das Leben der Fischer um 1900. Zwischen Hellissandur und Rif durchquert man eines der größten Brutgebiete der angriffslustigen Küstenseeschwalbe, ein Ort für einen Spaziergang!

Fischereigeschichte und Whale Watching

Ólafsvík empfängt Besucher mit dem »Geruch des Geldes«. So bezeichnen Einheimische den penetranten Fischgestank, dem sie ihren Wohlstand verdanken. Der Ort erhielt bereits 1687 Handelsrechte. Im Pakkhúsið, einem schwarz geteerten Lager von 1844, widmet sich heute das Regionalmuseum der Fischerei in früheren Zeiten. Die moderne, 1967 geweihte Kirche entwarf der Architekt Hákon Hertevig. Ihre Fischform symbolisiert den Reichtum des Ortes. Einen schrillen Kontrast zu den modernen Linien bildet der Predigtstuhl von 1710. Er stand früher in der Kirche von Fróðá.

Am Fuß des Kirkjufell (463 m), von den Dänen wegen seiner Pyramidenform »Zuckerhut« genannt, liegt der traditionsreiche Fischerort Grundarfjörður. Bereits 1786 entstand am Fjord die Siedlung Grundarkampur. Um 1800 siedelten sich französische Fischer an, die hier Kabeljau zu Klippfisch verarbeiteten. Sie bauten Handelshäuser, eine Kirche und ein Krankenhaus und legten einen Friedhof an. Der Ertrag war hoch, der Preis allerdings auch. Mehr als 100 Schiffe sanken und über 2000 Seeleute ertranken. Ende der 1860er-Jahre verließen die Franzosen Grundarkampur, zerlegten sämtliche Gebäude in Einzelteile und nahmen alles mit, sogar die Toten wurden wieder ausgegraben. Die historische Bindung zwischen Grundarfjörður und Frankreich wurde 2002 mit der Städtepartnerschaft zwischen Paimpol und Grundarfjörður besiegelt.

Im Sögumiðstöðin Eyrbyggja vermitteln ein rekonstruiertes Wellblechhaus und die Fotografien von Bæring Cecilsson einen Eindruck vom Leben der Fischer im frühen 20. Jahrhundert. Im Sommer kann man von Grundarfjörður aus mit »Láki Tours« auf dem Breiðafjörður herumschippern. Dabei entdeckt man die Vogelwelt von Melrakkaey, wo Papageientaucher und Kormorane nisten, hält Ausschau nach Delfinen, Zwergwalen und Orcas und wirft die Angel aus, um einen fetten Dorsch oder Heilbutt zu erbeuten. Beliebt sind auch die Walsafaris im Winter, wenn Killerwale den Heringschwärmen im Breiðafjörður nachstellen. An manchen Tagen werden bis zu 100 Wale gesichtet!

Kurz vor Stykkishólmur, dem Ziel der Tour, bietet sich ein Abstecher an die Küste zum Bjarnarhöfn (»Haifischhof«) an (s. S. 249).

AUTORENTIPP!

LANDBROTALAUG: ISLANDS SCHÖNSTER HOT POT

Mitten in einem ausgedehnten alten Lavafeld, nördlich des Lavarings Eldborg, wartet eine besondere Überraschung: ein kleiner, angenehm temperierter Hot Pot, in dem man im Sommer und Winter bei jedem Wetter herrlich baden kann.
Von Borgarnes folgt man der Straße 54 Richtung Stykkishólmur. Nach ca. 40 km geht es gleich hinter dem Hof Skjálg (2 km vor der Brücke über den Fluss Haffjarðará) links in eine Schotterstraße ab. Dieser folgt man 1 km, bis rechts vom Weg eine Ruine auftaucht. Gleich dahinter biegt man erneut links ab und erreicht einen Parkplatz. Von dort führt ein Trampelpfad in wenigen Minuten (ein flacher Bach muss durchwatet werden) zum Hot Pot, den man erst im letzten Moment sieht. In dem natürlichen Bad, eher ein in der Lava verborgenes, von Sinterablagerungen umgebenes Loch, finden bis zu vier Personen Platz. Die Wassertemperatur beträgt 44 °C. Eine Mauer aus aufgeschichteten Basaltblöcken bietet Schutz gegen den Wind. Den Blick auf die umliegenden Berge gibt es als Zugabe kostenlos dazu.

Infos und Adressen

SEHENSWÜRDIGKEITEN

Sjómannagarðurinn. Seefahrtsmuseum. Juni–Mitte Aug. Di–Fr 9.30–12 und 13–18 Uhr, Sa, So 13–18 Uhr, Mitte Aug.–Mitte Sept. Di–So 13–18 Uhr, Eintritt 250 ISK, Útnesvegur, 360 Hellissandur, Tel. 436 66 19.

Pakkhúsið. Regionalmuseum zur Fischerei. 18. Mai–1. Sept. tgl. 13–18 Uhr, Eintritt 500 ISK, Ólafsbraut, 355 Ólafsvík, Tel. 433 69 30.

Sögumiðstöðin Eyrbyggja. Fischereimuseum. Mitte Mai–1. Sept. tgl. 9–18 Uhr, Eintritt frei, Grundargata 35, 350 Grundarfjörður, Tel. 438 18 81.

Kegelrobben am Ufer des Breiðafjörður

ESSEN UND TRINKEN

Fjöruhúsið. Das »Haus am Strand«, über dem alten Hafen von Hellnar gelegen, gehört zu den malerischsten Cafés Islands. In dem liebevoll renovierten Haus von 1937, einst Lager und Salzhaus, kredenzt Sigríður »Sigga« Einarsdóttir ihre vielgerühmte Fischsuppe und leichte Gerichte wie Quiche, Pasta oder Waffeln mit Sahne und Rhabarberkompott. Von der Terrasse schaut man auf die Brandungshöhle Baðstofa. Mai–Sept. tgl. 10–22 Uhr, Hellnar, 356 Snæfellsbær, Tel. 435 68 44, www.fjoruhusid.is

Gamla Rif Kaffistofa. In dem gemütlichen Café mit Bildern isländischer Künstler genießt man im ältesten Haus von Rif (1896) Kuchen, Fischsuppe und *flatkökur*, zubereitet von zwei Fischerfrauen. Blick auf den Hafen und verschneite Berge. Juni–Aug. tgl. 12–20 Uhr, Háarif 3, 360 Rif, Tel. 436 10 01, gamlarif@simnet.is

Kaffi Sif. Das Café, untergebracht in der früheren Krankenstation von Hellissandur, serviert mexikanische Fischsuppe und Fisch des Tages sowie das traditionelle Gericht *plokkfiskur*. Mai–Aug. So–Do 11–23 Uhr, Fr, Sa 11–1 Uhr, Sept.–April Do–So 16–21 Uhr, Fr 16–1 Uhr, Sa 13–1 Uhr, So 14–20 Uhr, Klettsbúð 3, 360 Hellissandur, Tel. 577 34 30, www.kaffisif.is

ÜBERNACHTEN

Búðir. Die weiße Anlage in Toplage am Fuß des Snæfellsjökull ist eines der schönsten Landhotels im ganzen Land. Die mit antiken Möbeln eingerichteten Räume strahlen viel Wärme aus, die individuell eingerichteten Zimmer sind äußerst komfortabel, und schon der Blick auf die Speisekarte lässt einem das Wasser im Mund zusammen laufen. Búðir, 365 Snæfellsnes, Tel. 435 67 00, www.budir.is

Framnes. Das gemütliche Hotel in einem früheren Seemannsheim bietet Zimmer mit Blick auf den Fjord oder die Berge. Das Restaurant setzt auf Fisch und Meeresfrüchte. Nesvegur 8, 350 Grundarfjörður, Tel. 438 68 93, www.hotelframnes.is

Virkið. Lassen Sie sich nicht von der Fassade abschrecken, denn das Gästehaus liegt über dem lokalen Lebensmittelgeschäft des kleinen Fischerorts Rif. Von den Zimmern schaut man auf den Gletscher, den Hafen oder den Breiðafjörður, die Speisekarte ist traditionell isländisch. Hafnargata 11, Rif, 360 Snæfellsbær, Tel. 430 66 60, www.virkid.is

Gistiheimilið Hof. Das Gästehaus an der Südküste mit Blick auf den Snæfellsjökull ist besonders für

Familien und Selbstversorger ideal. Man wird in Hütten oder in Apartments (mit 3 DZ) mit eigener Terrasse und Hot Pot untergebracht; die Zimmer werden auch einzeln vermietet. Hofgarðar, 356 Snæfellsbær, Tel. 435 68 02, www.gistihof.is

Suður-Bár. Der Hof auf der Halbinsel Hallbjarnareyri bietet sechs schlichte und saubere Zimmer mit oder ohne eigenes Bad. Vom Speiseraum hat man einen tollen Ausblick auf den Fjord. 7 km von Grundarfjörður. 350 Grundarfjörður, Tel. 438 68 15, www.sudur-bar.is

AKTIVITÄTEN

Vatnshellir. Höhlenführung (Dauer 1 Std.). 4. Juni–23. Aug. tgl. 10, 11.30, 14 und 15.30 Uhr, Treffpunkt 15 Min. vorher am Parkplatz an der Straße 574, ca. 6 km westlich von Hellnar, Eintritt 2000 ISK, Tel. 665 28 18, snaefellsjokull@ust.is

Láki Tours. Bootsausflüge zur Tierbeobachtung. Ab Grundarfjörður (Seevögel, Wale, Angeln): Juni–Sept. tgl. 10, 14 und 20 Uhr (Dauer 3 Std.); ab Ólafsvík (Walsafari): Juni–Anfang Sept. tgl. 14 Uhr (Dauer 3 Std.); ab Grundarfjörður (Orcas): Jan. tgl. 10 Uhr, Feb.–April tgl. 10 und 14 Uhr (Dauer 1,5–2 Std.). Hótel Framnes, Nesvegur 8, 350 Grundarfjörður Tel. 438 68 93, www.lakitours.com

Die bis zu 15 m hohen Basaltsäulen von Gerðuberg

Snjófell. Touren mit Schneemobil und Schneekatze auf dem Snæfellsjökull. Beliebt sind vor allem die Mitternachtstouren. Ab März tgl. 10, 12, 14, 16, 21 und 23 Uhr, im Spätsommer wegen der Schneeschmelze und Spaltengefahr keine Touren. Arnarstapi, 355 Snæfellsbær, Tel. 435 67 83, www.snjofell.is

Arctic Adventures. Geführte Wanderungen auf dem Snæfellsjökull (ca. 5–7 Std.). 1. Mai–15. Sept. So ab Reykjavík, andere Optionen auf Anfrage, Laugavegur 11, 101 Reykjavík, Tel. 562 70 00, www.adventures.is

INFORMATION

West Iceland Regional Information Centre. Juni–Aug. Mo–Fr 9–18 Uhr, Sa 10–16 Uhr, So 12–16 Uhr, Sept.–Mai Mo–Fr 10–18 Uhr, Hyrnutorg, Borgarbraut 58–60, 310 Borgarnes, Tel. 437 22 14, www.west.is

Snæfellsjökull National Park Visitor Centre. 20. Mai–10. Sept. tgl. 10–18 Uhr, Hellnar, 360 Hellissandur, Tel. 436 68 88, www.ust.is/snaefellsjokull

Snæfellsbær District Information Office. Juni–Aug. Mo–Fr 8–18 Uhr, Sa, So 10–17 Uhr, Kirkjutún 2, 355 Ólafsvík, Tel. 433 99 30, www.west.is

Grundarfjörður Information Centre. Mitte Mai–Aug. tgl. 10–18 Uhr, Grundargata 35, 350 Grundarfjörður, Tel. 438 18 81, www.west.is

Stykkishólmur Information Centre. Mitte Mai–Aug. tgl. 8–22 Uhr, am Golfclub, Aðalgata 29, 340 Stykkishólmur, Tel. 433 81 20, www.stykkisholmur.is

49 Borgarnes

Die das Land besiedelten

Als die Wikinger sich anschickten, als Erste dauerhaft im leeren Island zu bleiben, siedelten sie bevorzugt in den geschützten und fruchtbaren Küstenregionen. So auch rund um Borgarnes, etwa 40 km Luftlinie nördlich von Reykjavík. Seit damals ist das Land besiedelt, Borganes ist Schauplatz von Saga-Episoden und im Landnahme-Museum lassen sich Islands Anfänge als Staat interaktiv nacherleben.

Wer hier reist, sollte sich der zweiten – historischen – Ebene des Panoramas bewusst sein: Um viele Felsen, Buchten, Gipfel und andere Landmarken drehen sich Begebenheiten aus den Sagas. Viele dieser Geschichten haben einen wahren Kern, andere wiederum sind historisch belegte Anekdoten.

Wann, wo und wie welcher der 400 vor allem skandinavischen Siedler Land in Besitz nahm, ist aus dem *landnámabók*, dem »Landnahmebuch« zu erfahren. Aufgrund seiner sehr genauen Aufzeichnungen können die meisten Isländer heute stolz ihre ganze Ahnenreihe zurückverfolgen, bis zu den Anfängen der Landnahme zwischen 870 und 930. Viele der frühen Ankömmlinge gründeten ihre Höfe rund um Reykjavík.

Die Skulptur *Sonatorrek* vor dem Kirchlein von Borg á Mýrum wurde von Asmundur Sveinsson geschaffen. Sie stellt den Wikinger Egill Skalla-Grímsson dar, der seinen toten Sohn in den Armen hält.

Auf den Spuren von Egill …

Dreieinhalb Fjorde nördlich der Hauptstadt fasste als einer der ersten Wikinger Skalla-Grímur Kveldúlfsson Fuß, beim heutigen Borgarnes am Borgarfjörður, genauer gesagt an der kleinen Seitenbucht Borgarvógur. Sein Hof Borg á Mýrum –

Borgarnes aus der Vogelperspektive

»Felshöcker am Sumpf« – steht noch heute, mitsamt der kleinen Kirche Borgarkirkja am nördlichen Stadtrand. Berühmter ist aber sein Sohn, Egill Skalla-Grímsson, der hier aufwuchs, mit drei sein erstes Gedicht geschrieben und mit acht seinen ersten Mord begangen haben soll. Der Dichter ist Hauptperson der dramatischen und oft tragischen Egils-Saga, einem Klassiker mittelalterlicher Literatur. Viele ihrer Schauplätze rund um Borgarnes sind von kleinen steinernen Männchen markiert. Im kleinen Stadtpark Skallagrímsgarður liegt der Grabhügel von Egills Vater und eine von zahlreichen Skulpturen des berühmten Sohnes.

Abenteuerliche Landnahme

Wer die Saga aber richtig begreifen will, sollte das Landnámssetrið, das »Landnahmezentrum« an der Spitze der Landzunge besuchen: Ein Teil widmet sich interaktiv und multimedial der Egils-Saga. Audioführungen auch auf Deutsch vertiefen die lebensechten Szenen, die teils recht brutal ausfallen. Der andere Teil des Museums macht im gleichen Stil die ersten 60 Jahre der Landnahme erlebbar, mit allen Dramen und Abenteuern der ersten Siedler im neuen, unbekannten Land.

AUTORENTIPP!

BORGARNES B & B: TOLLE LAGE AM WASSER

Das von der äußerst gastfreundlichen Wirtin Inger Helgadóttir geführte Gästehaus befindet sich in einem ruhigen Wohnviertel im ältesten Teil der Stadt, unweit des »Landnahmezentrums«. Allein wegen der tollen Lage am Ufer der Bucht Englendingavík lohnt es sich, hier Quartier zu beziehen.
Die sieben hellen Zimmer mit Parkettböden, Fernseher und kostenlosem Internetzugang teilen sich vier Badezimmer. Einige Zimmer haben Meerblick, eins ist für Familien geeignet. Zur Ausstattung des kleinen, aber feinen Gästehauses gehören auch eine große, hervorragend ausgestattete Küche und ein geschmackvoll eingerichteter Aufenthaltsraum mit Klavier. Im Esszimmer genießt man ein reichhaltiges Frühstück mit selbstgebackenem, ofenwarmem Brot und genießt dabei den direkten Blick aufs Wasser.

Borgarnes B&B. Skúlagata 21, 310 Borgarnes, Tel. 434 15 66 und 842 58 66, www.borgarnesbb.is

Im Landnámssetrið

Oben: Malerisch liegt auch dieser Hof in Sveinsstaðir bei Borgarnes – mit dem Boot kommt man direkt auf den Fjord.
Unten: Die Nordlichter verleihen dem kleinen Haus eine zauberhafte Aura.

Und wer die Landnahmezeit kulinarisch nachempfinden will, findet hier ein gutes Restaurant im Wikingerstil. Einen Besuch wert ist auch das »Brúðuheimur« gleich um die Ecke: Ein Puppenspieler und -bauer hat seinen Marionetten dort ein dynamisches Theater und Museum gewidmet.

Am Walfjord entlang nach Reykjavík

Heute ist Borgarnes vor allem Verkehrsknotenpunkt und Regionalzentrum mit rund 1800 Einwohnern. In der Nähe locken reiche Lachsflüsse und Wanderwege über die bergige Skarðsheiði, im Nordosten schließt sich das historische Reykholtsdalur an (siehe S. 50). Richtung Süden führt die Straße bis zur nächsten Landzunge. An ihrer Spitze liegt der Ort Akranes. Er ist fast viermal größer als Borganes und seit langer Zeit einer der größten Fischereihäfen des Landes. Im Juli feiert man hier das Festival »Írskir dagar«, denn irische Brüder waren die ersten Siedler.

Quer über die Bucht reicht der Blick bis zum nur 20 km entfernten Reykjavík. Über die Küstenstraße sind es allerdings 49 km, und zwar erst, seit 1998 unter dem dazwischen liegenden Hvalfjörður Islands erster Mauttunnel eröffnet wurde. Zuvor waren 42 weitere Kilometer um den Fjord herumzufahren, damals ein großes Hindernis. Heute ist die kurvenreiche Strecke am Ufer des »Walfjords« umso leerer und bietet immer wieder neue Ausblicke. Auf dem Pfarrhof Saurbær am Nordufer lebte einst der Psalmendichter Hallgrímur Pétursson, die heutige Kirche ist einen Zwischenstopp wert. Ins Umland führen zahlreiche Wanderpfade. Wer sich die Zeit nimmt, dem langen Tal Botnsdalur zu folgen, entdeckt Islands höchsten Wasserfall, den schmalen, rund 200 m in die Tiefe stürzenden Glymur.

Infos und Adressen

SEHENSWÜRDIGKEITEN

Landnámssetrið. Landnahmezentrum. Juni–Aug. tgl. 10–19 Uhr, Sept.–Mai tgl. 11–17 Uhr, Eintritt 2400 ISK, Brákarbraut 13–15, 310 Borganes, Tel. 437 16 00, www.landnam.is

Brúðuheimur. Puppentheater und -museum. Mai–Sept. tgl. 10–22 Uhr, Eintritt 1400 ISK, Skúlagata 17, 310 Borganes, Tel. 530 50 00, www.bruduheimar.is

ESSEN UND TRINKEN

Die besten Restaurants gehören zu gehobenen Hotels wie dem Hótel Hamar, dem Hótel Glymur und dem Ensku Húsin sowie zum Landnámssetrið. Auch das Bio-Café im Puppentheater Brúðuheimur begeistert.

Matstofan. Diese philippinische »Essstube« bringt delikat Asiatisches auf den Tisch. Tgl. 11–23 Uhr, Brákarbraut 3, 310 Borganes, Tel. 437 20 17.

ÜBERNACHTEN

Hótel Glymur**.** Äußerst stilvolles Boutique-Hotel am Nordufer des Hvalfjörður, mit Luxus-Cottages für Selbstversorger und erstklassigem Restaurant. Hvalfjörður, 301 Akranes, Tel. 430 31 00, www.hotelglymur.is

Icelandair Hótel Hamar*.** Gehobenes Hotel im Motel-Stil, direkt am Golfplatz. Restaurant und Bar gelten als beste Adressen der Region. Hamar, 310 Borgarnes, Tel. 433 66 00, www.hotelhamar.is

Ensku Húsin. In der historischen Lodge eines schottischen Lords am Lángá-Ufer untergebracht, ein gutes Restaurant ist angeschlossen. Juni–Aug., abends Reservierung erforderlich, By Langá, 311 Borgarnes, Tel. 437 18 26, 865 38 99, www.enskuhusin.is

VERANSTALTUNGEN

Írskir dagar. Die Vorfahren aus Irland feiert Akranes mit den »Irischen Tagen«. Im Juli, www.irskirdagar.is

INFORMATION

Borgarnes Regional Information Center. Juni–Aug. Mo–Fr 10–18 Uhr, Sa 10–16 Uhr, So 12–16 Uhr, übriges Jahr Mo–Fr 10–18 Uhr, Hyrnutorg, Borgarbraut 58–60, 310, Borgarnes, Tel. 437 22 14, www.west.is

Von den nahen Bergen aus zeigen sich die vielen kleinen Buchten des Borgarfjörður erst im Gesamtbild.

Snorris höchstpersönliche Badestelle, das Snorrilaug, bekommt sein frisches heißes Wasser noch heute aus der Skrifla-Quelle.

50 Reykholtsdalur: Auf den Spuren von Snorri Sturluson

Beim Meister des Mittelalters

Nordöstlich von Borgarnes erstreckt sich ein langes grünes Tal, in dem immer wieder weiße Dampfschwaden in die Höhe steigen – das Reykholtsdalur, »Rauchhügel-Tal«. In dieser fruchtbaren Umgebung wirkte einer der größten Dichter und mächtigsten Männer im Island des Mittelalters: Snorri Sturluson (1179–1241). Rund um seinen einstigen Wohnsitz zählen Lavahöhlen und Wasserfälle zu den Attraktionen.

Vermutlich schrieb er die Egils-Saga, eng verbunden mit dem bekanntesten Sohn von Borgarnes war er jedenfalls: Snorris Mutter war eine Nachfahrin des Sagahelden, und er selbst soll eine Weile auf Borg á Mýrum gelebt haben. Gesichert ist jedenfalls, dass Snorri große Werke der mittelalterlichen Literatur verfasste, darunter die Geschichte der Könige Norwegens, *Heimskringla*, und die sogenannte *Prosa-Edda*, ein Buch über die nordische Sprache, Mythologie und deren traditionelle Dichtkunst – quasi ein Handbuch für damalige Dichter.

Poet und Machtmensch

Mit Snorris wachsender Bekanntheit entwickelte sich der Ort Reykholt zu einem geistigen Zentrum der damaligen Zeit. Snorri war zugleich ein Machtmensch und geschickter isländischer Politiker. Strategische Zweckehen, Reichtum, politische Intrigen, Bürgerkrieg prägten sein Leben, das ebenfalls saftigen Saga-Stoff hätte liefern können. Im Jahr 1241 wurde er in Reykholt auf Geheiß des norwegischen Königs mit der Axt erschlagen.

Die Fundamente seines Hofes und einer Kirche sind heute wieder freigelegt, ebenso Teile eines unterirdischen Gangs, der zu Snorris Schutz errichtet wurde. Er führte auch zu dem großen Heißbadebecken »Snorrilaug« mit 4 m Durchmesser, das heute unter Denkmalschutz steht. Neben der Holzkirche von 1885 liegt der mittelalterliche Friedhof mit Snorris Grab. Viele Geschichtsinteressierte kommen jedes Jahr, um all dies zu sehen und im Kulturzentrum Snorrastofa mehr zu erfahren.

Das Snorri-Museum zeigt sehenswerte Ausstellungen und in der Bibliothek, die sich der Mittelalterforschung widmet, halten regelmäßige Lesungen, Vorträge und Konzerte das Erbe des Dichters lebendig. Eine Bronzestatue im Ort stellt ihn dar. Im Juli können Besucher in Reykholt das Klassik-Festival »Reykholtshátíð« miterleben.

Europas größte Thermalquelle

Das heiße Wasser des »Snorrilaug« kommt aus unterirdischen Rinnen direkt aus der Thermalquelle Skrífla, die auch die Häuser und das Schwimmbad im Ort sowie Gewächshäuser in der nahen Umgebung und die Häuser in Borganes und Akranes beheizt. Berühmter noch ist die Quelle Deildartunguhver am Gutshof Deildartunga in der Nähe: Mit 97° Celsius ist sie die heißeste Quelle des Landes. Sie gibt bis zu 200 Liter Wasser pro Sekunde ab und ist damit die größte Quelle Europas.

Zwar liegt unter dem Tal kein aktives Vulkangebiet, doch heißes Wasser aus anderen Regionen drängt hier nach oben. Einige Quellen gebärden

AUTORENTIPP!

PÁLL GUÐMUNDSSON: MAGISCHE KLÄNGE AUS STEIN

Manche gehen in den Wald, um Beeren zu sammeln. Páll Guðmundsson indessen zieht es in die Schlucht. Dort sucht der Bildhauer Rhyolith- oder Basaltblöcke, aus denen er mit Hammer und Meißel ausdrucksstarke Gesichter hervorzaubert. Einige stehen auf der Wiese neben seinem Atelier. Zu schwere Blöcke bearbeitet er vor Ort. So hat er in der Schlucht das Gesicht von Johann Sebastian Bach verewigt.
Eines Tages entdeckte Páll zufällig, dass die Liparitplatten unter seinen Schuhsohlen unterschiedliche Klänge hervorrufen und baute daraufhin seine erste »Steinharfe«, eine Art Xylofon aus Liparitplatten unterschiedlicher Größe. Die ausgefallenen Klänge faszinierten die Band »Sigur Rós«, die Páll einlud, sie auf Konzerten in London und Paris zu begleiten. Wenn der Künstler zu Hause ist, zeigt er Besuchern gern seine Werke und spielt dabei auch ab und zu auf der »Steinharfe«. Selbst Björk hat schon in sein Gästebuch geschrieben.

Páll Guðmundsson. Húsafell 2, 320 Reykholt, Tel. 435 14 43 (Húsafell) und 551 41 13 (Reykjavík), www.pallg.is

Landschaftspanorama am Borgarfjörður

sich als kleine Geysire, die eine Höhe von bis zu 3 m erreichen können. Und »Árhver«, die »Flussquelle«, liegt mitten im strömenden Reykjadalsá.

Wasserfälle und Gletscher

Andernorts im Tal kommt kaltes Wasser aus der Erde geschossen, was nicht weniger spektakulär ist: So liegen rund 20 km östlich von Reykholt im Tal der Hvíta die Hraunfossar, »Lava-Wasserfälle«. An einem erstarrten Flussufer stürzt aus vielen kleinen Ritzen auf einem Kilometer Breite schäumendes Wasser malerisch in die Tiefe. Der Ort Húsafell in der Nähe ist ein perfekter Ausgangspunkt für Ausflüge in die Lavalandschaft Hallmundarhraun. Neben kleinen Wäldchen und Gletscherzungen beherbergt sie auch die größten Lavahöhlen Islands. Eine geführte Tour lohnt vor allem durch die Höhlen Surtshellir und Víðgelmir.

Nördlich liegt die Arnarvatnsheiði, Islands einzige grüne Hochebene voller Felsen, Moore und Seen, Lebensraum für zahlreiche Fische und Vögel. Wer noch nicht an die Küste zurück möchte, kann per Allradwagen Richtung Süden über die dramatisch schöne Hochlandpiste Kaldidalur, »kaltes Tal«, am Langjökull vorbei direkt nach Þingvellir (s. S. 8) fahren.

Oben: Beim Schafabtrieb müssen Autos oft eine gute Weile warten, bis die ganze große Herde vorüber ist. Dafür können die Fahrer den Tieren tief in die Augen blicken. **Unten:** Das Wasser der Hraunfossar dringt direkt aus dem Lavagestein, bevor es fällt.

Infos und Adressen

SEHENSWÜRDIGKEITEN

Snorrastofa. Kulturzentrum zu Snorri Sturluson. Mai–Aug. tgl. 10–18 Uhr, Sept.–April Mo–Fr 10–17 Uhr, 320 Reykholt, Tel. 433 80 00, www.snorrastofa.is

ESSEN UND TRINKEN

Kaffi Klettur. Kleines Café mit hervorragendem Service, sehr gute Küche bei flexiblem traditionellem Speiseplan. Juni–Aug. tgl. 12–21 Uhr, Sept.–Mai nur Sa, So, Skolabraut 1, Road 35, Reykholt, Tel. 486 13 10.

Húsafell Restaurant. Bietet im Reisezentrum der Lavaregion ein variantenreiches Menü an, im Winter schlichter. Juni–Sept. tgl., übriges Jahr Sa, So, Þjónustumiðstaður Húsafell, Tel. 435 15 50, www.husafell.is

ÜBERNACHTEN

Fosshotel Reykholt*.** Das einzige Hotel im Ort setzt auf nordische Mythologie. Konferenz- und Familienzimmer sowie ein Restaurant gehören dazu. 320 Reykholt, Tel. 435 12 60, www.fosshotel.is

Die Ohrmarken verraten die Besitzer der Schafe.

Das Atelier des Bildhauers Páll Guðmundsson

Fljótstunga Traveler's Farm. Der Hof nahe den Lavahöhlen ist schon in den Sagas erwähnt. Schlichte, gemütliche Holzhütten. Fljótstunga, 320 Reykholt, Tel. 435 11 98, www.fljotstunga.is

Storikroppur. Die ältesten Räume des modern renovierten Hofes stammen aus dem Jahr 1892. Er bietet gehobene Qualität, auch für Geschäftsreisende, sowie ein Restaurant und eine Landepiste für Kleinflugzeuge. Stóri Kroppur, 320 Reykholt, Tel. 435 15 70, www.storikroppur.com

VERANSTALTUNGEN

Reykholtshátíð. Musikfestival. Letztes Juli-Wochenende, www.reykholtshatid.is

AKTIVITÄTEN

Höhlentouren. Die Lavahöhlen am Rand der Hallmundarhraun sind nur mit Führung zugänglich. Fljótstunga, www.fljotstunga.is

INFORMATION

Visitor Information Snorrastofa. Mai–Aug. tgl. 10–18 Uhr, Sept.–April Mo–Fr 10–17 Uhr, 320 Reykholt, Tel. 433 80 00, www.snorrastofa.is

1417
BJÖSSI SÖR
BJÖSSI SÖR

REISEINFOS

S. 270/271: Walbeobachtungsschiffe im Hafen von Húsavík
Oben: Hoch über dem Jökulsárlón erhebt sich der Hvannadalshnúkur.
Mitte: Steinmännchen zeigten früher den Weg durchs Hochland.
Unten: Schwefelablagerungen im Hochtemperaturgebiet Seltún.

Island von A bis Z

Anreise

Nach Island kommen die meisten Besucher mit dem Flugzeug. Wer sein eigenes Allradfahrzeug oder Wohnmobil mitbringen will, kann auch per Autofähre anreisen. Fähren der Smyril Line steuern von April bis Oktober einmal wöchentlich von Dänemark aus Islands Ostküste in Seyðisfjörður an. Diese vier bis sieben Tage lange Fahrt lässt sich auf den FäröerInseln unterbrechen.

Zielflughafen für die meisten internationalen Fluggesellschaften ist Keflavík, rund 45 Minuten von Reykjavíks Zentrum entfernt. Shuttlebusse bringen Weiterreisende zum Inlandsflughafen in der Stadt. Allerdings sind Direktflüge von Europa nach Akureyri und Egilstaðir seit einiger Zeit in Planung. Wer zunächst in Reykjavík bleibt, gelangt per Flybus oder Airport Express zum zentralen Busterminal BSÍ oder direkt zum Hotel.
Von Deutschland aus bieten Iceland Air, Lufthansa, Air Berlin, Germanwings und IcelandExpress Direktflüge an. Außerhalb der Saison meist nur ab Frankfurt oder Berlin, deutlich häufiger aber in den Sommermonaten und dann auch ab München, Hamburg oder Köln. Aus Österreich und der Schweiz muss man umsteigen.

Ausrüstung und Kleidung

Mehrschichtige Kleidung samt Wind- und Regenschutz ist am praktischsten, denn das isländische Wetter ändert sich schnell und oft. Frühjahr und Herbst können empfindlich kühl sein, der Winter ist jedoch relativ mild. Für Spaziergänge ist gutes Schuhwerk angebracht. Wanderungen ins menschenleere Hochland erfordern unbedingt ausreichend Wasser und Verpflegung und eine gute

Vorbereitung. Für das Essen im Restaurant sollte immer etwas bessere Kleidung im Gepäck sein. Zahlreiche Pools und warme Quellen verlocken zum Eintauchen, also das Badezeug stets griffbereit haben.

Autofahren

Der Straßenverkehr in Island fließt auf den selten vollen Straßen meist gemächlich und entspannt. Aggressives Fahren ist nicht üblich, zumal das Höchsttempo auf asphaltierten Landstraßen bei 90 km/h, auf geschotterten Landstraßen bei 80 km/h, in Ortschaften bei 50 km/h und nur auf Durchgangsstraßen bei 60 km/h liegt. Das Überschreiten ist teuer. Außer der Ring Road sind Straßen oft nur innerorts asphaltiert. Der Schotterbelag erfordert vorausschauendes Lenken und Bremsen, Fahren abseits der Straßen ist zum Schutz der fragilen Natur verboten. Die Holperpisten ins Hochland erfordern Allradantrieb und sind meist bis Ende Juni gesperrt. Über den aktuellen Stand informiert das Straßenverkehrsamt (Tel. 17 77, www.vegagerdin.is).

Auch am Tag muss man mit Abblendlicht fahren. Brücken sind oft einspurig. Tiere auf der Straße haben stets Vorrang. Wer einen Unfall verursacht, zahlt seinen Blechschaden selbst und dem Bauern Schadenersatz. Tankstellen, s. S. 279.

Busse

Züge gibt es nicht, dafür aber ein dichtes landesweites Busliniennetz von mehreren Anbietern. Im Sommer fahren Allrad-Busse regelmäßig ins Hochland. In der Hochsaison gibt es verschiedene Buspässe. Man kann sie direkt bei den Anbietern für das jeweilige Streckennetz kaufen oder am Reykjavíker Busbahnhof BSÍ. Einzelne Tickets sind

Oben: In Þingeyri kann man mit einem echten Wikingerschiff in See stechen.
Unten: In der Tiefebene im Südwesten gibt es zahllose Reiterhöfe, wo man sich in den Sattel schwingen kann – wahlweise für eine Stunde oder auch für eine Woche.

Oben: Noch ein echter Geheimtipp: Kerlingarfjöll
Unten: Wanderer bei der Rast in der Lava

auch beim Busfahrer oder Schaffner erhältlich. Wenn man ein Handzeichen gibt, halten die Busse auch zwischen regulären Haltestellen.

Camping

Auf Zeltplätzen (*tjaldstædi*) lässt sich die Natur unmittelbar erleben. In der Regel sind sie einfach, aber sauber. Vor allem in den Nationalparks und auf Wanderstrecken im Hochland gibt es selten andere Unterkünfte. Eine *campingcard* hilft sparen. Wildes Campen ist geduldet, auf rauem Gelände aber schwierig. Viele Bauern bieten neben Zimmern auch eigene kleine Campingplätze.

Diplomatische Vertretungen

Deutsche Botschaft
Laufásvegur 31
101 Reykjavík
Tel. 530 11 00
www.reykjavik.diplo.de
Österreichisches Konsulat
Orrahólar 5, 111 Reykjavík
Tel. 557 54 64
arni-siemsen@simnet.is
Schweizer Konsulat
Laugavegur 13
101 Reykjavik
Tel. 551 71 72
reykjavik@honrep.ch

Einkaufen

Wer Shoppen liebt, ist vor allem in Reykjavíks vielen Boutiquen, Galerien und Designerläden richtig, die seit der Finanzkrise etwas preiswerter sind. Auch modische Outdoor-Kleidung isländischer Marken ist beliebt, ebenso klassische Strickpullover (*Lopapeysa*) oder Schräges wie Fischleder-Taschen. Schmuck im Wikingerstil und Lava-Keramik, Kosmetik aus Lagunen- oder Vulkanmineralien und alles, was mit Trollen und Elfen zu tun hat, sind gängige Mitbringsel. CDs isländischer Musiker und opulente Bildbände werden ebenfalls gerne mitgenommen. Als kulinarisches Souvenir empfehlen sich Räucherlachs oder andere Spezialitäten, die man vakuumverpacken lassen kann.

Essen und Trinken

Im dunklen Winter sicherte getrockneter oder vergorener Fisch und andere haltbare Nahrung das Überleben. Skurriles wie »Gammelhai« oder »versengte Schafköpfe« drohen Touristen zwar nach wie vor, doch die meisten Restaurants bereiten traditionelle Gerichte mit pfiffig-modernem Touch zu. Die Vielfalt frischer Fische und Meeresfrüchte und innovative Gerichte mit Lamm und Geflügel stellen die Basis der jungen Spitzenküche dar, die über die Landesgrenzen hinaus bekannt ist. Spektakulär sind im Geysir gekochte Eier und im Vulkanboden gebackenes Brot.

Am Wochenende sind Reservierungen erforderlich, denn dann essen die Isländer gern auswärts. Als Tagesessen (*dagsréttur*) bezahlt man selbst für Spitzengerichte wesentlich weniger. Kinderportionen kosten meist nur die Hälfte, für Kleinkinder wird manchmal gar nichts berechnet.

Isländische Hot Dogs (*pýlsur*) sind ein beliebter Snack, doch dem deutschen Gaumen mag etwas fehlen: Sie sind nur mit Röstzwiebeln und Remoulade garniert. Sehr süße Nachspeisen und Kuchen stehen überall hoch im Kurs, ebenfalls Eis, am besten mit Karamellgeschmack. Kaffee ist das Nationalgetränk zu jeder Tageszeit, beim Verdauen hilft viel Bier oder der Kartoffelschnaps *Brennivín* – seine Hauptmarke heißt *Schwarzer Tod*.

Oben: Der Hvannadalshnúkur, Islands höchster Gipfel, gehört zum Öræfajökull, einem der gefährlichsten Vulkane der Insel.
Unten: Auf Ingólfshöfði erinnert eine Säule an den ersten Siedler Ingólfur Arnarson, der hier überwinterte, bevor er nach Reykjavík zog.

Fähren

Ein regelmäßiger Fährdienst bedient vor allem die bewohnten Inseln vor Island: Flatey in den Westfjorden, die Westmänner-Inseln im Süden und Grímsey vor der Nordküste. Die Tickets sind direkt am Fährhafen erhältlich, doch in der Hochsaison bucht man besser im Voraus per Internet oder Telefon (auf Englisch), um nicht warten zu müssen.

Feiertage

An folgenden Feiertagen sind die meisten Läden und Museen geschlossen:
1. Januar, Gründonnerstag, Karfreitag, Ostermontag, Sommeranfang am 3. Donnerstag im April, 1. Mai, Himmelfahrt, Pfingstmontag, Nationalfeiertag am 17. Juni, Handelsfeiertag am 1. Montag im August, 24.–26. Dezember, Silvester (ab 12 Uhr)

Feste und Events

Vor allem im August steigen überall Open Air-Festivals. Die wichtigsten traditionellen Feste sind wohl Þorrablót, das Ende der Wintervorräte Ende Januar und das Reykjavíker Winterlichtfestival »Vetrarhatið« im Februar mit Kunst und Musik. Der erste Sommertag wird im April zelebriert, Anfang Juni folgt das Meeresfestival »Hátíð hafsins« und im September der landesweite Schafabtrieb, »Rettir«. Im Dezember locken Weihnachtsmärkte bis zum Heiligabend. Zwei Gratis-Magazine mit Online-Kalender informieren auf Englisch regelmäßig über kommende Events: *What's On* (www.whatson.is) und *Iceland Review* (www.icelandreview.com).

Fremdenverkehrsämter

Das Fremdenverkehrsamt »Visit Iceland« in Berlin betreut Deutschland, Österreich und die deutsch-

Oben: Die Küstenseeschwalbe nistet in großen Kolonien auf den Wiesen an der Küste.
Mitte: Im Þjóðmenningarhúsið sind zahllose Meisterwerke der mittelalterlichen Literatur zu bewundern.
Unten: Mývatn ist wahrlich abwechslungsreich und farbenfroh…

sprachige Schweiz. Tel. 030 5050 4200, info@icetourist.is, www.de.visiticeland.com

In Island ist »Promote Iceland« zuständig. Im Flughafen Keflavík bekommt man an einem Stand Auskünfte und Broschüren für ganz Island. Zudem haben Reykjavík und jede Region eigene Touristeninformationen und vor Ort stehen an den wichtigen Sehenswürdigkeiten große Tafeln mit detaillierten Landkarten und Hintergrundinfos.
Promote Iceland. Borgartún 35, 105 Reykjavík, Tel. 511 40 00, info@promoteiceland.is, www.promoteiceland.is
Visit Reykjavík. Aðalstræti 2, 101 Reykjavík, Tel. 590 15 50, www.visitreykjavik.is

Geld

Landeswährung ist die Isländische Krone (ISK). Kreditkarten und Maestrocard werden fast überall als Zahlungsmittel akzeptiert, selbst in kleinen Kneipen. Auch Reiseschecks werden vielerorts angenommen. Geldautomaten sind auch in kleinen Orten zu finden. Banken und Sparkassen haben nur werktags von 9.15 bis 16 Uhr geöffnet.

Gesundheit

In allen größeren Orten gibt es medizinische Zentren oder praktische Ärzte. Allein 15 Gesundheitszentren (*heilsugœslustöðvar*) liegen in der Region Reykjavík, eine Liste und Übersichtskarte findet man auf www.heilsugaeslan.is. Apotheken (*apótek*) haben die üblichen Ladenöffnungszeiten, in Reykjavík sind manche auch nachts offen. EU-Bürger, die die Arztrechnungen nicht selbst bezahlen wollen, sollten sich vorab bei der Krankenkasse den Versicherungspass besorgen (früher E-111 Formular). Eine Auslandsreisekrankenversicherung ist dringend erforderlich.

Oben: Hoch über dem Hafen thront die Kirche von Húsavík, gebaut aus norwegischem Holz.
Unten: Seitdem Schafe nicht länger die Wiesen kahl fressen, wuchern in Hornstrandir diverse Orchideenarten, darunter das Gefleckte Knabenkraut.

Oben: Von Landmannahellir blickt man auf die ferne Silhouette der Hekla.
Unten: Bis zu sieben Jahre harren Eisberge im Gletschersee Jökulsárlón und schmelzen allmählich, bis sie von der Strömung erfasst und ins Meer befördert werden.

Inlandsflüge

Wer nur von A nach B will, kann die Strecke auch in der Luft zurücklegen. Kleine Flugzeuge verbinden die Regionalzentren und viele kleine Orte miteinander. Als größte inländische Airline bedient Air Iceland die sechs beliebtesten Strecken sowie Grönland und die FaröerInseln, Eagle Air fliegt kleinere Ziele an.

Internet

Die meisten Hotels und Unterkünfte bieten ihren Gästen kostenlos WLAN. Nützlich vor der Reise sind folgende Seiten:
www.de.visiticeland.com: Offizielles Portal des nationalen Tourismusverbands mit umfassenden Infos und Buchungsfunktion für Unterkünfte.
www.iceland.is: Staatliche Website; Infos zu Land, Politik, Natur, Kultur, Statistiken, Ämter etc.
www.nat.is/main.html: Ausführliche Pläne und Karten, von Verkehrsmitteln bis zu Wanderstrecken, vor allem für Südisland.

Klima und Reisezeit

Beste Reisezeiten sind das späte Frühjahr oder der frühe Herbst, kurz vor bzw. nach der Hauptsaison.

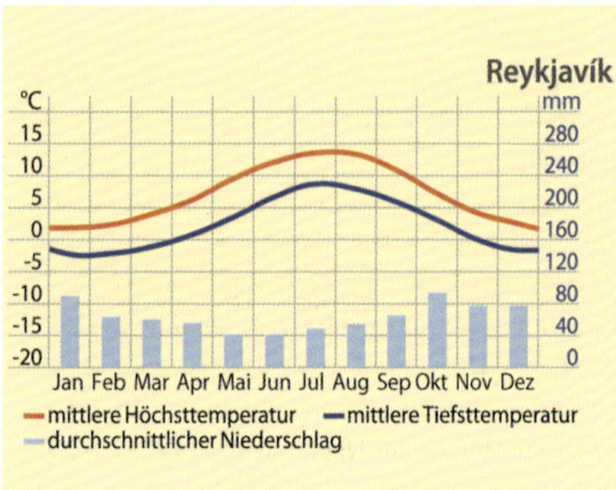

Dann sind die wichtigsten Sehenswürdigkeiten nicht so überlaufen, aber die kleinen Museen und Unterkünfte geöffnet und auch das Wetter spielt mit. Eine Winterreise nach Island hat ihren eigenen Reiz, denn dank des Golfstromes sinken die Temperaturen selten weit unter Null. Die Vorweihnachtszeit wird begeistert zelebriert, Reykjavík und Akureyri bieten einen gut ausgebauten Skizirkus und Nordlichter sind viel häufiger zu sehen als im Sommer.

Mietwagen

In Reykjavík kommt man mit Bus und Taxi bestens zurecht, außerhalb ermöglicht nur ein Mietwagen Flexibilität. Vor allem kleinere Firmen haben sehr günstige Tarife. Große Anbieter bieten dafür auch One-Way-Mieten: Man kann seinen Wagen etwa statt am Leihort am Fährhafen in Egilsstaðir wieder abgeben oder am Flughafen Akureyri.
Die meisten Anbieter gibt es in der Hauptstadt, Hotels helfen ihren Gästen gern. Viele Verleiher sitzen am Stadtrand und bringen die Autos direkt zum Hotel. Andernorts sind Stationen nur bei Bedarf besetzt; im Voraus buchen! Für Stationen an Flughäfen wird eine Zusatzgebühr fällig. Daher kann es günstiger sein, den Transferbus zu nehmen und das Auto erst in Reykjavík auszuleihen.

Normale Mietwagen dürfen die befestigten Straßen nicht verlassen, trotzdem kann sich angesichts der vielen geschotterten Straßen eine Zusatzpauschale für Steinschlagschäden lohnen. Für das Hochland braucht man Allradantrieb, dafür müssen die Fahrer mindestens 23 Jahre alt sein. Islands Tankstellennetz ist recht dicht, auch in ländlichen Regionen. Das Zahlen per Kreditkarte ist üblich, auch an einsam gelegenen Zapfautomaten mitten in der Nacht. Mit Personal besetzte Tankstellen sind meist von 7.30 bis 20 Uhr offen.

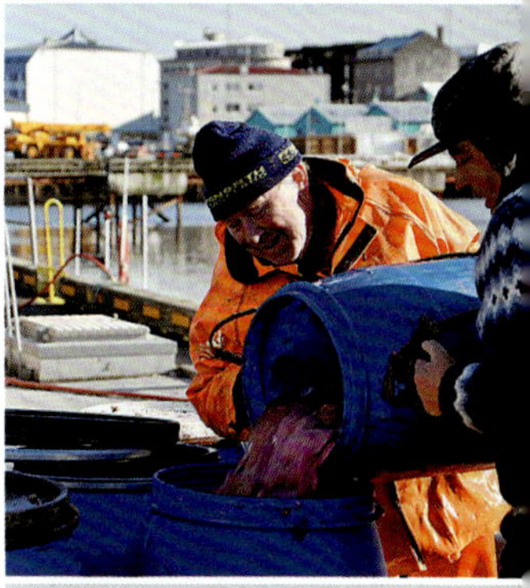

Oben: In Hveraröndbrodelt und zischt es an allen Ecken und Kanten.
Mitte: Die Rotdrossel bevölkert in großer Zahl die Birkenwälder Nordislands.
Unten: Fischer im Hafen von Reykjavík

Oben: Raue Schotterpiste in den Westfjorden
Mitte: Kein Land zählt so viele Schwimmbäder wie Island. Allein sieben gibt es in der Hauptstadt.
Unten: Noch immer gelangen sporadisch Eisbären aus Grönland auf Eisschollen an die Nordküste.

Notrufnummern

Polizei, Feuerwehr, Rettungsdienst: 112
Unfallstation Reykjavík: 525 10 00
Deutsche Botschaft (auch per SMS): Tel. 663 78 00

Öffnungszeiten

Die meisten Museen und Parks sind von Mitte Juni bis Mitte September geöffnet. Im übrigen Jahr verkürzen sich die Öffnungszeiten drastisch oder die Türen sind ganz zu. Oft ist aber notiert, welche Nummer man anrufen soll, damit dennoch geöffnet wird. Vor allem auf dem Land werden Öffnungszeiten von Restaurants, Cafés etc. häufig geändert, verlässliche Zeiten gibt es hier nur sehr selten. Die Angaben in diesem Buch wurden brandaktuell bei den jeweiligen Besitzern eingeholt, können aber dennoch von den tatsächlichen Öffnungszeiten im Laufe des Jahres abweichen.

Post

Ein Postamt (*pósturinn*) gibt es in jedem größeren Ort, Öffnungszeiten: Mo–Fr 9–16.30 Uhr, in Reykjavík teilweise auch Sa. Postkarten in die EU und die Schweiz kosten 140 ISK, Briefe ab 160 ISK.

Reykjavík Welcome Card

Die »Welcome Card« (24/72 Std., 15–25 €) gewährt Ermäßigungen für viele Museen, Läden, Restaurants, die öffentlichen Verkehrsmittel (mit Karte gratis) und Stadtführungen.

Telefonieren

Landesvorwahl ist die 00 354 (nur für Anrufe aus dem Ausland). Isländische Telefonnummern sind meist siebenstellig und beinhalten die Regionalvorwahl. Sondernummern sind kürzer, etwa für

Inlands- (Tel. 118) und Auslandsauskunft (Tel. 115). Günstig sind Anrufe ins Ausland von Telefonämtern (*sími*) oder -zellen aus, etwa an größeren Postämtern. Für Handys gelten die Roaming-Tarife der EU. Sparen kann, wer sich eine isländische Prepaid-Karte zulegt, größte Anbieter sind Síminn und Vodafone-Iceland. Empfang hat man überall, nur im Hochland sind NMT-Telefone nötig.

Trinkgeld

Wie die Mehrwertsteuer ist das Trinkgeld inklusive. Wer dennoch welches gibt, gilt als herablassend.

Unterkünfte

Die größte Auswahl gibt es im Sommer, viele Häuser schließen außerhalb der Hauptsaison. Im Juli und August steigen Besucherzahl und Preise, Reservierungen sind zu empfehlen. Fast jeder Ort bietet mindestens ein ganzjährig geöffnetes Gästehaus (*gistíheimili, gistíhúsið*), Hotel oder privates Fremdenzimmer. Bei Touren über Land sind oft nur Jugendherbergen (*farfuglaheimili*) oder Zeltplätze (mit Hütten) erreichbar. Wer individuell reist, kann Hotels einer Kette wie KEAHotels, Icelandair-Hotels, Fosshótels oder Allseasonshotels vorabbuchen und so sparen. Die Unterkünfte sind in Kategorien von einem bis fünf Sternen eingeteilt, aber alle sind meist sehr sauber. Im Trend ist auch Bauernhofurlaub (www.farmholidays.is, www.heimur.is/world).

Zoll

Tax-Free-Schilder markieren die Läden, die Besuchern helfen, die Rückerstattung der Mehrwertsteuer (bis 15 % des Preises) zu beantragen. Für original verpackte Ware (außer Wollprodukte) und einem Wert ab 4000 ISK wird das Geld bei Ausfuhr am Zoll ausgezahlt – meist am Flughafen Keflavik.

Oben: Leuchtender Farbklecks in wilder Küstenlandschaft – der Leuchtturm von Bolungarvík
Unten: Fischerboot in Hornstrandir

Island speziell: Tipps für Kinder und Jugendliche

Kinder sind in Island immer gern gesehen. Restaurants halten Kinderportionen, Hochsitze und Spielecken bereit, Hotels stellen Kinderbetten auf, beim Bauernhofurlaub kommen kleine Kinder oft gratis unter. Viele eigene Ziele braucht der Nachwuchs an sich nicht, die Natur allein ist beeindruckend genug: Geysire, Wasserfälle, Eisberge, Wale, Pferde, Papageientaucher und kleine bunte Elfenhäuser im ganzen Land faszinieren Groß und Klein.

Fjölskyldu- og húsdýragarðurinn. Tiere, Karussells, Miniaturbahn, Aquarium – der kleine Vergnügungspark mit Zoo in Reykjavík ist ein Paradies für

Wanderung entlang der Schlucht Jökulsárgljúfur

Kinder. Wenn sie sich auf Spielplätzen ausgetobt, die heimische Tierwelt aus der Nähe beguckt oder in der »Science World« experimentiert haben, lockt das Café zum Auftanken, Grillen und Pausieren. Mitte Mai-Aug. tgl. 10–18 Uhr, Mitte Aug.–Mai tgl. 10–17 Uhr, Hafrafelli v/Engjaveg, Tel. 411 59 00, www.husdyragardur.is

Árbæjarlaug. Baden lieben schon die ganz Kleinen. Das Familienparadies »Árbæjarlaug«, ein Thermal- und Freibad, wartet mit Wasserrutschen, Minigeysiren oder auch Saunen (für die Eltern) auf. Mo–Do 6.30–22 Uhr, Fr 6.30–20 Uhr, Sa, So 9–18 Uhr, Fylkisvegur, Tel. 411 52 00, www.arbaejarlaug.is

Nauthólsvík. Direkt am Meer südlich von Reykjavíks Stadtflughafen lädt der beliebte Badestrand Nauthólsvik zum Picknick: Für angenehme Badetemperaturen sorgt heißes Quellwasser, das sich hier mit dem Atlantik mischt. 15. Mai–14. Aug. tgl. 10–19 Uhr, 15. Aug.–14. Mai Mo–Sa 11–13 Uhr, Mo, Mi 17–19 Uhr, Nauthólsvegi, Reykjavík.

Draugasetrið & Icelandic Wonders. Elfen, Trolle und Gespenster, Weihnachtswichtel und Nordlichter gibt es in diesem Doppelmuseum im Küstenort Stokkseyri zu entdecken, 150 km südöstlich von Reykjavík. »Icelandic Wonders« verzaubert mit vielen Details zu Islands unsichtbaren, doch meist freundlichen Wesen. Direkt nebenan zeigt das Gespensterlabyrinth 24 Schauergeschichten (Audioguide auf Deutsch) und bietet Geistertouren in die Umgebung an. Juni–Aug. tgl. 12.30–18 Uhr, übriges Jahr nur für Gruppen und nur auf Anfrage, Hafnargata 9, Stokkseyri, Tel. 483 12 02, www.icelandicwonders.com, www.draugasetrid.is

Eiríksstaðir. In einem Dorf an der Westküste kam vor rund tausend Jahren der Wikinger Leifur Eiriksson zur Welt – und segelte später bis nach Amerika. Im Freiluftmuseum erwecken Schauspieler seine Zeit zum Leben. Zahlreiche andere sehenswerte Wikingerorte im Land, allen voran Hafnarfjörður, sind auf der Saga-Karte (www.sagatrail.is) verzeichnet. Juni–Aug tgl. 9–18 Uhr, sonst für Gruppen auf Anfrage, Eiríksstaðir Haukadal, 371 Búðardalur, Tel. 434 11 18, www.eiriksstadir.is

Skrímslasetrið. In den Westfjorden bietet das Museum über Seeungeheuer und ihre Aktivitäten interaktiven Spaß mit Monstern und Multimedia-Geschichten. Angeblich soll die Gegend Islands höchste Seeungeheuer-Präsenz haben. Dabei liegt das isländische Loch Ness mit dem Lindwurm Lagarfljótsormurinn eigentlich bei Egilstaðir im Os-

ten. Juni–10. Sept. tgl. 11–18 Uhr, Strandgata 7, Bilduðalur, Tel. 456 66 66, www.skrimsli.is

Jólagarðurinn. Ein rot-weiß-grünes Weihnachtsparadies! In einem reich geschmückten Häuschen samt Café, Spielplatz und Weihnachtssouvenirs bleibt das Fest ganzjährig lebendig. Eine künstliche Felsspalte im Keller gibt den Blick auf die Trollmutter Grýla frei, der die 13 Weihnachtstrolle entflohen sind. Juni–Aug. tgl. 10–22 Uhr, Sept.–Dez. 14–22 Uhr, Jan.–Mai 14–18 Uhr, An der Straße 821, südlich von Akureyri, Tel. 463 14 33, www.visitakureyri.is

Hvalasafnið. Walskelette unter der Decke, kindgerecht aufbereitete Informationen und jede Menge Anschauungsmaterial bietet das Walmuseum Hvalasafnið an der Nordküste. Juni–Aug. tgl. 9–19 Uhr, Mai–Sept. tgl. 10–17 Uhr, Hafnarstétt 1, 640 Húsavík, Tel. 414 28 00, www.whalemuseum.is

Walbeobachtungstouren. Ebenfalls in Húsavík kann man die Giganten von einem Walbeobachtungsboot in ihrem Element erleben. Die Boote starten vom nahen Hafen. In der Hauptsaison mehrmals tgl., übriges Jahr seltener, www.northsailing.is, www.gentlegiants.is

Elfenhauptstadt Borgarfjörður eystri (Bakkagerði). Am nördlichsten der Ostfjorde schmiegt sich ein schnuckeliges Dorf in ein tiefes Tal und wirkt dabei wie die Heimat des Elfenvolks. Das private Sommerhaus Lindarbakki mit seinen rotweißen Giebeln und dem grünen Grasdach befindet sich nicht weit von der leuchtend weißen Holzkirche und dem grünen Basalthügel Alfaborg, den Legenden nach Sitz der Elfenkönigin. Im Sommer können Kinder, passend kostümiert, die Elfengeschichten im kleinen »Ævintýraland« in einer kleinen, liebevoll eingerichteten Kunsthöhle nachspielen. Noch gibt es die Audiomärchen leider nicht auf Deutsch, Eltern sollten daher vor dem Besuch schon Elfengeschichten erzählen. Juli–Aug. tgl. 13–17 Uhr, Tel. 897 99 13, www.borgarfjordureystri.is

Die »Blaue Lagune« ist die meistbesuchte Attraktion der Vulkaninsel.

Kleiner Sprachführer

ALLGEMEIN

Sprechen Sie Deutsch/Englisch? Talar þú þýsku/ensku?
Ich spreche kein Isländisch. Ég tala ekki íslensku.
Alles in Ordnung. Allt í lagi.
ja já
nein nei
ich ég
du þú
er/sie hann/hún
Wie bitte? Ha?
Bitte! Gjörðu svo vel!
Danke sehr! Takk!
Entschuldigung! Afsakið!
groß/klein stór/lítill
gut/schlecht góður/vondur
viel/wenig mikið/lítið
oben/unten uppi/niðri

BEGRÜSSUNG

Guten Morgen/Guten Tag! Góðan daginn!
Guten Abend! Góða kvöldið!
Gute Nacht! Góða nótt!
Hallo! Sæl(l)!
Tschüss! Bless!
Ich heiße ... Ég heiti ...

UNTERWEGS

Wo ist ...? Hvar er ...?
Wo fährt der Bus ab? Hvaðan fer rútan?
links vinstri
rechts hægri
geradeaus beint áfram
Information upplýsingar
Tankstelle bensínstöð
Autovermietung bílaleiga
(Auto-)Werkstatt (bíla)verkstæði
Bus (Stadtbus) strætó
Bus (Überlandbus) rúta
Fahrkarte farmiði
Flughafen flugvöllur
Fähre ferja
Taxi leigubíll
Fahrrad hjól
Post póstur
Telefon sími
Polizei lögregla
Arzt læknir
Zahnarzt tannlæknir
Krankenhaus sjúkrahús
Hilfe! Hjálp!

ÜBERNACHTEN

Ich habe ein Zimmer reserviert. Ég hef pantað herbergi.
Haben Sie noch Zimmer frei? Ertu með laust herbergi?
für eine Nacht/Woche í eina nótt/viku
Einzelzimmer einstaklingsherbergi
Doppelzimmer tveggja manna herbergi
Hotel hótel
Pension gistiheimili
Jugendherberge farfuglaheimili
Wanderhütte skáli
Zeltplatz tjaldstæði
Schlafsackplatz svefnpokapláss
mit Dusche/Bad með sturtu/baði

ESSEN UND TRINKEN

Im Restaurant
Ich möchte einen Tisch für zwei Personen bestellen. Gæti ég fengið borð fyrir tvo?
Wir haben einen Tisch reserviert auf den Namen ... Við eigum pantað borð undir nafninu ...
Die Karte, bitte! Gæti ég fengið matseðilinn?
Ich hätte gern ... Ég ætla að fá ...
Ich bin Vegetarier. Ég er grænmetisæta.
Die Rechnung, bitte. Gæti ég fengið reikninginn?
Danke für das Essen! Takk fyrir mig! (üblich nach dem Essen bei Freunden/Verwandten)
Rauchen verboten Reykingar bannaðar
Selbstbedienung sjálfsafgreiðsla
Restaurant veitingahús
Café kaffihús

Tagesgericht réttur dagsins
Frühstück morgunmatur
Mittagessen hádegismatur
Abendessen kvöldmatur
Vorspeise forréttur
Hauptgericht aðalréttur
Nachspeise eftirréttur
Suppe súpa
Salz salt
Pfeffer pipar

Getränke
Bier bjór
Kaffee kaffi
Limonade gos
Saft safi
Tee te
Wasser vatn
Wein vín

Fleisch
Fleisch kjöt
Hähnchen kjúklingur
Kalbfleisch kálfakjöt
Lammfleisch lambakjöt
Rentier hreindýr
Rindfleisch nautakjöt
Schweinefleisch svínakjöt
Schneehuhn rjúpa

Fisch und Meeresfrüchte
Fisch fiskur
Forelle silungur
Heilbutt lúða
Hering síld
Hummer humar
Kabeljau þorskur
Krabben rækjur
Lachs lax
Muscheln kræklingar
Rotbarsch karfi
Saibling bleikja
Schellfisch ýsa
Scholle rauðspretta
Seeteufel skötuselur
Seewolf steinbítur
Wal hvalur

Spezialitäten
brennivín Kartoffelschnaps mit Kümmelaroma
flatbrauð dünnes Roggenfladenbrot
hákarl fermentierter Grönlandhai
hangikjöt geräuchertes Lammfleisch
harðfiskur Trockenfisch
hrútspungar in Molke eingelegte Hammelhoden
kleinur Schmalzgebäck
plokkfiskur Eintopf aus Fisch, Stampfkartoffeln und Zwiebeln
pönnukökur hauchdünne Pfannkuchen
reyktur lax Räucherlachs
rúgbrauð süßes, dunkles Roggenbrot
saltfiskur Klippfisch
saltkjöt og baunir Erbsensuppe mit Pökelfleisch
siginn fiskur halb gedörrter Fisch
skyr quarkähnliches Milchprodukt
slátur Schafswurst, als
blóðmör Blutwurst
lifrarpylsa Leberwurst
svið schwarzgesengte Schafsköpfe

EINKAUFEN
Wie viel kostet ...? Hvað kostar ...?
geöffnet opið
geschlossen lokað
teuer/billig dýr/ódýr
Laden verslun
Supermarkt stórmarkaður
Bäcker bakari
Apotheke apótek
bezahlen að borga
Kreditkarte kreditkort
Geldautomat hraðbanki

ZAHLEN
1 einn, ein, eitt
2 tveir, tvær, tvö
3 þrír, þrjár, þrjú
4 fjórir, fjórar, fjögur
5 fimm
6 sex
7 sjö
8 átta
9 níu
10 tíu
20 tuttugu
100 hundrað
1000 þúsund

IMPRESSUM

Produktmanagement: Stephanie Iber
Lektorat: Petra Sparrer, Köln
Korrektorat: Nadja Pietraszek, Konstanz
Layout: graphitecture edition,
Bernau am Chiemsee
Umschlaggestaltung: Ulrike Huber, www.uhu-design.de, Kolbermoor
Repro: Repro Ludwig, Zell am See
Kartografie: Kartographie Huber,
Heike Block, München
Herstellung: Bettina Schippel
Printed in Slovenia by Korotan, Ljubljana

Für Hinweise und Anregungen sind wir jederzeit dankbar. Bitte richten Sie diese an:
Bruckmann Verlag
Postfach 40 02 09
80702 München
E-Mail: lektorat@verlagshaus.de

Bildnachweis:
Alle Bilder des Innenteils und des Umschlags stammen von Erik Van de Perre, Kronshagen, außer:
Dörte Saße, Springe: S. 154–157 (alle), 162 o., 162 u., 164 M., 164 u.; Fotolia (www.fotolia. de): S. 266 (Hochrainer, K.), 158 u. (Wolfi30); Glow Images, München: S. 158 o. (Boccardo, S.), 262 (Dieudonne, P.), 206 o. (Gudmundsson, P.), 179 u. (imagebroker/Bleyer, D.), 192 o. (imagebroker/Handl, C.), 219 o. (Kakalik, T.), 208 u., 249 o. (Krüger, O.), 263 o. (Peuckert, M.), 250 o. (Runkel, M.), 132 u. (Werth, A.); iStock (www.istockphoto.com): S. 226 (subtik); Picture Alliance, Frankfurt a.M.: S. 43 u. (akg-images), 56 u. (Bildagentur Huber), 56 o. (Bildagentur-online), 59 o. (Dumont Bildarchiv), 49 u. (Gerig, U.); Shutterstock (www.shutterstock.com): S. 179 M. (Andrushko, G.), 138 u. (Baker, D.), 81 o., 202 o. (Bengochea, I.), 17 o. (BMJ), 71 o., 106 (Corepics VOF), 66 o. (dalish), 223 o. (Frederic 49), 11 M. (Fuxa, F.), 6 (3. v. o.), 16 M. (Gatlik, P.), 209 o. (halldore), 138 o. (Hejtman, L.), 220 o. (Hofmeester, P.), 2/3 (Joergensen, K.), 82 o. (Kristjansson, E.), 5 u. (Leegudim), 139 r. (leospek), 264 o., 265, 168 o.r. (Locci, E.), 23, 126 u., 279 u. (PavelSvoboda), 133 (RHIMAGE), 70 u. (Schaefer, M.), 127 o., 129 o. (sergioboccardo), 13 o.l. (Siemieniec, R.), 16 u. (Tatonka), 191 u. (Tepfenhart, R.), 59 M. (Trolle, M.), 55, 135 o., 139 l.u. (Tupungato), 191 o. (Valbergsson, K.), 5 o. (Varga, D.), 95 (Ventura), 153 o. (Stoustrup, A.), 160 o. (Zihlmann, R.);

Umschlag:
Vorderseite:
Oben: Vulkanausbruch hautnah (Langenberger, K.)
Mitte links: Islands inoffizielles Wappentier: der Papageientaucher (Shutterstock/Bridger, M.)
Mitte rechts: Im Geothermalgebiet Hveravellir
Unten: Der wohl berühmteste Wasserfall der Vulkaninsel: der Gullfoss (Krueger, O.)

Rückseite:
Links: »Isi«-Familie in Grundarfjörður
Rechts: Baden unter freiem Himmel im Geothermalgebiet Reykjadalir

S. 1: Ein Mann und sein Pferd – in Vík
S. 2/3: Der Gullfoss in all seiner Pracht

Textnachweis:
Erik Van de Perre: S. 4–25, 270–284 (jeweils nur Bildtexte); 148, 158, 212 (jeweils nur »Mal ehrlich«); 149, 150, 155, 159, 163, 192, 195, 205, 206, 213, 219, 223, 227, 233, 243, 249, 263, 267 (jeweils nur Autorentipp); 26–143, 150 166–173, 176–189, 198/199, 210/211, 230–231, 238–243, 252–261, 284/285 (jeweils alle Texte)
Rieke Lasanke: S. 6–25, 270–284 (jeweils nur Kapiteltexte), 146–165, 190–197, 202–209, 212–229, 232–237, 246–251, 262–269 (jeweils alle Texte außer den o.g. Textteilen)

Die Deutsche Nationalbibliothek verzeichnet diese Publikation in der Deutschen Nationalbibliografie; detaillierte biblio-grafische Daten sind im Internet über http://dnb.d-nb.de abrufbar.

ISBN 978-3-7654-6062-3